KB180910

30_{일 만에 끝내는}
일등급 영어

남기선

고려대학교 언어학과(영어영문학과) 졸업
고려대학교 대학원 언어학과 박사 수료
다수의 대학교와 대학원 특강
여러 재수생 정규반과 단과반 학원 출강
『영어학개론』등의 다수의 교재 집필

30일 만에 끝내는
일등급 영어

남기선 지음

글로벌콘텐츠

과연 단기간에 수능 영어시험을 잘 볼 수 있을까?

이 질문에 대한 명쾌한 대답을 가지고 있고 확실한 해법을 알고 있는 사람이 있을까?

단어암기 따로, 문법 따로, 독해 따로, 문제풀이 따로 이것들 전부 따로따로 분리해서 공부할 수밖에 없다는 견해도 있고 전부 다 통합해서 공부해야 한다는 견해도 있고, 저마다 해법도 다양하다.

이런 다양한 견해와 해법들 때문에 대부분의 수험생들이 갈피를 잡지 못하고 시험 보기 전까지 확신이 서지 않는 방식으로 공부하다가 시험을 치르게 된다. 또한 요즘 영어시험문제 중 내용이 지나치게 어려워서 이해와 독해가 안 되는 지문들이 다수 출제되고 있고 선택지 중에서 답을 골라내기 어려운 문제들이 다수 포함되어 있는 불수능으로 간주되는 이슈도 문젯거리다. 이러한 문제점들은 수험생의 입장에서는 상당히 심각한 고민거리가 되고 있다. 특히 독해문제의 풀이방식이 대개 한 문장, 한 문장씩 해석하는 이른바 한 문장 단위의 해석에 의존하여 결국은 전체적인 내용의 이해에 도달하지 못한 채 문제를 풀고 있는 현실, 즉 문장의 해석이 쉽게 이루어지지 않는 상황에서 잘못된 추론 혹은 소위 "감(느낌)"으로 문제를 풀고 있는 현실은 대표적인 학습과 시험의 실패 사례를 보여준다. 상당한 시간과 비용을 들여 습득한 단어들과 구문분석연습 그리고 문법규칙들이 시험성적을 보장해주지 않는 고비용 저효율의 늪에 우리들은 빠져있는 셈이다.

이 교재는 단어암기와 문법 그리고 구문해석에 대한 책이 아니다. 단어암기와 기본 문법사항들은 영어학습에 기본적이고 필수적이라는 지극히 당연한 전제는 잠시 제쳐두고, 이 교재의 효용성 및 목적은 그 기본적인 측면과는 다른 차원의 이야기임을 전제한다. 이 교재는 오로지 단기간에(30일 만에) 저비용 고효율만을 고려하여 시험성적만을 위해 만들어진 문제풀이 비법서이다. 물론 최근 수능 영어(절대평가) 기출문제의 출제경향과 출제방식의 철저한 분석을 기반으로 하여 그 기출문제들에 적용될 수 있는 비법을 효과적으로 디자인한 교재다.

이 책의 효용성은 저자가 여러 학원(재수 학원 및 단과 학원)에 출강하면서 수험생들을 상대로 입증했던 콘텐츠 중에서 시험성적을 보장하는데 가장 필수적이고 핵심적인 것만을 담았다는 것에 있다. 저자가 제시하는 비법은 사실은 최근의 수능 영어 기출시험에서 요구하는 출제목표 논리(출제의 원리)를 의미하며 이 논리는 보편타당성을 보증하는 논리일 것으로 간주하기를 바란다.

영어학습의 가장 기본이 되는 어휘력과 구문분석(해석)력을 위한 노력은 수능시험을 보기 전까지 꾸준히 이루어져야 함과 동시에, 이 교재의 시험논리를 어느 정도 습득한다면 시험성적에 대한 걱정과 불안은 서서히 옅어질 것이라고 확신한다. 백문이 불여일견이다.

남 기 선

• 교재 내용에 대한 독자의 원활한 이해를 돕기위해, 저자의 강의(영상)가 제공되고 있다.

다음 카페 '**일등급 영어 남기선**' 검색

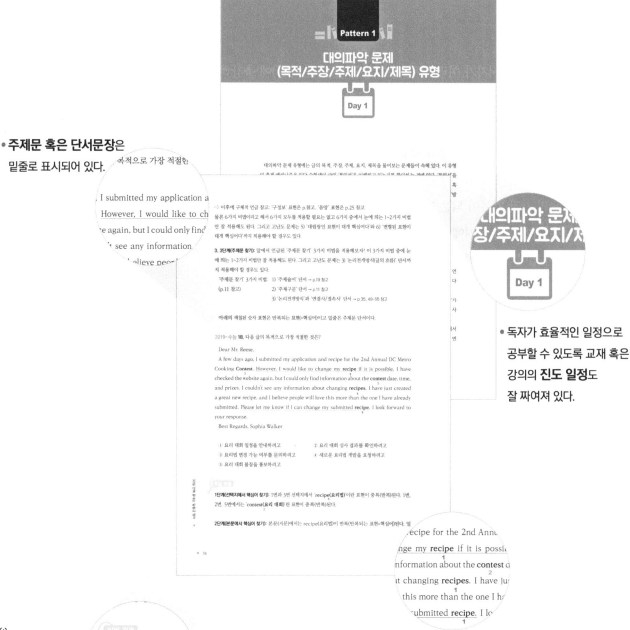

• **주제문 혹은 단서문장**은 밑줄로 표시되어 있다.

• 독자가 효율적인 일정으로 공부할 수 있도록 교재 혹은 강의의 **진도 일정**도 잘 짜여져 있다.

• **단계별 비법**이 제공되어 순차적으로 쉽게 적용되고 있음을 보여준다.

• 단어표현들 혹은 핵심어구들이 **색깔별, 번호별**로 표시되어 있어 쉽게 식별 가능하다. 분홍색 숫자 1을 가장 중요한 핵심어구 혹인 단서표현으로 간주하고 2와 3도 중요한 핵심어구 혹은 단서표현이다.

Contents

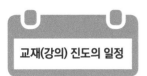

Part 1

유형별
문제풀이
비법

최근 기출문제들을 분석하면 총 9가지 유형(Pattern)의 문제들로 분류가 된다.

Pattern 1. 대의파악 문제(목적, 주장, 주제, 요지, 제목) 유형
Pattern 2. 흐름파악 문제(문장제거, 순서배열, 문장삽입) 유형
Pattern 3. 의미추론 문제(어휘의미 추론, 함축적인 의미 추론) 유형
Pattern 4. 빈칸추론 문제(요약문 빈칸, 어휘와 구절 빈칸) 유형
Pattern 5. 어법 문제 유형
Pattern 6. 지칭대상파악 문제 유형
Pattern 7. 세부내용파악 문제(도표, 실용문, 대상묘사문 등) 유형
Pattern 8. 심경과 분위기파악 문제 유형
Pattern 9. 장문 문제 유형

왜 9가지 문제 유형(Pattern)에 맞게 풀이방식이 달라져야 할까?

각 문제 유형에서 요구하는 사항들과 각 문제 유형들의 출제 메커니즘이 다르기 때문이다.

이런 요구 사항들과 출제 메커니즘에 대해서는 본격적으로 다음에 나오는 내용들 속에 담겨있으니 잘 참고하길 바란다. 이 중에서 난이도가 낮은 문제 유형을 제외하고 또한 중복되어 소개되는 문제 유형을 제외하고 가장 중요한 문제 유형인 Pattern 1~6까지의 문제 유형을 다루겠다. 다음과 같은 과정(절차)으로 이 교재를 활용해야만 효과가 배가된다.

첫 번째, 먼저 각 문제 유형(Pattern)에 맞게 제시되는 비법을 단계별로 정확하게 숙지하자! '1단계' 비법이 먼저 적용되고 그 다음 '2단계' 비법, 그 후 '3단계' 비법, 이렇게 차례로 적용됨을 명심하라! 이렇게 꾸준히 연습하다보면 적응하게 되어 단계별 비법들이 동시에 또는 한번에 적용되는 날이 올 것이다!

두 번째, 단계별 비법들이 각 문제들에 구체적으로 어떻게 적용되는지 살펴보고 어떻게 답이 나오는지 파악하면서 일관성 있게 적용되는 원리(비법)를 확실하게 내 것으로 만들기 바란다! 그리고 Part 2에 실려 있는 '오답 피하기 비법'도 어떻게 적용되는지 살펴보고 실전에서 적용할 수 있게 숙지하고 꾸준히 연습해보자!

세 번째, 지문의 해석을 통해 내용파악을 하여(내용파악이 잘 안 되면 한글 해석본을 참고하여) 본인이 선택한 답이 확실하게 맞는지 '내용검증'도 해보자!

마지막으로, 이 교재의 Part 3에 실려 있는 연습문제(Exercise)를 통해 비법 적용력을 키우기를 바란다. 이 연습문제도 수능 기출문제로 구성되었기 때문에 효과적으로 적용력을 키울 수 있을 것이다. 최근 2개년 평가원 모의고사 기출문제(6월과 9월의 모고 문제와 11월 수능 문제)가 수능의 출제 유형 및 방식과 가장 유사하기 때문에 반드시 이 평가원 기출문제를 가지고 비법을 적용하고 연습해야 한다.

Pattern 1

대의파악 문제
(목적, 주장, 주제, 요지, 제목) 유형

Day 1

대의파악 문제 유형에는 글의 목적, 주장, 주제, 요지, 제목을 물어보는 문제들이 속해 있다. 이 유형의 출제 메커니즘은 일단 수험생이 글의 '통일성'을 이해하고 있는지를 확인하는 것에 있다. '통일성'을 쉽게 표현하면 '모든 개별 문장들은 전부 다 주제를 반영해야 한다'는 글의 구성원리이며 '핵심어' 혹은 '핵심어와 관련된 어구'(핵심어의 예시물, 등가물, 대립물 등)를 가져야 한다는 글의 구성원리다. '발명'의 등가물(동의어)는 '창조', '혁신' 등이고 '발명'의 대립물(반의어)은 '모방'과 같은 것이다.

예를 들어, 다음 세 개의 문장들로 구성된 한편의 글을 살펴보자.

우리 가족은 동물을 사랑한다. (My family love an animal.)

예를 들면, 나의 언니는 고양이를 사랑한다. (For example, my sister loves a cat.)

또한 나의 엄마는 개를 사랑한다. (Also, my mother loves a dog.)

이 한편의 글의 주제문(요지)은 첫 번째 문장인 '우리 가족은 동물을 사랑한다'는 표현이고, '나의 언니는 고양이를 사랑한다'와 '나의 엄마는 개를 사랑한다'와 같은 개별 문장들(예시문장들)은 전부 다 주제를 반영하는 통일성을 가진다고 볼 수 있다.

이런 대의파악 문제 유형은 결국 핵심어 찾기와 주제문 찾기가 관건인데 위의 글에서 핵심어는 '가족(언니/엄마)', '동물(개/고양이)', '사랑한다'이고, 주제문은 첫 번째 문장인 '우리 가족은 동물을 사랑한다'이다.

위의 예시에서처럼 '핵심어'는 여러 번 반복되는 속성이 있어야 하므로 윗글의 세 개의 문장들에서 '가족(언니/엄마)', '동물(개/고양이)', '사랑한다'는 반복되고 있다. 이것을 공식(비법)화시키면 '여러 번 반복되는 표현이 핵심어가 된다'고 할 수 있다.

이런 식으로 '반복되는 표현'과 같은 핵심어의 속성을 파악하면 그것이 곧 비법이 되는데, 핵심어의 6가지 속성은 다음과 같다. 즉, 다음이 바로 핵심어 찾기의 비법이다.

• 핵심어 찾기

1) 반복어 2) 구정보 3) 주어 4) 음양(⊖/⊕) 5) 대립쌍 6) 변형어 ⇒ 핵심어

1) 반복(중복)되는 표현(=반복어=중복어)이 대개 핵심어다.

2) 구정보 표현이 대개 핵심어다. (구정보 표현이란 이미 언급된 정보를 의미한다.) → p.34 구정보 단서 참고

3) 주어 표현이 대개 핵심어다.

4) 음양(⊖/⊕) 표현이 대개 핵심어다. (음양= 부정⊖/긍정⊕의 의미가 부여된 표현이다.) → p.30 2단계 참고

5) 대립쌍인(서로 대립관계에 있는) 표현들이 대개 핵심어다.

6) 서로 대등한(동등한), 다른 말로 바뀌는(변형되는) 표현(변형어)들이 대개 핵심어다.

다음에 소개할 비법은 '주제문 찾기' 비법인데, 위의 글에서 두 번째 문장인 '예를 들면, 나의 언니는 고양이를 사랑한다'에서 연결사인 '예를 들어(For example)'가 주제문 찾기의 단서가 된다. '예를 들어'의 앞에 나오는 문장이 주제문이기 때문이다. 이런 식으로 주제문을 찾을 수 있는데, 이런 '주제문 찾기 비법'에는 다음과 같이 3가지 단서(비법)가 있다.

• 주제문 찾기

1) 주제술어 단서: 주제동사, 주제형용사, 주제부사 등이 있는 문장이 대개 주제문이 된다.

ex: Culture influences communication. (문화가 의사소통에 영향을 끼친다.)

→ 동사 'influence'와 같은 인과를 나타내는 표현들은 '주제동사'가 된다.

⇨ 이후에 '주제술어'에 대한 구체적 내용 언급 참고(p.19)

2) 주제구문 단서: '명령문(요청문)', '강조구문', '인과구문', '대립/대등구문', '비교/대조 구문' '문제-해법구문', '유추구문'과 같은 일부 중요한 내용을 전달하는 특수구문들이 포함된 문장이 대개 주제문이다. 아래의 3) 글(논리) 전개방식 단서의 인과, 대립, 유추 등과 관련된다.

ex 1: It is culture that influences communication. ⇒ ['It~ that 강조구문 = 주제문]

(의사소통에 영향을 주는 요인은 바로 문화이다.)

ex 2: The more we have, the more we want. (the비교급 구문) ⇒ [인과구문 = 주제문]

(더 많이 가질수록, 더 많이 원한다.)

⇨ 인과 표현(구문), 대립 표현(구문) 등은 이후에 구체적 내용 언급 참고(p.35, p.49)

3) '글의 흐름(논리전개방식)' 단서와 연결사/접속사 단서: 한 편의 글의 구성에 있어서 큰 틀인 '글(논리) 전개방식'은 '주제문 찾기'에 도움을 줄 수 있다. 글의 큰 틀인 '논리전개방식'은 다음과 같다.

(1) 주제-상술(예시): 주제를 언급 후, 그것에 대해 상세히 서술(상술)해 나가는 구성방식

(2) 추가(나열): '주제-예시' 언급 후에 또 다른 예시를 추가하는 전개방식(논리관계)

(3) 유추: 먼저 주제와 유사(평행)한 내용(사례)을 언급한 후에 주제를 언급해 나감

(4) 인과: '원인 후 결과' 혹은 '결과 후 원인'의 구성방식

(5) 대립: 전과 후가 서로 대립적인 내용의 구성방식

(6) 문제-해법: 문제점을 언급한 후에 해법(필요)을 언급해 나감

⇨ 논리전개방식(글의 흐름)에 대한 구체적 언급 참고(p.35, p.49)

⇨ 연결사/접속사 단서: 글의 흐름(논리 전개방식)과 '주제문' 파악(찾기)의 결정적인 단서

(1) For example의 바로 앞에 나오는 문장이 대개 주제문 ⇒ 주제-상술(예시)구문에 사용

(2) But이 나오는 문장이 대개 주제문 ⇒ 대립, 대조, 우열, 반전, 문제-해법 구문에 사용

(3) So가 나오는 문장이 대개 주제문 ⇒ 인과 구문, 문제-해법 구문에 사용

(4) Also(=또한)의 앞에 나오는 문장이 대개 주제문 ⇒ 추가, 유추 구문에 사용

(5) In other words(=즉)가 나오는 문장이 대개 주제문 ⇒ 내용 강조의 역할

⇨ 연결사/접속사에 대한 구체적 언급 참고(p.35, p.49)

그럼 위에서 언급한 '핵심어 찾기 6가지 비법'과 '주제문 찾기 3가지 비법'을 최근 수능 기출문제에 적용해보자!

먼저 2018년 11월에 시행된 수능(2019학년도 수능절대평가) 영어문제 중 5문항의 대의파악 유형의 문제들을 풀어보자. ⇨ 비법은 p.15에 있고, 정답 및 해석은 p.24에 있다.

2019-수능 **18.** 다음 글의 목적으로 가장 적절한 것은?

Dear Mr. Reese,

A few days ago, I submitted my application and recipe for the 2nd Annual DC Metro Cooking Contest. However, I would like to change my recipe if it is possible. I have checked the website again, but I could only find information about the contest date, time, and prizes. I couldn't see any information about changing recipes. I have just created a great new recipe, and I believe people will love this more than the one I have already submitted. Please let me know if I can change my submitted recipe. I look forward to your response.

Best Regards, Sophia Walker

① 요리 대회 일정을 안내하려고   ② 요리 대회 심사 결과를 확인하려고

③ 요리법 변경 가능 여부를 문의하려고   ④ 새로운 요리법 개발을 요청하려고

⑤ 요리 대회 불참을 통보하려고

- submit 제출하다 • application 지원서 • recipe 요리법

2019-수능 20. 다음 글에서 필자가 주장하는 바로 가장 적절한 것은?

War is inconceivable without some image, or concept, of the enemy. It is the presence of the enemy that gives meaning and justification to war. 'War follows from feelings of hatred', wrote Carl Schmitt. 'War has its own strategic, tactical, and other rules and points of view, but they all presuppose that the political decision has already been made as to who the enemy is'. The concept of the enemy is fundamental to the moral assessment of war: 'The basic aim of a nation at war in establishing an image of the enemy is to distinguish as sharply as possible the act of killing from the act of murder'. However, we need to be cautious about thinking of war and the image of the enemy that informs it in an abstract and uniform way. Rather, both must be seen for the cultural and contingent phenomena that they are.

* contingent: 불확정적인

① 전쟁과 적을 추상적이고 획일적으로 개념화하는 것을 경계해야 한다.

② 적에 따라 다양한 전략과 전술을 수립하고 적용해야 한다.

③ 보편적 윤리관에 기초하여 적의 개념을 정의해야 한다.

④ 전쟁 예방에 도움이 되는 정치적 결정을 해야 한다.

⑤ 어떠한 경우에도 전쟁을 정당화하지 말아야 한다.

- inconceivable 생각할 수 없는 • justification 정당화 • tactical 전술적인 • presuppose 상정하다
- assessment 평가 • abstract 추상적인 • uniform 획일적인 • phenomenon 현상

2019-수능 22. 다음 글의 요지로 가장 적절한 것은?

With the industrial society evolving into an information-based society, the concept of information as a product, a commodity with its own value, has emerged. As a consequence, those people, organizations, and countries that possess the highest-quality information are likely to prosper economically, socially, and politically. Investigations into the economics of information encompass a variety of categories including the costs of information and information services; the effects of information on decision making; the savings from effective information acquisition; the effects of information on productivity; and the effects of specific agencies (such as corporate, technical, or medical libraries) on the productivity of organizations. Obviously many of these areas overlap, but it is clear that information has taken on a life of its own outside the medium in which it is contained. Information has become a recognized entity to be measured, evaluated, and priced.

* entity: 실재(물)

① 정보화된 사회일수록 개인 정보 보호가 필요하다.
② 정보의 효율적 교환은 조직의 생산성을 향상시킨다.
③ 정보 처리의 단순화는 신속한 의사 결정에 도움이 된다.
④ 정보 기반 사회에서 정보는 독자적 상품 가치를 지닌다.
⑤ 정보 기반 사회에서는 정보를 전달하는 방식이 중요하다.

● commodity 제품, 상품 ● encompass 아우르다 ● acquisition 취득, 습득 ● overlap 겹치다

2019-수능 **23.** 다음 글의 주제로 가장 적절한 것은? [3점]

We argue that the ethical principles of justice provide an essential foundation for policies to protect unborn generations and the poorest countries from climate change. Related issues arise in connection with current and persistently inadequate aid for these nations, in the face of growing threats to agriculture and water supply, and the rules of international trade that mainly benefit rich countries. Increasing aid for the world's poorest peoples can be an essential part of effective mitigation. With 20 percent of carbon emissions from (mostly tropical) deforestation, carbon credits for forest preservation would combine aid to poorer countries with one of the most cost-effective forms of abatement. Perhaps the most cost-effective but politically complicated policy reform would be the removal of several hundred billions of dollars of direct annual subsidies from the two biggest recipients in the OECD — destructive industrial agriculture and fossil fuels. Even a small amount of this money would accelerate the already rapid rate of technical progress and investment in renewable energy in many areas, as well as encourage the essential switch to conservation agriculture.

* mitigation: 완화 * abatement: 감소 * subsidy: 보조금

① reforming diplomatic policies in poor countries
② increasing global awareness of the environmental crisis
③ reasons for restoring economic equality in poor countries
④ coping with climate change by reforming aid and policies
⑤ roles of the OECD in solving international conflicts

2019-수능 **24.** 다음 글의 제목으로 가장 적절한 것은?

A defining element of catastrophes is the magnitude of their harmful consequences. To help societies prevent or reduce damage from catastrophes, a huge amount of effort and technological sophistication are often employed to assess and communicate the size and scope of potential or actual losses. This effort assumes that people can understand the resulting numbers and act on them appropriately. However, recent behavioral research casts doubt on this fundamental assumption. Many people do not understand large numbers. Indeed, large numbers have been found to lack meaning and to be underestimated in decisions unless they convey affect (feeling). This creates a paradox that rational models of decision making fail to represent. On the one hand, we respond strongly to aid a single individual in need. On the other hand, we often fail to prevent mass tragedies or take appropriate measures to reduce potential losses from natural disasters.

* catastrophe: 큰 재해

① Insensitivity to Mass Tragedy: We Are Lost in Large Numbers

② Power of Numbers: A Way of Classifying Natural Disasters

③ How to Reach Out a Hand to People in Desperate Need

④ Preventing Potential Losses Through Technology

⑤ Be Careful, Numbers Magnify Feelings!

• magnitude 큰 규모 • sophistication 정교한 지식 • assess 산정하다 • affect 정서적 반응

위의 5문항의 대의파악 유형의 문제들을 푸는 비법, 즉 '핵심어 찾기 6가지 비법'과 '주제문 찾기 3가지 비법'이 어떻게 단계별로 적용되는지 다음에서 우선 확인하자! 반드시 단계별로 적용되는 것을 확인하자! 2단계(본문에서 핵심어 찾기)에서 끝날 수도 있고 3단계(주제문 찾기)까지 가서야 끝날 수도 있다. 완전한 검증을 위해서 3단계도 적용해보는 연습을 하자!

1. 1단계(선택지에서 핵심어 찾기): 먼저 선택지(1~5번)에서 중복되는 표현(핵심어)을 추려보자!

2. 2단계(본문에서 핵심어 찾기): 1단계를 토대로, 앞에서 언급된 핵심어 찾기 6가지 비법을 적용해보자! ⇨ p.11 참고

[1) 반복어 2) 구정보 3) 주어 4) 음양(⊖/⊕) 5) 대립쌍 6) 변형어 ⇒ 핵심어]

⇨ 이후에 구체적 언급 참고: '구정보' 표현은 p.33~34 참고, '음양' 표현은 p.30, 34, 42 참고.
물론 6가지 비법이라고 해서 6가지 모두를 적용할 필요는 없고 6가지 중에서 눈에 띄는 1~2가지 비법만 잘 적용해도 된다. 그리고 고난도 문제는 5) '대립쌍인 표현이 대개 핵심어다'와 6) '변형된 표현이 대개 핵심어다'까지 적용해야 할 경우도 있다.

3. 3단계(주제문 찾기): 앞에서 언급된 '주제문 찾기' 3가지 비법을 적용해보자! 이 3가지 비법 중에 눈에 띄는 1~2가지 비법만 잘 적용해도 된다. 그리고 고난도 문제는 3) '논리전개방식(글의 흐름)' 단서까지 적용해야 할 경우도 있다.

'주제문 찾기' 3가지 비법: 1) '주제술어' 단서 → p.19 참고
(p.11 참고) 2) '주제구문' 단서 → p.11 참고
  3) '논리전개방식'과 '연결사/접속사' 단서 → p.35, 49~50 참고

아래의 색칠된 숫자 표현은 반복되는 표현(=핵심어)이고 밑줄은 주제문 단서이다.

2019-수능 **18.** 다음 글의 목적으로 가장 적절한 것은?

Dear Mr. Reese,

A few days ago, I submitted my application and recipe for the 2nd Annual DC Metro Cooking **Contest**. However, I would like to change my **recipe** if it is possible. I have checked the website again, but I could only find information about the **contest** date, time, and prizes. I couldn't see any information about changing **recipes**. I have just created a great **new recipe**, and I believe people will love this more than the one I have already submitted. Please let me know if I can change my submitted **recipe**. I look forward to your response.

Best Regards, Sophia Walker

① 요리 대회 일정을 안내하려고
② 요리 대회 심사 결과를 확인하려고
③ **요리법** 변경 가능 여부를 문의하려고
④ 새로운 **요리법** 개발을 요청하려고
⑤ 요리 대회 불참을 통보하려고

🔍 비법 적용

1단계(선택지에서 핵심어 찾기): 3번과 4번 선택지에서 '**recipe(요리법)**'이란 표현이 중복(반복)된다. 1번, 2번, 5번에서는 '**contest(요리 대회)**'란 표현이 중복(반복)된다.

2단계(본문에서 핵심어 찾기): 본문(지문)에서는 recipe(요리법)이 반복(반복되는 표현=핵심어)된다. 일

단, recipe(요리법)과 contest(요리 대회)가 포함된 선택지가 답이 될 수 있다.

3단계(주제문 찾기): 밑줄 친 두 개의 문장이 주제문이다(첫 번째 밑줄 문장은 However로 시작하면서 'I would like to'와 같은 주제문 단서(주제동사)가 있고('I would like to'는 ~하고 싶다는 의미를 가지는데 필자의 바람이나 주장을 나타내므로 그 문장이 주제문이 될 가능성이 높다), 두 번째 밑줄 문장은 명령문 혹은 요청문이므로 주제문이 된다). 물론, 답을 확실하게 고르기 위해서는 기본어휘로 이루어진 이 두 개의 주제문('I would like to change my recipe'와 'Please let me know if I can change my submitted recipe') 정도는 해석이 되어야 한다.

☆ 이 1-2-3 단계를 토대로 3번이 답으로 간주된다.

2019-수능 **20.** 다음 글에서 필자가 주장하는 바로 가장 적절한 것은?

War is inconceivable without some **image, or concept**, of the **enemy**. It is the presence of the **enemy** that gives meaning and justification to war. 'War follows from feelings of hatred', wrote Carl Schmitt. 'War has its own strategic, tactical, and other rules and points of view, but they all presuppose that the political decision has already been made as to who the **enemy** is'. The **concept** of the **enemy** is fundamental to the moral assessment of **war**: 'The basic aim of a nation at **war** in establishing an **image** of the **enemy** is to distinguish as sharply as possible the act of killing from the act of murder'. However, we need to be cautious about thinking of **war** and the **image** of the **enemy** that informs it in an abstract and uniform way. Rather, both must be seen for the cultural and contingent phenomena that they are.

* contingent: 불확정적인

① 전쟁과 적을 추상적이고 획일적으로 개념화하는 것을 경계해야 한다.
② 적에 따라 다양한 전략과 전술을 수립하고 적용해야 한다.
③ 보편적 윤리관에 기초하여 적의 개념을 정의해야 한다.
④ 전쟁 예방에 도움이 되는 정치적 결정을 해야 한다.
⑤ 어떠한 경우에도 전쟁을 정당화하지 말아야 한다.

1단계(선택지에서 핵심어 찾기): 1번, 2번, 3번에서 '**적**(enemy)'이란 표현이 중복(반복)된다. 1번, 4번, 5번에서 '**전쟁**(war)'이란 표현이 중복(반복)된다. 또한 1번과 3번의 개념(image, concept)도 중복된다.

2단계(본문에서 핵심어 찾기): 본문(지문)을 보면, war, enemy, image(=concept)가 반복되는 표현; 일단, war, enemy, image(=concept)가 포함된 선택지가 답이 되어야 한다.

image의 등가물(동의어)는 concept이다. 즉, image의 변형된 표현이 concept이다.

3단계(주제문 찾기): 두 번째 밑줄 친 문장은 'However'로 시작하면서 'we need to~'와 같은 주제문 단서가 있다. 물론, 답을 확실하게 고르기 위해서는 이 기본어휘로 이루어진 주제문 정도는 해석이 되어야 한다. 이 주제문의 내용은 '전쟁과 적의 이미지를 추상적이고 획일적인 방식으로 생각하는 것에 대해 주의를 할 필요가 있다'는 것이다. 첫 번째 밑줄 친 문장도 'It~ that 강조구문'이므로 주제문이 될 수 있다. ※ 오답 피하기 비법은 p.90 참고.

2019-수능 22. 다음 글의 요지로 가장 적절한 것은?

With the industrial society evolving into an information-based **society**, the concept of **information** as **a product, a commodity with its own value**, has emerged. As a consequence, those people, organizations, and countries that possess the highest-quality **information** are likely to prosper economically, socially, and politically. Investigations into the economics of information encompass a variety of categories including the costs of information and information services; the effects of information on decision making; the savings from effective information acquisition; the effects of information on productivity; and the effects of specific agencies (such as corporate, technical, or medical libraries) on the productivity of organizations. Obviously many of these areas overlap, but it is clear that information has taken on **a life of its own** outside the medium in which it is contained. Information has become a recognized **entity** to be measured, evaluated, and priced.

* entity: 실재(물), 독립체

① 정보화된 사회일수록 개인 정보 보호가 필요하다.
② 정보의 효율적 교환은 조직의 생산성을 향상시킨다.
③ 정보 처리의 단순화는 신속한 의사 결정에 도움이 된다.
④ 정보 기반 사회에서 정보는 독자적 상품 가치를 지닌다.
⑤ 정보 기반 사회에서는 정보를 전달하는 방식이 중요하다.

🔍 **비법 적용**

1단계(선택지에서 핵심어 찾기): 1번~5번에서 '정보(information)'는 중복되는 표현; 1번, 4번, 5번에서 '정보 기반 사회(정보화된 사회)(information-based society)'가 중복된다.

2단계(본문에서 핵심어 찾기): 본문(지문)을 보면, '정보(information)'가 반복되는 표현이면서 대부분 주어 혹은 주어부에 등장하고 있는데, 다음과 같은 내용들이 반복적인 동일한 내용이다. '정보는 독자적(its own) 가치를 지닌 상품이다(the concept of information as a product, a commodity with its own value).', '정보는 독자적 생명력을 가진다(information has taken on a life of its own).', '정보는 인정받은 독립체(entity)가 되었다(Information has become a recognized entity).'

☆ 정리하면 핵심어는 '정보'와 '독자적 존재'이다.

3단계(주제문 찾기):

1. 두 번째 문장의 'As a consequence'는 인과의 연결사로서 그 앞 문장인 첫 번째 문장이 주제문이 될 수 있다(인과구문은 대개 주제문이 된다). 이 문장의 의미의 핵심은 '정보 = 독자적 상품'이다.

2. but으로 시작하고 'it is clear that~' 구문(두 번째 밑줄 친 문장)은 주제문이다(clear는 명백한 사실을 보여준다는 의미를 가진 주제형용사이다). 이 문장의 의미는 '정보가 그 독자적인 생명력을 얻게 되었다는 것은 분명하다'이다. ※ 오답 피하기 비법은 p.92 참고.

⇨ **주제술어 단서 = 주제문 찾기의 단서**

다음은 '주제술어' 단서들이다(이미 p.11에서 언급됨).

(1) 주제동사: 다음 주제동사를 포함한 문장은 대개 주제문이 된다.

① '~가(~하는 것이) 중요하고, 필요하고, (해법을) 제공하고, 바라고, 명백한 혹은 놀라운 사실이고, 어렵고 힘들게 하는'등의 '중요한 내용을 전달'하는 동사: must, should, need, provide, use, want, know, realize(깨닫다), recognize(인식하다), argue(=claim), suggest(시사하다), surprise, challenge…

② '인과관계'를 나타내는 동사: cause, lead, make, give, provide, influence, require, depend on… ⇒ [인과 동사가 들어있는 문장 = 인과구문]

   ex: Culture influences communication. (문화가 의사소통에 영향을 끼친다.)

   ⇒ 문화(Culture)가 원인; 의사소통(communication)이 결과이다.

③ '대등/대립 관계'를 나타내는 동사 혹은 부정 동사: equal-동등하다, parallel-필적하다, compare-비교/대조하다, oppose-반대하다, object-반대하다, deny-부인하다, refuse-거부하다, reject-거부하다, doubt-의심하다 …

   ⇒ 밑줄 친 'oppose'부터는 대립동사이면서 부정 동사(부정적 의미를 갖는 동사)이다.

   [대립 동사가 들어있는 문장 = 대립구문]

   ex 1: This equals that in size. (이것은 크기 면에서 저것과 동등하다.)

   ex 2: My opinion opposes (=object to) her opinion.

(2) 주제형용사: 다음 주제형용사를 포함한 문장은 대개 주제문이 된다.

'~하는 것이(하는 것은) 중요하다, 필요하다, 명백한 사실이다, 놀라운 사실이다, 어렵다, 힘들다, 이상하다' 등에 해당되는 important, essential, necessary, clear, true, surprising, (im)possible, easy, difficult, dangerous, (un)pleasant, odd…

ex: It is clear that health influences life. (건강이 삶에 영향을 끼치는 것은 명백한 사실이다.)

(3) 주제부사: 앞의 주제형용사의 의미와 유사한 Importantly, Clearly, Surprisingly, Unfortunately와 같은 부사가 문두에 오는 문장은 대개 주제문이 된다.

ex: Clearly, health influences life. (건강이 삶에 영향을 끼치는 것은 명백한 사실이다.)

Day 2

2019-수능 **23.** 다음 글의 주제로 가장 적절한 것은? [3점] (고난도 문제)

We argue that the ethical principles of justice provide an essential foundation for <u>policies</u> to protect unborn generations and **the poorest countries** from **climate change.** Related issues arise in connection with current and persistently inadequate **aid** for **these nations**, in the face of growing threats to agriculture and water supply, and the rules of international trade that mainly benefit rich countries. <u>Increasing **aid** for the world's **poorest peoples** can be an essential part of effective mitigation.</u> With 20 percent of **carbon emissions** from (mostly tropical) deforestation, carbon credits for forest preservation would combine **aid** to **poorer countries** with one of the most cost-effective forms of abatement. Perhaps the most cost-effective but politically complicated **policy reform** would be the removal of several hundred billions of dollars of direct annual subsidies from the two biggest recipients in the OECD — **destructive industrial agriculture and fossil fuels.** Even a small amount of **this money(=aid)** would accelerate the already rapid rate of technical progress and investment in **renewable energy** in many areas, as well as encourage the essential switch to **conservation agriculture.**

* mitigation: 완화 * abatement: 감소 * subsidy: 보조금

① reforming diplomatic **policies** in **poor countries**
② increasing global awareness of the **environmental crisis**
③ reasons for restoring economic equality in **poor countries**
④ coping with **climate change** by reforming **aid** and **policies(aid = policy)**
⑤ roles of the OECD in solving international conflicts

1단계(선택지에서 핵심어 찾기): 1번과 4번에서 'reforming policies(정책 개혁)'이 중복된다. 2번과 4번 에서 environmental crisis(환경의 위기)와 climate change(기후변화)는 등가물(동의어=변형된 표

현)로 확인되고 1번과 3번에서 'poor countries'이 중복된다.

(※ 결과를 고려해서 말하면, 1번과 2번은 매력적인 오답이 된다.)

2단계(지문에서 핵심어 찾기): 지문 속에서도 poor countries, aid(원조), policy(policy reform)가 반복되는 표현(=핵심어)으로 1단계와 중복되는 표현을 고려한다. 만약 1단계와 2단계까지만 고려하면 1번도 답이 될 수 있다. 그러나 3단계까지 확실하게 검증해야 한다(역시 3점 고난도). 또 한 가지 고려할 것은 'climate change'와 등가물(=동의어=변형된 표현=연관된 표현)이 'threats to agriculture and water supply(농사와 물공급에 위협적인 상황)', 'carbon emissions from deforestation(벌채로부터의 탄소배출)', 'destructive industrial agriculture and fossil fuels(파괴적인 산업화 농업과 화석 연료)', 'renewable energy(재생가능에너지)', 'conservation agriculture(보존 농업)'이다(→이들은 마치 climate change의 원소들로 간주된다).

3단계(주제문 찾기): 첫 번째 문장(밑줄 친 문장)은 필자의 주장을 드러내는 표현인 'We argue(주제 동사) that~'로 시작하고 있고 두 번째 밑줄 친 문장은 주제형용사인 'essential(~하는 것이 필요하다)'이 포함되어 있으므로 주제문이 될 수 있다. 두 개의 밑줄 친 문장(주제문)의 공유내용은 '기후변화(농사와 물공급에 위협적인 상황과 같은 환경문제, 탄소배출문제)로부터 가난한 나라를 보호하기 위해 정책개혁과 원조가 필요하다'는 것이다. 또한 이 지문 전체의 '논리전개방식(글의 흐름)'을 고려하면 '문제-해법' 구성으로서 세 번째 문장부터 마지막 문장까지 해법이 되고 그 이전은 문제점이 언급된다. 따라서 4번(coping with~대처하기)이 답이 된다(coping with는 '해법'을 나타내는 표현이다).

☆ 최종적으로 종합하여 말하면, 이 '1-2-3 단계'를 토대로 4번이 답으로 간주된다(1번과 2번은 매력적인 오답이 된다). 1번은 'diplomatic(외교의)'이 environmental(환경의)로, in(~에서)을 for(~을 위하여)로 바꾸면 답이 될 수 있고, 2번은 '원조와 정책개혁'의 해법에 대한 언급이 없으므로 답이 될 수 없다. 이렇게 '오답 피하기'도 고난도 문제풀이에서는 필요한 비법이 된다. '오답 피하기' 비법은 Part 2에서 다루고 있다(p.92~93 참고).

2019-수능 **24.** 다음 글의 제목으로 가장 적절한 것은?

   A defining element of **catastrophes** is the **magnitude** of their harmful consequences. To help societies prevent or reduce damage from **catastrophes**, a huge amount of effort and technological sophistication are often employed to assess and communicate **the size** and scope of potential or actual **losses**. This effort assumes that people can understand **the resulting numbers** and act on them appropriately. However, recent behavioral research casts doubt on this fundamental assumption. Many people do not understand

large numbers. Indeed, **large numbers** have been found to lack meaning and to be
underestimated in decisions unless they convey affect (feeling). This creates a paradox
that rational models of decision making fail to represent. On the one hand, we respond
strongly to aid a single individual in need. On the other hand, we often fail to prevent
mass tragedies or take appropriate measures to reduce potential **losses** from natural
disasters.

* catastrophe: 큰 재해

① Insensitivity to **Mass Tragedy**: We Are Lost in **Large Numbers**
② Power of **Numbers**: A Way of Classifying **Natural Disasters**
③ How to Reach Out a Hand to People in Desperate Need
④ Preventing Potential **Losses** Through Technology
⑤ Be Careful, **Numbers** Magnify Feelings!

1단계(선택지에서 핵심어 찾기): 1/2/5번에서 numbers 혹은 large numbers(큰 수)가 중복된다. 1/2/4
번에서 재난(Tragedy = Disasters = Losses)이 중복된다.

2단계(핵심어 찾기): 지문에서 중복된 표현은 1단계에서 중복된 표현인 numbers 혹은 large numbers
('큰 수'의 등가물/동의어 = magnitude = size)와 일치하고, 재난(catastrophes = tragedy = losses)
도 마찬가지이다.

☆ 1단계와 2단계를 통해 1번 혹은 2번이 답이 될 수 있다. 1단계와 2단계를 통해서 재난(catastrophes)
이란 말과 등가물(동의어), 즉 '재난'의 변형된 표현이 tragedy, losses, disasters로 확인되고 큰 수
(large numbers)의 변형된 표현이 magnitude, size로 확인된다.

3단계(주제문 찾기):

1. 'However'로 시작하는 첫 번째 밑줄 친 문장('그러나 최근의 행동 연구는 이러한 근본적인 가정에
   의혹을 던진다'는 내용)이 '반전 시발문(반전의 시발점이 되는 문장: 내용 전환문)'이므로 이 문장을
   기준으로 바로 앞의 문장의 밑줄 친 내용('사람들이 그 결과로 생기는 수를 이해할 수 있고 그에 의
   거하여 적절하게 행동할 수 있다'는 내용)은 주제문과 반대의 내용이 와야 한다. 그 반전 시발문을
   기준으로 바로 뒤의 문장('큰 수를 이해하지 못하는 사람들이 많다'는 내용)이 주제문이 된다. ⇨ 반
   전 시발문의 전후에 나오는 문장은 대개 주제문 찾기의 단서가 된다.

2. 주제문 단서인 'Indeed'(사실/진실을 전하는 연결사)로 시작하는 밑줄 친 문장('큰 수는 감정을 전
   달하지 않는다면 의미가 없으며 결정을 할 때 과소평가된다'는 내용)도 주제문이 된다.

(선택지 1번의 의미는 '대규모 비극에 대한 무감각: 우리는 큰 수에 매몰되어 있다'인데, 결국 큰 수를 이해하지 못하거나 큰 수에 무감각하다는 의미이다) ※ 오답 피하기는 p.94 참고.

여기까지 잘 이해되셨나요? 혹시 책만으로 이해가 안 되셨다면 저자의 '강의'를 시청하시면서 궁금한 사항은 해당 싸이트 Q&A(질의응답)에 올려주세요.
🖥 다음 카페 "일등급 영어 남기선" 검색 [cafe.daum.net/1st-class-English]

다음은 위의 5문항의 '대의파악' 문제들의 한글 해석본이다. 이 해석본을 활용하여 확실한 내용파악을 토대로 문제풀이의 마지막 과정인 '내용검증'도 해 보자!

2019-수능 **18.** 목적 (답: 3번)

Reese 씨에게,

며칠 전에 저는 제 2회 연례 DC Metro 요리 대회의 지원서와 요리법을 제출했습니다. 하지만, 가능하다면 저의 요리법을 바꾸고 싶습니다. 제가 웹사이트를 다시 확인해 보았지만, 대회 날짜와 시간, 그리고 상에 관한 정보만 발견할 수 있었습니다. 요리법을 바꾸는 데에 대한 어떤 정보도 볼 수 없었습니다. 저는 이제 막 훌륭한 새로운 요리법을 만들었는데, 사람들이 제가 이미 제출한 것보다 이것을 더 좋아할 것이라고 믿고 있습니다. 제가 제출한 요리법을 바꿀 수 있는지 저에게 알려 주십시오. 귀하의 응답을 고대하고 있겠습니다.

Sophia Walker 드림

2019-수능 **20.** 주장 (답: 1번)

전쟁은 적에 대한 '약간의' 이미지, 즉 개념 없이는 생각할 수 없다. 전쟁에 의미와 정당화를 제공하는 것은 바로 적의 존재이다. Carl Schmitt는 이렇게 썼다. '전쟁은 증오감을 따라 나온다. 전쟁은 그 나름의 전략적, 전술적, 그리고 여타의 규칙과 관점을 가지고 있지만, 그것들 모두 적이 누구냐에 대해 정치적인 결정이 이미 내려졌다는 것을 상정하고 있다.' 적의 개념은 전쟁의 도덕적 평가에 핵심적이다. 즉, '적의 이미지를 확립하는 데 있어서 전쟁을 하고 있는 국가의 기본적인 목표는 죽이는 행위와 살인의 행위를 가능한 한 뚜렷이 구별하는 것이다.' 하지만, 우리는 전쟁과 그것에 영향을 미치는 적의 이미지를 추상적이고 획일적인 방식으로 생각하는 것에 대해 주의를 할 필요가 있다. 오히려 둘은 그것들 본연의 문화적이고 불확정적인 현상으로 간주되어야 한다.

2019-수능 22. 요지 (답: 4번)

산업 사회가 정보에 기반한 사회로 진화해가면서, 하나의 상품, 그 나름의 가치를 가진 하나의 제품으로서의 정보의 개념이 등장했다. 결과적으로 가장 고품질의 정보를 소유한 그러한 사람, 조직, 그리고 국가들이 경제적으로, 사회적으로, 그리고 정치적으로 번창할 가능성이 높다. 정보의 경제학에 대한 연구는 정보와 정보 서비스의 비용, 정보가 의사 결정에 미치는 영향, 효과적인 정보 취득으로 인한 절약, 정보가 생산성에 미치는 영향, 그리고 (기업, 기술, 혹은 의학 도서관과 같은) 특정한 기관이 조직의 생산성에 미치는 영향을 포함하는 다양한 범주를 망라한다. 이러한 많은 분야들이 서로 겹치는 것은 분명하지만, 정보가 그것이 포함되는 매체를 벗어나 그 나름의 생명력을 얻게 되었다는 것은 분명하다. 정보는 측정되고, 평가되고, 값이 매겨지는 인정받는 실재(독립체)가 되었다.

2019-수능 23. 주제 (답: 4번)

우리는 정의의 윤리적 원칙이 아직 태어나지 않은 세대와 가장 가난한 나라들을 기후 변화로부터 보호하기 위한 정책에 대한 근본적인 기초를 제공한다고 주장하는 바이다. 농업과 물 공급에 대한 점점 증가하는 위협과 주로 부유한 국가들에게만 이득을 주는 국제 무역의 규칙에 직면하여, 이 (가난한) 국가들을 위한 현재의 끈질기게 부족한 원조와 관련하여 연계된 문제들이 발생한다. 세계의 가장 가난한 국민들에 대한 원조를 증가시키는 것은 효과적인 (탄소 배출) 완화의 필수적인 부분이다. 탄소 배출량의 20%는 (대개 열대 지역의) 벌채로부터 오므로, 삼림 보존을 위한 탄소 배출권은 더 가난한 국가들에 대한 원조와 비용 효율성이 가장 높은 (탄소 배출) 감소의 형태 중의 하나와 결합시켜 줄 것이다. 아마 비용 효율성이 가장 높지만 정치적으로 가장 복잡한 정책 개혁은, OECD에서 두 가지의 가장 큰 수혜 분야, 곧 파괴적인 산업화 농업과 화석 연료로부터 오는 연간 수천억 달러의 직접적인 보조금을 없애는 일일 것이다. 이 돈의 적은 양이라도 보존 농업으로의 근본적인 변화를 촉진할 뿐만 아니라, 많은 지역에서 이미 빠르게 진행되고 있는 재생 가능한 에너지에 대한 기술적 진보와 투자를 가속할 것이다.

① 가난한 국가의 외교 정책 개혁
② 환경의 위기에 대한 점증하는 세계적 의식
③ 가난한 국가에서 경제적 평등을 복구하는 이유
④ 원조와 정책의 개혁에 의하여 기후 변화에 대처하기
⑤ 국제적 갈등을 해결하는 데 있어서 의 OECD의 역할

2019-수능 24. 제목 (답: 1번)

큰 재해를 정의하는 요소 하나는 그 해로운 결과의 거대한 규모이다. 사회가 큰 재해로부터 오는 손실을 방지하거나 줄이는 데 도움을 주기 위해서, 잠재적 혹은 실제적 손실의 규모와 범위를 산정하고 전달하기 위한 대단히 큰 노력과 기술적인 정교한 지식이 자주 사용된다. 이 노력은 사람들이 그 결과

로 생기는 수를 이해할 수 있고 그에 의거하여 적절하게 행동할 수 있다는 것을 가정한다. 그러나 최근의 행동 연구는 이러한 근본적인 가정에 의혹을 던진다. 큰 수를 이해하지 못하는 사람들이 많다. 사실상 큰 수는 정서적 반응(감정)을 전달하지 않는다면 의미가 없으며 결정을 할 때 과소평가된다는 것이 밝혀졌다. 이것은 의사 결정의 이성적인 모델이 표현하지 못하는 역설을 만들어 낸다. 한편으로 우리는 곤궁한 상태에 빠진 한 사람을 돕기 위하여 강렬하게 반응한다. 다른 한편으로 우리는 대량의 비극을 방지하거나 자연재해로부터 잠재적인 손실을 줄이기 위한 적절한 조치를 하지 못할 때가 흔히 있다.

① 대규모 비극에 대한 무감각: 우리는 큰 수에 매몰되어 있다
② 수의 힘: 자연재해를 분류하는 방법
③ 필사적인 곤궁한 상태에 있는 사람들에게 손을 내미는 방법
④ 기술을 통해 잠재적 손실을 방지하기
⑤ 주의하라: 수는 감정을 확대한다!

Pattern 2

흐름파악 문제
(문장제거, 순서배열, 문장삽입) 유형

흐름(Flow)이란 배(ship), 물고기(fish), 기타 물체 등이 목적지에 도달하기까지 강이나 바다의 정해진 흐름을 타고 흘러감을 의미한다. 글의 전개도 마찬가지로 어떤 정해진 흐름을 타고 어떤 정해진 목적지에 이르게 된다(특정한 목적을 달성하게 된다). 즉, 글의 전개는 특정한 논리적인 흐름(Flow) 속에서 이루어진다. 이런 글의 흐름이 곧 논리전개방식이고 글의 전개방식이다. 이미 앞의 '대의파악 문제 유형'의 '주제문 찾기 비법'(p.11~12)에서 소개된 바대로 다음과 같은 '흐름'(논리전개방식)을 다시한 번 상기하라.

(1) 주제-상술(예시): 주제를 언급한 후 그것을 상세히 서술해 나가는 구성방식
(2) 추가(나열): '주제-예시' 언급 후에 또 다른 예시를 추가하는 전개방식(논리관계)
(3) 유추: 먼저 주제와 유사(평행)한 내용(사례)을 언급한 후에 주제를 언급해 나감
(4) 인과: '원인 후 결과' 혹은 '결과 후 원인'의 구성방식
(5) 대립: 전과 후가 서로 대립적인 내용의 구성방식
(6) 문제-해법: 문제점을 언급한 후에 해법(필요)을 언급해 나감

이런 흐름(Flow)은 글 전체의 '큰 틀'의 흐름인데 '문장과 문장의 연결' 혹은 '어구와 어구의 연결'과 같은 '작은 틀'의 흐름도 위에서 언급된 논리전개방식(= 글의 흐름)을 따른다.

다음에 나오는 문장제거 문제, 순서배열 문제, 문장삽입 문제들은 바로 이런 흐름을 이해하는지를 확인하는 유형이다. 그래서 이들을 흐름파악 문제 유형이라고 한다.

실제 시험에 적용시에는 대체로 고난도 문제풀이의 마지막 수단인 '큰 틀'의 흐름을 이해하는 것보

다는 먼저 문장과 문장의 연결 혹은 구와 구의 연결과 같은 '작은 틀'의 흐름을 파악하는 것에 일단 초점을 두자. 여기에 이 '작은 틀' 흐름에 대한 비법들이 제시되니 반드시 숙지해두기 바란다. '독해란 곧 논리'라는 말을 명심하길 바란다.

※ 다음에 나오는 '문장제거' 문제 유형은 이런 흐름(논리전개방식)을 이해하는지를 확인하는 유형이기도 하지만 또한 글의 '통일성'(시험출제의 목표원리 혹은 '논리' 위의 '원리')을 이해하고 있는지를 확인하는 유형이기도 하다. '통일성'은 모든 문장은 전부 다 주제를 반영하면서 '핵심어' 혹은 '핵심어와 관련된 어구'(핵심어의 예시물, 등가물, 대립물 등)를 가져야 한다는 글의 구성원리이고 이미 앞에서 다룬 Pattern 1. '대의파악 문제 유형'에서 언급되었으니(p.10) 참고하길 바란다. 다음 페이지에서 언급할 Pattern 2-1. 문장제거 유형의 '1단계' 비법이 이 '통일성'을 적용한 비법임을 확인할 수 있을 것이다.

문장제거 유형

Day 3

앞 페이지에서 '흐름(Flow=논리전개방식)'과 '통일성(논리 위의 원리)'이 문제의 해법임을 강조했다. 문장제거 유형은 글의 전체 흐름(=주제)과 관계없는 문장 하나를 제거하는, 즉 골라내는 문제 유형으로서 다음과 같은 '문장제거' 3가지 비법(=3단계 비법)을 단계별로 숙지한 후에 적용하면 된다. 이 '문장제거' 3가지 비법 중 '1단계'와 '2단계'가 바로 앞 페이지에서 언급한 '작은 틀' 흐름에 대한 비법이다. 또한 '1단계'는 '통일성'을 적용한 비법이기도 하다.

1단계. 'Item Flow'(=Item의 일관된 연결/유지)원리를 위반하는 문장이 대개 무관한 문장이다. 예를 들어, 문장 A, 문장 B, 문장 C가 순서대로 배열된 경우, 문장 A가 '동물(Item)'에 대한 이야기이고, 문장 B는 '식물(Item)'에 대한 이야기, 문장 C는 '동물'에 대한 이야기라고 가정하자. 여기서 문장 B만이 '식물' 이야기이므로 이 문장 B가 '무관한 문장'이다. 이렇게 특정한 Item(여기선 '동물' Item)을 일관성 있게 유지(연결)하면서 글이 전개되어야 하는 원리를 'Item Flow(Item의 일관된 연결/유지)'라고 한다. 이 원리를 위반한 문장이 대개 무관한 문장이다.

> ex: 문장① = '동물(Item)' 이야기
>
> 　문장② = '식물(Item)' 이야기 → 이 문장 B가 혼자만 튄다. 따라서 무관한 문장이다.
>
> 　문장③ = '동물(Item)' 이야기

여기서 말하는 'Item'을 '핵심어'로 간주하면 이 원리는 지극히 당연한 원리라는 것을 알게 된다. 글의 '핵심어'야말로 모든 문장에서 일관성 있게 반복적으로 언급되어야 하는 가장 필수적인 Item이기 때문이다. 따라서, 핵심어가 누락된(포함되지 않은) 문장이 대개 무관한 문장이 된다. 대개 선택지

①번을 전후하여 주제문이 등장하고 따라서 핵심어도 그 주제문 속에 등장하게 된다.

※ '1단계'에서 주의사항은 대명사(it, they, them), 지시사(this, that, these, those, such), 정관사(the)와 같은 '구정보 단서'표현인데(p.33~34 참고) 이것들이 '핵심어'를 나타낼 수 있기 때문이다.

2단계. 위 1단계의 'Item Flow'와 유사한 원리인 '음양(⊖/⊕) Flow' 원리를 위반한 문장이 대개 무관한 문장이 된다. 즉, '문장의 의미값(=음양⊖/⊕값=부정/긍정)이 혼자만 튀는 문장'이 대개 무관한 문장이 된다. 예를 들어, 아래의 ex1과 ex2에서처럼 문장①, 문장②, 문장③가 순서대로 배열된 경우를 고려하라. ex1에서는 문장②가 혼자만 튄다(혼자만 ⊕다). ex2에서는 문장 ②앞에 반전의 But(However)가 있는 경우인데 ex1과 달리 문장③이 무관한 문장이 된다.

ex1: 문장① = ⊖(부적적인 의미/내용)

문장② = ⊕(긍정적인 의미/내용) ⇒ 제거

문장③ = ⊖(부적적인 의미/내용)

⇓

① 발명은 비용이 많이 든다. (⊖)

② 발명은 생산성을 향상시킨다. (⊕)

③ 발명은 단기적으로 효율적이지 않다. (⊖)

ex2: 문장① = ⊖(부적적인 의미/내용)

But+ 문장② = ⊕(긍정적인 의미/내용)

문장③ = ⊖ ⇒ 제거

⇓

① 발명은 비용이 많이 든다. (⊖)

② 그러나 발명은 생산성을 향상시킨다. (⊕)

③ 발명은 단기적으로 효율적이지 않다. (⊖)

3단계. 어떤 문장에서 핵심어 혹은 핵심어와 관련된 어구(핵심어의 예시물, 등가물, 대립물 등)가 대개 주어로 등장하지만 그 주어의 뒤에 나오는 서술 부분의 내용이 전체흐름(주제)에 관계 없는 경우, 그 문장이 대개 무관한 문장이 된다. 정리해서 말하면, '주어가 핵심어 혹은 핵심어와 관련된 어구라면' 그 주어를 가진 문장이 무관한 문장이 될 수 있다는 데 유의하라.

다음 한 편의 글의 핵심어가 '발명(invention)'인 경우를 예로 들어보겠다.

발명은 모방에 비해 단기적으로 효율적으로 않다는 주장은 당연한 것처럼 보인다. ①비용적인 면에서 혁신적인 기술을 발명하는데 드는 비용은 엄청날 수 있다. ②혁신적인 발명품인 인공지능(AI) 로봇은 생산성을 극대화시킬 것으로 기대된다. ③시간적인 측면에서도 훌륭한 발명품을 완성시키기 위해서는 상당히 긴 시간이 걸릴 수 있다.

비록 ②번 뒤에 나오는 문장의 주어는 핵심어 혹은 핵심어관련어구(여기선 '인공지능 로봇'이 핵심어인 '발명'의 예시물임)이지만, 그 주어 뒤에 나오는 서술부분은 전체흐름(=주제 ='발명의 부정적인 측면')에서 벗어나고 무관함을 파악할 수 있다. ②번 뒤에 나오는 문장만이 긍정적인 내용(생산성을 극대화시킴)으로서 혼자 튄다. 결국, 주어가 핵심어 혹은 핵심어관련어구이더라도 충분히 전체흐름에 무관한 문장이 될 수 있다.

다음 기출문제를 통해 위의 '문장제거' 3가지(3단계) 비법을 적용해보자. 대개 3가지 비법 중 1~2개의 비법만 적용해도 된다.

2019-수능 **35.** 다음 글에서 전체 흐름과 관계 없는 문장은?

When photography came along in the nineteenth century, painting was put in crisis. The photograph, it seemed, did the work of imitating nature better than the painter ever could. ① Some painters made practical use of the invention. ② There were Impressionist painters who used a photograph in place of the model or landscape they were painting. ③ But by and large, the photograph was a challenge to painting and was one cause of painting's moving away from direct representation and reproduction to the abstract painting of the twentieth century. ④ Therefore, the painters of that century put more focus on expressing nature, people, and cities as they were in reality. ⑤ Since photographs did such a good job of representing things as they existed in the world, painters were freed to look inward and represent things as they were in their imagination, rendering emotion in the color, volume, line, and spatial configurations native to the painter's art.

* render: 표현하다 * configuration: 배치

* come along 나타나다 * pragmatic 실용적인 * impressionist painter 인상파 화가 * in place of ~ 대신에

* by and large 대체로 * representation 표현 * abstract 추상적인 * spatial 공간의

2019-수능 **35.** 다음 글에서 전체 흐름과 관계 없는 문장은?

When **photography** came along in the nineteenth century, **painting** was put in crisis. The **photograph**, it seemed, did the work of imitating nature better than the **painter** ever could. ① Some **painters** made practical use of **the** invention. ② There were Impressionist **painters** who used a **photograph** in place of the model or landscape they were painting. ③ But by and large, the **photograph** was a challenge to **painting** and was one cause of painting's moving away from direct representation and reproduction to the abstract painting of the twentieth century. ④ Therefore, the **painters** of that century put more focus on expressing nature, people, and cities as they were in reality. ⑤ Since **photographs** did such a good job of representing things as they existed in the world, **painters** were freed to look inward and represent things as they were in their imagination, rendering emotion in the color, volume, line, and spatial configurations native to the painter's art.

1단계(Item Flow/ 핵심어 누락): 두 개의 핵심어인 **사진(술)**(photograph; photography)과 **회화(화가)**(painting; painter)를 다 포함하지 않은 문장은 4번 문장뿐이다(이 글의 내용은 '사진'과 '회화'의 대립적인 지위에 관한 글이므로 사진과 회화, 둘 다 당연히 핵심어다).

※ 1번 문장은 'the invention'에서 '**the**'가 핵심어인 '**사진**'을 지칭하여 '**사진**의 발명'을 의미하므로 문제없다(앞에 진술한 일단계 비법에서 구정보 단서인 'the'에 주의하라고 했다).

3단계(핵심어 주어에 주의): 4번의 주어가 핵심어(painters)이지만 그 주어의 서술부분의 내용이 전체흐름(주제)에 벗어나 있다(관계없다). 그 주어(the painters of that century = 그 세기, 즉 20세기의 화가들)의 뒤에 나오는 서술부분의 내용(자연, 사람, 도시를 '현실에서의 모습으로 표현'하는 데 더 초점을 맞춘다는 내용)이 '글의 흐름'(20세기 painting은 '추상화'가 대세가 된다는 흐름)에서 벗어나 있다(관계 없다). '현실에서의 모습으로(현실적으로) 표현한다'는 말은 '추상화'의 정반대 의미를 가지므로 4번 문장이 무관한 문장이 된다.

☆ 2단계는 적용될 필요가 없는 내용의 지문으로, 1단계와 3단계를 토대로 4번이 답으로 간주된다.

다음은 위의 문장제거 문제의 한글 해석본이다. 이 해석본을 활용하여 확실한 내용파악을 토대로 문제풀이의 마지막 과정인 '내용검증'도 해 보자!

2019-수능 35. 문장제거 (답: 4번)

[해석]

사진술이 19세기에 나타났을 때, 회화는 위기에 처했다. 사진은 여태까지 화가가 할 수 있었던 것보다 자연을 모방하는 일을 더 잘하는 것처럼 보였다. 몇몇 화가들은 그 발명품(사진술)을 실용적으로 이용했다. 자신들이 그리고 있는 모델이나 풍경 대신에 사진을 사용하는 인상파 화가들이 있었다. 하지만 대체로, 사진은 회화에 대한 도전이었고 회화가 직접적인 표현과 복제로부터 멀어져 20세기의 추상 회화로 이동해 가는 한 가지 원인이었다. (④ 그러므로, 그 세기의 화가들은 자연, 사람, 도시를 현실에서의 모습으로 표현하는 데 더 초점을 맞추었다.) 사진은 사물을 세상에 존재하는 대로 아주 잘 표현했기 때문에, 화가들은 내면을 보고 자신들의 상상 속에서 존재하는 대로 사물을 표현할 수 있게 되어, 화가의 그림에 고유한 색, 양감, 선, 그리고 공간의 배치로 감정을 표현하였다.

Pattern 2-2

순서배열 유형

Day 4

Pattern 2-2(순서배열 유형)와 Pattern 2-3(문장삽입 유형)은 동일한 비법(3가지 비법)을 공유하므로 여기서 그 3가지 비법(3단계 비법)을 제시한다.

'순서배열' 유형과 '문장삽입' 유형은 '일관성'과 '응집성'을 이해하는지 확인하는 유형이다. '일관성'은 글의 흐름상 글 속의 내용(정보)들 간에 의미적으로 긴밀히(=논리적으로) 연결됨을 의미하며, 아래의 '2단계'와 '3단계' 비법이 적용되는 원리로 간주하면 된다. '응집성'은 글의 흐름상 글 속의 정보들 혹은 문장들 간에 형식적으로 자연스럽게 연결되어야 한다는 원리로서, 아래의 '1단계' 비법이 적용되는 원리로 간주하면 된다. 예를 들어 '이 제품이 쌌다. 그래서 그 제품을 샀다'라는 글에서, 이 글은 '그래서'라는 연결사를 통해 '응집성'을 갖추었고 이를 통해 두 문장은 의미적으로(논리적으로) 인과관계를 가지게 되어 '일관성'도 갖추게 된다.

1단계: 정보 Flow(연결/배열) 원리: '신-구 정보 Flow'원리와 '장-단 정보 Flow'원리 활용.

1) '신-구 정보 Flow(연결/배열)': '구(old) 정보는 신(new) 정보가 언급된 이후에 나오는(연결되는) 표현으로서 대개 핵심어가 된다는 원리'이다.

"Many people here raise(키운다) stray(길을 잃은) poor dogs. <u>The dogs</u> sometimes is fierce(사나운). However, <u>they</u> love <u>these dogs</u>. Also, they enjoy taking care of dying plants(시들어가는 식물). <u>They</u> often water <u>the flowers</u> and nourish(영양분을 준다) <u>the trees</u>." ⇒ 밑줄 친 부분들이 구정보 표현들임.
※ 주의: 단수와 복수형을 확실하게 식별.

윗글에서 '신(new)정보(처음 소개되는 정보)'는 첫 번째 문장의 'Many people'과 'stray poor dogs'이다. 이 신정보는 다시 'they'와 'The dogs'와 같은 '구정보(후속어)'로 연결된다. 여기서 대명사인 'they', 정관사인 'The', 지시사인 'these'를 통칭해서 '구정보(후속어) 단서'라고 한다. 이런 구정보 단서를 파악하면 그 앞 어딘가에 '신정보(선행사)'가 있음을 알 수 있기 때문에 정보가 어떻게 연결(Flow)되는지 알 수 있다. (윗글의 대명사 they의 선행사는 Many people이고 The dogs의 선행사는 stray poor dogs이다.) 또한 However, Also와 같은 '연결사와 접속사'도 '구정보 단서'로 간주되는데 역시 이것들도 글의 흐름을 파악하는데 중요한 단서가 된다.

구정보 단서 = 대명사(it, they, them, he…), 지시사(this, that, these, those, such, so), 정관사(the), 소유격(its, their, your, his…), 수량사(some, many, other…), 연결사와 접속사(But, And, Also, For example, So, Although, If…)가 구정보 단서(표현)이다.

※ 대개 'Although' 혹은 'In contrast to'의 바로 뒤에는 구정보 표현이 등장한다.
ex) Although I like his dog(=구정보), I hate his cat(=신정보).

2) '장-단 정보 Flow': '장(long)정보 후에 단(short)정보로의 연결'원리는 윗글에서 'stray poor dogs'가 장(long) 정보(3개의 단어)로서 이 정보가 나온 후에야 'the dogs'와 같은 단 정보(2개의 단어)가 나온다는 또 다른 하나의 정보 연결(배열)원리이다.

2단계: 'Item Flow'원리와 '음양(-/+) Flow'원리를 활용하여 해결한다. 윗글에서 첫 번째부터 세 번째 문장까지는 동물(개)에 대한 이야기를 하다가 네 번째부터 마지막 문장까지는 식물(꽃과 나무)에 대한 이야기를 하는 것은 'Item Flow'가 적용된 것으로 이해하자(이미 'Item Flow'와 '음양(-/+) Flow'는 Pattern 2-1. 문장제거유형(p.30)에서 자세히 언급했으니 참고하길 바란다). 또한 이 Item Flow 원리는 다음과 같은 '끝말잇기'게임하듯이 적용하면 더욱 좋다.

〈'Item Flow' & '+/- Flow'와 '끝말잇기'게임 = 순서배열의 한 가지 비법〉

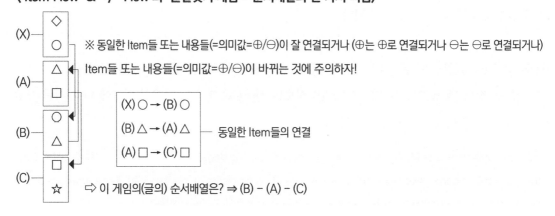

3단계: (논리전개방식 & 연결사 단서): 이미 앞('대의파악 문제 유형'의 '주제문 찾기 비법')에서 언급되었듯이, 논리전개방식(논리관계)과 연결사/접속사를 활용하여 글의 흐름을 파악한다. (p.11~12 참고)

• 논리전개방식

　1) '포함'(추상-구체)의 논리전개방식(논리관계): '포함'은 추상적인 내용의 주제파트가 구체적인 내용의 상술파트를 '포함'(포괄)하는 논리관계이다. 아래의 (1-1)과 (1-2)가 포함의 유형이다.

　(1-1) 주제-상술: 주제를 언급한 후 그것에 대해 '상세히 서술(구체화)'해 나가는 구성방식.

　　　ex: 우리 가족은 동물을 사랑한다(주제=추상=일반=원리=주장).

　　　예로(For example), 언니는 개를 사랑한다(상술=예시=구체=부분). (⇒ 연역법 느낌!)

　(1-2) 근거-주제: 주제의 '근거(배경/전후상황)'을 언급한 후에 주제(주장)를 언급.

　　　ex: 요즘 이것저것이 싸다(근거). 그래서인지, 물건이 잘 팔린다(주제). (⇒ 귀납법 느낌!)

　2) '추가(나열)': '주제-예시' 후에 또 다른 예시를 추가(Also)하는 전개방식(논리관계)이다.

　ex: '동물'을 사랑한다(주제). 예로 '개'를 사랑한다. 또는(Also) '새'를 사랑한다.

　3) '유추': 먼저 주제와 유사(평행)한 내용(사례)을 언급한 후에 '주제'를 언급해 나간다.

　ex: 녹이 쇠를 갉아먹는다. 마찬가지로(Likewise), 걱정이 마음을 갉아먹는다(주제).

　4) 인과: '원인 후에 결과' 혹은 '결과 후 원인'의 구성방식. 인과에는 5가지 유형이 있는데 선후의 인과; 예시(논리)의 인과; 요약과 통합의 인과; 문제-해법의 인과; 속성의 인과가 있다. (p.49 참고)

　5) 대립: '전'과 '후'가 서로 대립적인 내용의 구성방식이다. '비교'/'대조'의 전개방식 혹은 '우열/경중(輕重)'관계의 전개방식 혹은 '반전'과 '역접'의 전개방식도 여기에 속한다. (p.49 참고)

　6) 대등(동등/동류/협력): '전'과 '후'가 서로 대등한(동일한/협력적) 내용의 구성방식. '유추'와 '추가(나열)'도 이 '대등'의 논리전개방식에 포함된다고 봐도 무방하다.

　7) 문제-해법: 문제점을 언급한 후에(이의제기 후에) 해법(필요)을 언급해 나간다.

　간혹, 필요(의무 혹은 목적)를 언급한 후에 해법(수단)이 나올 수도 있고, 문제점 뒤에 그로인한 '결과 혹은 시사점'이 나오기도 하고, '문제점' 뒤에 그것을 발생시킨 '근원'(근거; 원인)이 나오기도 하고, '이점(장점)'을 언급한 후에 '필요'가 나오기도 한다.

　※ 이밖에 **'질의-응답'**의 전개방식, **'정의'**의 전개방식, **'범주(분류)'**의 전개방식(범주화: Categorization), **시간적 혹은 공간적 전개방식**, **'실험(원리)'** 혹은 **'과정(절차)'**의 전개방식 등의 기타 논리전개방식도 있다.

　다음 기출문제들을 통해 위의 '순서배열' 3가지 비법을 적용해보자. 대개 3가지 비법 중 1~2개의 비법만 적용해도 된다. 역시 고난도 문제는 3단계까지 고려해야 한다.

Researchers in psychology follow the scientific method to perform studies that help explain and may predict human behavior. This is a much more challenging task than studying snails or sound waves.

(A) But for all of these difficulties for psychology, the payoff of the scientific method is that the findings are replicable; that is, if you run the same study again following the same procedures, you will be very likely to get the same results.

(B) It often requires compromises, such as testing behavior within laboratories rather than natural settings, and asking those readily available (such as introduction to psychology students) to participate rather than collecting data from a true cross-section of the population. It often requires great cleverness to conceive of measures that tap into what people are thinking without altering their thinking, called reactivity.

(C) Simply knowing they are being observed may cause people to behave differently (such as more politely!). People may give answers that they feel are more socially desirable than their true feelings.

* payoff 이점 * replicable: 반복 가능한

① (A)-(C)-(B) ② (B)-(A)-(C) ③ (B)-(C)-(A) ④ (C)-(A)-(B) ⑤ (C)-(B)-(A)

• snail 달팽이 • cross-section 대표적인 예, 단면 • population 모집단 • cleverness 교묘한 솜씨

Clearly, schematic knowledge helps you — guiding your understanding and enabling you to reconstruct things you cannot remember.

(A) Likewise, if there are things you can't recall, your schemata will fill in the gaps with knowledge about what's typical in that situation. As a result, a reliance on schemata will inevitably make the world seem more "normal" than it really is and will make the past seem more "regular" than it actually was.

(B) Any reliance on schematic knowledge, therefore, will be shaped by this information about what's "normal." Thus, if there are things you don't notice while viewing a situation or event, your schemata will lead you to fill in these "gaps" with knowledge about what's normally in place in that setting.

(C) But schematic knowledge can also hurt you, promoting errors in perception and memory. Moreover, the types of errors produced by schemata are quite predictable: Bear in mind that schemata summarize the broad pattern of your experience, and so they tell you, in essence, what's typical or ordinary in a given situation. [3점]

① (A)-(C)-(B) ② (B)-(A)-(C) ③ (B)-(C)-(A) ④ (C)-(A)-(B) ⑤ (C)-(B)-(A)

• schematic 도식적인 • schema 도식 (복수형. schemata) • reliance 의존 • perception 인식

2019-수능 **36.** 순서배열.

Researchers in psychology follow the scientific method to perform studies that help explain and may predict human behavior. This is a much more **challenging task** than **studying snails** or sound waves.

(A) But for **all of these** difficulties for psychology, the payoff of the scientific method is that the findings are replicable; that is, if you run the same study again following the same procedures, you will be very likely to get the same results.

(B) It often **requires** compromises, such as testing behavior within laboratories rather than **natural settings**, and asking those readily available (such as introduction to psychology students) to participate rather than collecting data from a true cross-section of the population. It often requires great cleverness to conceive of measures that tap into what **people** are thinking without altering their thinking, called reactivity.

(C) Simply knowing **they** are being observed may cause people to behave differently (such as more politely!). People may give answers that they feel are more socially desirable than their true feelings.

1단계(신-구정보 Flow와 끝말잇기): (C)의 구정보단서인 **they**를 통해 they가 나타내는 말(they의 선행사)은 (B)의 **people**/ students 이외에는 다른 문단 속에는 없으므로 (C)의 앞에는 (B)가 와야 한다. (B)의 끝부분의 '**people**'과 (C)의 첫부분의 '**they**'의 연결인 끝말잇기.

(B)의 'It'도 구정보단서로서 It가 나타내는 말(It의 선행사)은 주어진 글 속의 'This'(=심리학 연구) 혹은 challenging task가 적절하다. 따라서 주어진 글의 다음에는 (B)가 와야 한다.

(A)의 구정보단서(지시사 these)인 <u>all of these difficulties</u>(이런 모든 어려움들)를 통해, 이미 앞에서 여러 어려움들을 언급했다는 것을 알 수 있는데, (B)도 어려움(심리학 연구의 어려움)에 대한 내용이고 (C)도 어려움(심리학 연구의 어려움)에 대한 내용이므로 (A)는 맨 마지막에 와야 한다. 그러나, (B)도 어려움에 대한 내용이고 (C)도 어려움에 대한 내용인지를 파악하기는 쉽지 않아서 일단 넘어가고 다음 단계들을 통해 문제를 해결하면 된다.

2단계(Item Flow와 음양 Flow 그리고 끝말잇기): 주어진 글의 마지막 문장(This~로 시작)의 내용은 '이것은 **달팽이**(snails)나 음파를 연구하는 것보다 훨씬 더 어려운 작업이다'인데 여기서 서로 등가물인 'snails'와 (B)의 'natural settings(자연적 환경)'이 연결될 수 있다.

3단계(논리전개방식): 주어진 글의 마지막 문장에 '**challenging task**(어려운 일)'이란 말을 통해서 이것이 (B)의 '**requires compromises**(절충이 요구된다)'와 연결됨을 파악할 수 있다. '어려운 일(challenging task)'이라는 말(문제점 제기)의 다음에는 무언가가 '요구된다(requires)'는 말(필요/해법)은 자연스럽게 연결될 수 있다. 즉, '문제-필요(해법)'의 전개방식이다. (답은 3번이다.)

2019-수능 **37.** 순서배열

Clearly, schematic knowledge **helps you** — guiding your understanding and enabling you to reconstruct things you cannot remember.

(A) Likewise, if there are things you can't recall, your schemata will fill in **the gaps** with knowledge about what's typical in that situation. As a result, a reliance on schemata will inevitably make the world seem more "normal" than it really is and will make the past seem more "regular" than it actually was.

(B) Any reliance on schematic knowledge, therefore, will be shaped by this information about **what's "normal."** Thus, if there are things you don't notice while viewing a situation or event, your schemata will lead you to fill in these **"gaps"** with knowledge about what's normally in place in that setting.

(C) **But** schematic knowledge can also **hurt you**, promoting errors in perception and memory. Moreover, the types of errors produced by schemata are quite predictable: Bear in mind that schemata summarize the broad pattern of your experience, and so they tell you, in essence, **what's typical or ordinary** in a given situation. [3점]

1단계(신-구정보 Flow와 끝말잇기): 구정보인 (A)의 **the gaps**의 선행사는 (B)의 "gaps"에 있으므로 (A)의 앞에 (B)가 와야 한다. 즉, (B)-(A) 그리고 (B)의 구정보단서인 this information의 선행사는, 즉 this 가 나타내는 말은 (C)의 마지막 문장 'Bear in mind that~'에서 'that~이하'의 내용이다.

2단계(Item Flow와 음양 Flow 그리고 끝말잇기): Item Flow와 끝말잇기를 적용하여 (B)의 "gaps"가 (A) 의 the gaps으로 연결된다. 즉 (B)-(A). 그리고 (C)의 마지막 문장의 'what's typical or ordinary' 가 (B)의 'what's normal'로 연결된다(typical =ordinary = normal). 한편, '음양 Flow'도 적용되 는데, 주어진 글의 내용이 ⊕이고('helps you'는 긍정적인 표현임), (C)가 'But'으로 시작하고 그 이하 의 내용이 ⊖이므로('hurt you'는 부정적인 표현임) 반전의 연결사인 'But'이 '음양 Flow'원리가 작동 하게 하는 단서다.

3단계(논리전개방식): 1단계와 2단계만으로 답이 나오므로 3단계는 불필요하다.
  ☆ 1-2단계를 토대로 5번이 답으로 간주된다.

다음은 위의 순서배열 문제의 한글 해석본이다. 이 해석본을 활용하여 확실한 내용파악을 토대로 문제풀이의 마지막 과정인 '내용검증'도 해 보자!

2019-수능 **36.** 순서배열 (답: 3번)

[해석]

심리학 연구자들은 인간의 행동을 설명하는 데 도움을 주고 예측할 수 있는 연구를 수행하기 위해 과학적인 방법을 따른다. 이것은 달팽이나 음파를 연구하는 것보다 훨씬 더 어려운 작업이다.

(B) 이것은 자연적인 환경보다 실험실 내에서의 행동을 검사하는 것, 그리고 모집단의 대표적인 실제 예에서 데이터를 모으기보다 (심리학 입문을 공부하는 학생들처럼) 쉽게 구할 수 있는 사람들에게 참 여하도록 요청하는 것과 같은 절충이 자주 필요하다. 사람들의 생각을 바꾸는 것, 즉 반응성이라 불리 는 것 없이 그들이 생각하고 있는 것에 최대한 접근할 방안을 생각해 내는 것은 많은 경우 대단히 교 묘한 솜씨가 필요하다.

(C) 단지 자신들이 관찰되고 있다는 것을 아는 것은 사람들이 (더욱 공손하게 하는 것처럼!) (평소와) 다르게 행동하는 것을 유발할 수 있다. 사람들은 자신들의 실제 생각보다 더 사회적으로 바람직하다 고 생각하는 답을 할 가능성이 있다.

(A) 그러나 심리학에 대한 모든 이러한 어려움에도 불구하고, 과학적인 방법의 이점은 연구 결과가 반복 가능하다는 것이다. 즉 같은 절차를 따르면서 같은 연구를 다시 진행하면, 같은 결과를 얻을 가능성이 매우 클 것이다.

2019-수능 **37.** 순서배열 (답: 5번)

[해석]

분명히, 도식적인 지식은 여러분의 이해를 이끌어주고 기억할 수 없는 것들을 재구성하게 하여 여러분에게 도움을 준다.

(C) 하지만 도식적인 지식은 또한 인식과 기억에 오류를 조장하여 여러분에게 해를 끼칠 수 있다. 게다가, 도식에 의해서 발생하는 오류의 '유형'은 상당히 예측 가능하다. 도식이 여러분의 경험의 광범위한 유형을 요약하며 그래서 그것(도식)이 본질적으로 주어진 상황에서 무엇이 전형적이거나 평범한 것인지 여러분에게 말해 준다는 것을 명심하라.

(B) 따라서, 도식에 대한 어떠한 의존이라 하더라도, 그것은 어떤 것이 '정상적'인 것인지에 대한 이러한 정보에 의해 형성될 것이다. 따라서 어떤 상황이나 사건을 보면서 여러분이 알아차리지 못하는 것이 있으면, 여러분의 도식이 그 상황에서 일반적으로 무엇이 어울리는지에 관한 지식으로 이러한 '공백'을 채우도록 여러분을 이끌어줄 것이다.

(A) 마찬가지로, 여러분이 기억할 수 없는 것이 있으면, 여러분의 도식이 그 공백을 그 상황에서 어떤 것이 일반적인 것인지에 대한 지식으로 채워 줄 것이다. 결과적으로, 도식에 의존하는 것은 불가피하게 세상을 실제보다 더 '정상적인' 것으로 보이게 할 것이고, 과거를 실제보다 더 '규칙적인' 것으로 보이게 할 것이다.

Pattern 2-3

문장삽입 유형

Day 5

이미 Pattern 2-2(순서배열 유형)과 Pattern 2-3(문장삽입 유형)은 동일한 비법(3가지 비법)을 공유하므로 그 3가지 비법(3단계 비법)을 Pattern 2-2(순서배열 유형)에서 참고하라(p.33~35 참고). 다만, 문장삽입 유형에 특화된 2가지 추가적인 비법을 아래에 제시한다.

첫 번째 추가 비법: 이미 앞에서 소개된 'Item Flow'와 '음양 Flow'를 '삽입문(주어진 문장)'의 형식적 특성에 맞게 구체적으로 적용시킨 첫 번째 비법이다. 대개 '삽입문(주어진 문장)'은 반전 시발문(반전의 시발점이 되는 문장) 혹은 내용 전환문인 경우가 많다.

'내용 전환문'이란 글의 흐름상, 하나의 소재인 어떤 Item이 다른 Item으로 이동되거나 혹은 음양(부정/긍정)의 의미를 가진 어떤 내용(content)이 다른 내용(content)으로 이동되는 전환의 계기를 제공하는 문장을 의미한다. 예를 들어 부정적 내용이 긍정적 내용으로 전환된다.

삽입문이 반전 시발문/내용 전환문이라면, 한 Item이 다른 Item으로 바뀌어 나타났는지 파악하여 대응(A유형)하거나, 삽입문의 음양값(부정/긍정)을 파악하여, 즉 삽입문이 긍정의 내용인지 부정의 내용인지 파악하여, 전후의 문장의 음양값(부정/긍정)에 대응시킨다(B유형).

아래의 삽입문은 전부 '반전'의 연결사인 'But'으로 시작하는 문장(반전 시발문)이다.

A유형: [전 문장: ··· Item Y ···] ─ [삽입문: But··· Item X~] ─ [후 문장: Item X···]
⇒ '전 문장'의 'Item Y'가 '삽입문'의 'But'을 경계(기준)로 '삽입문'에서는 'Item X'로 전환되고, 이 'Item X'가 '후 문장'에서도 이어져 연결되고 있다(즉, 'Item Flow'가 적용됨).

B유형: [전 문장: ··· ⊖~] – [삽입문: But ⊕~] – [후 문장: ⊕ ···]

⇒ '전 문장'의 '⊖'가 '삽입문'의 'But'을 경계(기준)로 '삽입문'에서는 '⊕'로 전환되고, 이 '⊕'가 '후 문장'에서도 이어져 연결되고 있다(즉, '음양 Flow' 원리가 적용됨).

두 번째 추가 비법: 'Item Flow'와 '음양 Flow'를 '삽입문(주어진 문장)'의 형식적 특성에 맞게 구체적으로 적용시킨 두 번째 비법이다.

아래의 A유형의 '삽입문' 속에 Item X와 Item Y가 있는데, 일단, 이 'Item X'는 '삽입문의 전반부'에 위치하는 Item으로 간주하고 이 'Item Y'는 '삽입문의 후반부'에 위치하는 Item으로 간주한다. 이 '전반부의 Item'(여기서는 Item X)은 '전 문장'의 '후반부의 Item'(여기서는 Item X)과 이어져 연결되고, 또한 이 삽입문의 '후반부의 Item'(여기서는 Item Y)은 '후 문장'의 '전반부의 Item'(여기서는 Item Y)과 이어져 연결되고 있음을 확인하라. 이런 비법을 '삽입문의 전반부-후반부'의 Flow(연결/흐름) 원리라고도 한다.

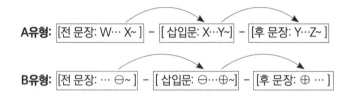

A유형: [전 문장: W··· X~] – [삽입문: X···Y~] – [후 문장: Y···Z~]

B유형: [전 문장: ··· ⊖~] – [삽입문: ⊖···⊕~] – [후 문장: ⊕ ···]

다음 기출문제들을 통해 이미 앞서 소개된 '문장삽입 3가지(3단계) 비법'(=순서배열 유형 3단계 비법: p. 33~35)과 바로 앞 페이지에서 언급된 '2가지 추가적인 비법'을 적용해보자. 대개 3가지 비법 중 1~2개의 비법만 적용해도 되지만 고난도 문제는 '3단계'까지 고려해야 하고, '2가지 추가적인 비법'도 고려하자.

2019-수능 38. 문장삽입 (주어진 문장이 들어가기에 가장 적절한 곳은?)

The advent of literacy and the creation of handwritten scrolls and, eventually, handwritten books strengthened the ability of large and complex ideas to spread with high fidelity.

The printing press boosted the power of ideas to copy themselves. Prior to low-cost printing, ideas could and did spread by word of mouth. While this was tremendously powerful, it limited the complexity of the ideas that could be propagated to those that a single person could remember. (①) It also added a certain amount of guaranteed error. (②) The spread of ideas by word of mouth was equivalent to a game of telephone on a global scale. (③) But the incredible amount of time required to copy a scroll or book by hand limited the speed with which information could spread this way. (④) A well-trained monk could transcribe around four pages of text per day. (⑤) A printing press could copy information thousands of times faster, allowing knowledge to spread far more quickly, with full fidelity, than ever before.

* fidelity: 충실 * propagate: 전파하다

• printing press 인쇄기 • boost 신장시키다 • prior to~ 이전에 • word of mouth 구전

• tremendously 대단히 • equivalent 맞먹는 • advent 출현 • literacy 글을 읽고 쓸 줄 아는 능력

• scroll 두루마리 • incredible 엄청난 • monk 수도승 • transcribe 필사하다

2019-수능-11. **39.** 문장삽입

A round hill rising above a plain, therefore, would appear on the map as a set of concentric circles, the largest at the base and the smallest near the top.

A major challenge for map-makers is the depiction of hills and valleys, slopes and flatlands collectively called the topography. This can be done in various ways. One is to create an image of sunlight and shadow so that wrinkles of the topography are alternately lit and shaded, creating a visual representation of the shape of the land. (①) Another, technically more accurate way is to draw contour lines. (②) A contour line connects all points that lie at the same elevation. (③) When the contour lines are positioned closely together, the hill's slope is steep; if they lie farther apart, the slope is gentler. (④) Contour lines can represent scarps, hollows, and valleys of the local topography. (⑤) At a glance, they reveal whether the relief in the mapped area is great or small: a "busy" contour map means lots of high relief. [3점]

* concentric: 중심이 같은 * scarp: 가파른 비탈 * relief: (토지의) 고저, 기복

---

plain 평야 depiction 묘사 topography 지형 alternately 번갈아, 교대로 representation 표현, 묘사 contour line 등고선 elevation 고도 steep 가파른 gentle 완만한 hollow 분지

The advent of literacy and the creation of handwritten **scrolls** and, eventually, handwritten **books strengthened the ability** (⊕) of large and complex ideas to spread with high fidelity.

The printing press boosted the power of ideas to copy themselves. Prior to low-cost printing, ideas could and did spread by **word of mouth**. While this was tremendously powerful, it limited the complexity of the ideas that could be propagated to those that a single person could remember. (①) It also added a certain amount of guaranteed error. (②) The spread of ideas by **word of mouth** was equivalent to a game of telephone on a global scale. (③) **But** the incredible amount of time required to copy a **scroll** or **book** by hand **limited the speed** (⊖) with which information could spread this way. (④) A well-trained monk could transcribe around four pages of text per day. (⑤) A printing press could copy information thousands of times faster, allowing knowledge to spread far more quickly, with full fidelity, than ever before.

1단계(신-구정보 Flow): 구정보 단서가 눈에 띄지 않으므로 굳이 적용할 필요가 없다. 아래의 이단계가 확실하게 적용되므로 2단계만으로도 답을 고를 수 있다.

2단계(Item Flow와 음양 Flow 그리고 끝말잇기): scroll과 book이라는 'Item'이 '삽입문(주어진 문장)' 속에 그리고 3번 문장 뒤에 있으므로 일단 'Item Flow'원리가 적용됨을 알 수 있고 그렇다면 일단 답은 3번 혹은 4번이 유력하다. 내용상 3번을 기준으로 3번 앞 내용은 '구전(word of mouth)'에 의한 정보 확산에 대한 것이고 3번 뒤 내용은 '두루마리 혹은 책(scroll & book)'에 의한 정보 확산에 대한 것이다. 따라서 '구전(word of mouth)'이라는 Item에서 '두루마리 혹은 책'이라는 Item으로 전환됨을 알 수 있다. 결국 삽입문이 내용 전환문(반전 시발문)이 된다. 3번 뒤의 But(But은 반전 시발문을 이끈다)을 통해 문장삽입 문제의 추가적인 '첫 번째 비법'을 활용한다. 그 '첫 번째 비법'에서 B유형을 참고하라.

[삽입문: … ⊕~] – [3번 문장: But ⊖~]

⇒ 삽입문의 '⊕'(긍정적 내용)이 '3번 문장'의 'But'을 경계(기준)로 '3번 문장'에서는 '⊖'(부정적 내용)로 전환되고 있음을 확인하라. 삽입문의 내용은 '두루마리와 책의 탄생은 크고 복잡한 생각이 매우 정확하게 퍼져 나가는 능력을 강화했다(**strengthened the ability**)'인데 내용상(의미상) 긍정적인(+)

반면에 반전 시발문을 이끄는 But이 있는 3번 문장의 의미는 '그러나 손으로 두루마리나 책을 복사하는 데 요구된 엄청난 양의 시간은 정보가 퍼져 나갈 수 있는 속도를 제한했다(limited the speed)'인데 내용상(의미상) 부정적(-)이다.

3단계(논리전개방식): 2단계만으로 답이 나오므로 3단계는 불필요하다.

☆ 2단계를 토대로 3번이 답으로 간주된다.

2019-수능 **39.** 문장삽입

A round hill rising above a plain, **therefore**, would appear on the map as a set of concentric circles, the largest at the base and the smallest near the top.

A major challenge for map-makers is the depiction of hills and valleys, slopes and flatlands collectively called the topography. This can be done in various ways. One is to create an image of sunlight and shadow so that wrinkles of the topography are alternately lit and shaded, creating a visual representation of the shape of the land. (①) Another, technically more accurate way is to draw contour lines. (②) A contour line connects all points that lie at the same elevation. (③) When the contour lines are positioned closely together, **the hill's** slope is steep; if they lie farther apart, the slope is gentler. (④) Contour lines can represent scarps, hollows, and valleys of the local topography. (⑤) At a glance, they reveal whether the relief in the mapped area is great or small: a "busy" contour map means lots of high relief. [3점]

1단계(신-구정보 Flow): 삽입문(주어진 문장)의 'A round hill'은 '신정보(선행사)'이고 3번 뒤에 나오는 'the hill'은 구정보 단서이므로 이 1단계에서 바로 답이 나온다. 구정보의 앞에는(대개 바로 앞 문장에는) 신정보(선행사)가 나온다는 '신-구 정보 Flow(배열/연결)'의 원리를 통해 바로 답을 고를 수 있다.

2단계(Item/음양 Flow 등): 적용될 만한, 눈에 띄는 요인이나 요소가 없으므로 불필요하다.

3단계(논리전개방식): 글의 흐름상 '삽입문'에 있는 연결사인 'therefore'가 단서가 되는데 'therefore'가 속해 있는 문장(삽입문)의 앞 문장은 원인(근거 혹은 원리)의 내용이 나오고(등고선은 동일한 고도에 있는 모든 점을 연결한다는 내용이다), 'therefore'가 속해 있는 문장은 결과(여기서는 결과로서 나오는 사례)의 내용이 나온다(따라서, 평야 위로 솟은 둥그런 산은~ 일련의 동심원으로 나타날 것이라는 내용).

☆ 1단계와 3단계를 토대로 3번이 답으로 간주된다(1단계가 확실한 답의 근거가 된다).

다음은 위의 문장삽입 문제(유형)의 한글 해석본이다. 이 해석본을 활용하여 확실한 내용파악을 토대로 문제풀이의 마지막 과정인 '내용검증'도 해 보자!

2019-수능 **38.** 문장삽입 (답: 3번)

[해석]

인쇄기는 생각이 스스로를 복제하는 능력을 신장시켰다. 비용이 적게 드는 인쇄술이 있기 전에, 생각은 구전으로 퍼져 나갈 수 있었고 실제로 그렇게 퍼져 나갔다. 이것은 대단히 강력했지만, 전파될 수 있는 생각의 복잡성을 단 한 사람이 기억할 수 있는 것으로 제한했다. 그것은 또한 일정량의 확실한 오류를 추가했다. 구전에 의한 생각의 전파는 전 세계적인 규모의 말 전하기 놀이와 맞먹었다. 글을 읽고 쓸 줄 아는 능력의 출현과 손으로 쓴 두루마리와 궁극적으로 손으로 쓴 책의 탄생은 크고 복잡한 생각이 매우 정확하게 퍼져 나가는 능력을 강화했다. 그러나 손으로 두루마리나 책을 복사하는 데 요구된 엄청난 양의 시간은 이 방식으로 정보가 퍼져 나갈 수 있는 속도를 제한했다. 잘 훈련된 수도승은 하루에 약 4쪽의 문서를 필사할 수 있었다. 인쇄기는 정보를 수천 배 더 빠르게 복사할 수 있었는데, 그것은 지식이 이전 어느 때보다 훨씬 더 빠르고 최대한 정확하게 퍼져 나갈 수 있게 하였다.

2019-수능 **39.** 문장삽입 (답: 3번)

[해석]

지도 제작자들의 커다란 도전은 집합적으로 지형이라고 불리는 언덕과 계곡, 경사지와 평지의 묘사이다. 이것은 여러 방법으로 할 수 있다. 한 가지 방법은 지형의 주름이 번갈아 빛이 비치고 그늘지게 빛과 그림자의 이미지를 만들어, 땅의 모양을 시각적으로 표현하는 것을 만들어 내는 것이다. 기술적으로 더 정확한 또 다른 방법은 등고선을 그리는 것이다. 등고선은 동일한 고도에 있는 모든 점을 연결한다. (3) 따라서 평야 위로 솟은 둥그런 산은 가장 큰 동심원이 맨 아랫부분에 그리고 가장 작은 동심원은 꼭대기 근처에 있는 일련의 동심원으로 지도에 나타날 것이다. 등고선이 서로 가깝게 배치되면 산의 경사가 가파르고, 등고선이 더 멀리 떨어져 있으면 기울기가 더 완만하다. 등고선은 지역 지형의 가파른 비탈, 분지, 계곡을 나타낼 수 있다. 한눈에, 그것들은 지도로 그려진 지역의 고저가 큰지 작은지를 드러내는데, '복잡한' 등고선 지도는 많은 높은 기복을 의미한다.

Pattern 3

의미추론 문제
(어휘의미 추론, 함축의미 추론) 유형

　대개 고난도 문제 유형으로 분류되는 '의미추론' 문제에는 두 가지 유형 — '어휘의미추론' 문제 유형과 '함축의미추론' 문제 유형 — 이 있다. 두 가지 유형 모두 기본적으로는 '주제'를 파악해야 하는 문제로서 이미 Pattern 1. 대의파악 문제 유형에서 소개된 '핵심어 찾기'와 '주제문 찾기' 비법이 우선시되고, 그 다음은 이미 소개된 'Pattern 2(흐름파악 문제 유형)'에서 배운 '신-구 정보 Flow', 'Item Flow', '음양 Flow', '논리전개방식'의 비법들을 활용하여 '글의 흐름'을 파악하면서 문제에서 요구하는 해당 어휘(즉, 선택지 1~5번의 어휘)가 문맥상 적절한지를 판단해야 합니다. 대개 '의미추론' 문제와 같은 고난도 문제들은 종합적인 사고력이 필요하므로 1~2개의 비법만 가지고 풀기보다는 '글의 흐름'도 따져가며 풀어야 실수와 오류를 줄일 수 있다.

어휘의미 추론 유형

Day 6

1단계(핵심어/주제문 찾기와 '등가물/대립쌍' 찾기): 이미 대의파악 문제 유형에서 배운 '핵심어 찾기'와 '주제문 찾기' 비법 활용하여 일단 핵심어가 무엇인지 찾는데, 특히 핵심어들은 자기들의 등가물(=동의어 =변형된 표현)을 갖거나 대립물(=반의어)을 갖는다. 어휘추론 문제는 대개 아래의 3단계에 언급되는 논리전개방식 중 '인과'와 '대립/대등' 관계를 확인하는 문제다. 따라서 핵심어들 혹은 내용들의 '인과' 관계를 파악하거나 핵심어들의 등가물과 대립물을 찾아 '대립/대등' 관계를 파악하는 것이 관건이다.

2단계('3 Flow'원리와 '이분법'): 위의 1단계 비법과 더불어, 이미 'Pattern 2 (흐름파악 문제 유형)'에서 소개된(p.29~35 참고) '신-구정보 Flow', 'Item Flow', '음양 Flow', 이 3가지 'Flow' 원리들을 활용 하여 단서(핵심어/주제문)의 위치와 글의 흐름을 파악하면서, 문제에서 요구하는 해당 어휘(즉, 1~5번 어휘)가 문맥상 적절한지를 판단한다.

 ※ 대립관계의 두 핵심어쌍(대립쌍)이 등장하거나 '음양 Flow'가 적용되는 지문(문제)에서는 '이분법' 을 활용하여 문제에서 요구하는 해당 어휘가 문맥상 적절한지를 판단해본다.
   ⇒ [이분법: Item X (= ⊕) Vs. Item Y (= ⊖)]

3단계(논리전개방식): 논리전개방식(논리관계)과 연결사/접속사 단서을 활용하여 어휘의 의미를 파악 하여 답을 도출해낸다. 이미 앞에서 소개된 바 있다(p.12, p.35). 여기서는 '인과'와 '대립'만 구체적으 로 다룬다.

   (1) '포함' (2) '추가(나열)' (3) '유추' (4) 인과 (5) 대립 (6) 대등 (7) 문제-해법

4) 인과: '원인 후에 결과' 혹은 '결과 후 원인'의 구성방식. 인과에는 5가지 유형이 있는데 선후의 인
과; 예시(논리)의 인과; 요약과 통합의 인과; 문제-해법의 인과; 속성의 인과가 있다.

(4-1) 선후 인과: ① 이 제품이 싸다. So(그래서), 그것을 산다. ② 버스를 놓침. So, 지각함
(4-2) 예시(논리) 인과: 모든 사람은 죽는다. So, 존도 죽는다. (⇒ 연역법)
(4-3) 요약/통합 인과: 태는 발차기를 의미한다. 권은 주먹치기다. 도는 무도를 의미한다. So(그래
서), 태권도는 발과 주먹으로 타격하는 무도를 의미한다.
(4-4) 문제-해법 인과: 감기에 걸렸다(문제). So, 약을 먹었다(해법).
(4-5) 속성 인과: Pass(합격) is attributed to patience(인내) = 합격의 원인은 인내다.
= '합격'의 속성은 '인내'다. (합격은 결과; 인내는 원인 ⇒ '원인=속성')

5) 대립: '전'과 '후'가 서로 대립적인 내용의 구성방식. '비교'/'대조'의 전개방식 혹은 '우열/경중(輕
重)'관계의 전개방식 혹은 '반전'과 '역접'의 전개방식도 여기에 속한다.
(5-1) 비교/대조: 이 차는 유지비가 많이 든다. But, 저 차는 수리비가 많이 든다.
(5-2) 우열/경중: 이 차는 싸다. But, 저 차는 더 싸다. (⇒ But 뒤가 더 중시됨)
(5-3) 반전/역접: 이 차는 싸다. But, 이 차는 안 팔린다. (⇒ But 뒤가 더 중시됨)

⇨ 연결사의 유형 ('논리전개방식'을 쉽게 드러내는 단서 = 연결사/접속사)
1. 대조/역접(그러나, 대조적으로): But, in[by] contrast, on the other hand, nevertheless,
nonetheless, however, but, yet, still, on the contrary, instead, conversely, in fact…
2. 예시(예를 들어): For example, for instance, as an illustration, in particular…
3. 추가(또한, 게다가): Also, besides, moreover, what is more, as well, in addition,
additionally, furthermore, similarly, likewise, in the same way
4. 인과(그래서): So, therefore, thus, accordingly, in conclusion, consequently, hence, as
a result, as a consequence…
5. 환언(즉, 다시 말하면): That is, In other words, namely, that is to say, In short, In brief,
In sum(summary),

다음 한 편의 글을 보고, 아래 (a)~(f)에 들어갈 적절한 연결사를 위에서 찾아보자.

My family like animals. (a), My sister like cats. (b), My mother likes dogs. (c), I don't like animals. (d), I don't play with animals. (e), I think that animals can't be my friend.

(a) = For example ⇒ 포괄적 집합(family)과 세부적 원소(sister)의 연결

(b) = Also ⇒ 원소(예시1: cats)와 원소(예시2: dogs)의 연결

(c) = However ⇒ 대립관계 ('likes'와 'don't love')의 연결

(d) = So ⇒ 선행사건/원인("동물을 안 좋아함")과 후행사건/결과("동물과 안 논다")의 연결

(e) = That is(=즉) ⇒ 등가(대등/동등):"동물과 안 논다"와 "동물은 친구가 될 수 없다"의 연결

다음 기출문제들을 통해 위의 '어휘의미 추론문제 3가지(3단계) 비법'을 적용해보자. 대개 어휘의 의미추론 문제는 고난도 문제이므로 3가지 비법을 전부 다 고려해야 한다.

2019-수능 **30.** 어휘의미 추론 (밑줄 친 부분 중, 문맥상 낱말의 쓰임이 적절하지 않은 것은?)

Europe's first Homo sapiens lived primarily on large game, particularly reindeer. Even under ideal circumstances, hunting these fast animals with spear or bow and arrow is an ①uncertain task. The reindeer, however, had a ②weakness that mankind would mercilessly exploit: it swam poorly. While afloat, it is uniquely ③vulnerable, moving slowly with its antlers held high as it struggles to keep its nose above water. At some point, a Stone Age genius realized the enormous hunting ④advantage he would gain by being able to glide over the water's surface, and built the first boat. Once the ⑤laboriously overtaken and killed prey had been hauled aboard, getting its body back to the tribal camp would have been far easier by boat than on land. It would not have taken long for mankind to apply this advantage to other goods.

* exploit: 이용하다 * haul: 끌어당기다

• game 사냥감 • reindeer 순록 • spear 창 • mercilessly 인정사정없이, 무자비하게

• vulnerable 공격받기 쉬운, 취약한 • antler (사슴의) 가지진 뿔 • overtake 따라잡다

Europe's first **Homo sapiens** lived primarily on **large game**, particularly **reindeer**. Even under ideal circumstances, hunting **these fast animals** with spear or bow and arrow is an ①uncertain task. **The reindeer, however**, had a ②weakness that **mankind** would mercilessly exploit: it swam poorly. While afloat, **it** is uniquely ③vulnerable, moving slowly with its antlers held high as it struggles to keep its nose above water. At some point, a **Stone Age genius** realized the enormous hunting ④advantage he would gain by being able to glide over the water's surface, and built the first boat. Once the ⑤laboriously overtaken and killed **prey** had been hauled aboard, getting **its** body back to the tribal camp would have been far easier by boat than on land. It would not have taken long for **mankind** to apply this advantage to other goods.

1단계(핵심어/주제문 찾기와 '등가물/대립쌍' 찾기): 우선, 핵심어 찾기 6가지 비법(p. 9 참고)을 통해 Homo sapiens(인간)의 등가물(= mankind = Stone Age genius), 그리고 '**인간**'과 대립물인 large game (큰 사냥감)의 등가물(= reindeer-순록 = these fast animals = it)을 통해 두 개의 핵심어(여기선 대립쌍)인 '**인간**'과 '**순록**'을 확인한다.

2단계('3 Flow'원리와 '이분법'): ① uncertain(불확실한)의 경우, 그 문장 속에 있는 '반전'의 연결사 단서인 'Even(~조차도)'을 통해 문맥상의 적합성을 판단한다('이상적인 상황에서조차도 그 동물(순록)을 사냥하는 일은 ① 불확실한 일이다' ⇒ '이상적인'은 긍정표현(⊕)이지만 '반전' 단서인 'Even' 때문에 부정표현(⊖)인 '불확실한'이 적절함).

② weakness(약점)의 경우, 그 문장 속의 '반전'의 연결사 단서인 'however'로 인해 적절하다고 판단된다('However'의 앞 문장의 내용은 바로 위에서 언급한 ①번의 적절성을 통해 '인간'에게는 부정적인(⊖) 상황; '인간'과 대립관계인 '순록'에게는 긍정적인(⊕) 상황으로 판단되는데, 반전의 연결사 'However'때문에 이 상황이 반전되어, '순록'에게는 부정적인(⊖) 상황으로 판단된다. 따라서 weakness(약점)가 적절하다). 결국, 여기서 이분법(p.48)의 적용이 확인된다.

⇒ [이분법: Item X (= ⊕) Vs. Item Y (= ⊖)] (X = 인간; Y = 순록)　　　　　⊕: 이점, 유리　⊖: 약점, 불리

③ vulnerable(공격에 취약한⊖)의 경우(주어/주체가 순록임), 이런 이분법(순록 = ⊖)을 적용하면 적절하다고 판단되며. ④advantage(이점⊕)의 경우(주어/주체가 인간임), 이런 이분법(인간 = ⊕)을 적용하면 적절하다고 판단된다. 답은 ⑤인데, 이 ⑤ laboriously(힘들게⊖)의 경우도(주어/주체가 인간임), 이런 이분법(인간 = ⊕)을 적용하면, 긍정표현인 easily(손쉽게⊕)로 정정해야 적절하다. 'the ⑤ laboriously overtaken and killed prey'('힘들게 따라잡히고 죽임을 당한 순록')을 '(인간에 의해

서) 손쉽게(easily) 따라잡히고 죽임을 당한 순록'으로 정정해야 적절하다(순록 입장에서 '손쉽게' 죽임을 당함 = 인간 주체가 '손쉽게' 사냥하여 죽임).

3단계(논리전개방식): 이 문제에서는 3단계를 별도로 적용할 필요가 없다.

☆ 1-2단계를 토대로 5번이 답으로 간주된다.

다음은 위의 '어휘의미'추론 문제(유형)의 한글 해석본이다. 이 해석본을 활용하여 확실한 내용파악을 토대로 문제풀이의 마지막 과정인 '내용검증'도 해 보자!

2019-수능 **30.** 어휘의미 추론 (답: 5번 (laboriously를 'easily'와 같은 어휘로 고쳐야 한다.))

[해석]

유럽 최초의 '호모 사피엔스'는 주로 큰 사냥감, 특히 순록을 먹고 살았다. 심지어 이상적인 상황에서도, 이런 빠른 동물을 창이나 활과 화살로 사냥하는 것은 불확실한 일이다. 그러나 순록에게는 인류가 인정사정없이 이용할 약점이 있었는데, 그것은 순록이 수영을 잘 못한다는 것이었다. 순록은 물에 떠 있는 동안, 코를 물 위로 내놓으려고 애쓰면서 가지진 뿔을 높이 쳐들고 천천히 움직이기 때문에, 유례없이 공격받기 쉬운 상태가 된다. 어느 시점에선가, 석기 시대의 한 천재가 수면 위를 미끄러지듯이 움직일 수 있음으로써 자신이 얻을 엄청난 사냥의 이점을 깨닫고 최초의 배를 만들었다. 힘들게(→ 손쉽게) 따라잡아서 도살한 먹잇감을 일단 배 위로 끌어 올리면, 사체를 부족이 머무는 곳으로 가지고 가는 것은 육지에서보다는 배로 훨씬 더 쉬웠을 것이다. 인류가 이런 장점을 다른 물품에 적용하는 데는 긴 시간이 걸리지 않았을 것이다.

Pattern 3-2

함축의미 추론 유형

Day 7

　대개 이 유형의 밑줄 친 어구는 글 전체의 '핵심어구' 혹은 '주제'이다. 따라서 기본적으로는 '주제'를 파악해야 하는 문제로서 이미 'Pattern 1(대의파악 문제 유형)'에서 소개된 '핵심어 찾기'와 '주제문 찾기' 비법이 우선시되고, 그 다음은 'Pattern 2(흐름파악 문제 유형)'에서 이미 소개된 '신-구 정보 Flow', 'Item Flow', '음양 Flow', '논리전개방식'의 비법들을 활용하여 '글의 흐름'을 파악하면서 문제에서 요구하는 해당 어구의 '함축적인(=문맥적인=중심적인)' 의미가 무엇인지 판단한다.

　함축의미 추론 문제 유형의 3단계 비법은 앞에서 소개된 'Pattern 3-1. 어휘의미 추론 유형'의 비법(3단계)과 동일하므로 참고하길 바란다. 이 유형의 포인트는 대개 밑줄 친 어구는 글 전체의 '핵심어구' 혹은 '주제'라는 것이다.

　다음 기출문제들을 통해 위의 '함축의미 추론 문제의 3가지(3단계) 비법'을 적용해보자. 대개 1~2개의 단계별 비법을 통해 답이 나오지만, 고난도 문제의 경우, 3가지 비법을 전부 다 고려해야 한다.

Although not the explicit goal, the best science can really be seen as <u>refining ignorance</u>. Scientists, especially young ones, can get too obsessed with results. Society helps them along in this mad chase. Big discoveries are covered in the press, show up on the university's home page, help get grants, and make the case for promotions. But it's wrong. Great scientists, the pioneers that we admire, are not concerned with results but with the next questions. The highly respected physicist Enrico Fermi told his students that an experiment that successfully proves a hypothesis is a measurement; one that doesn't is a discovery. A discovery, an uncovering — of new ignorance. The Nobel Prize, the pinnacle of scientific accomplishment, is awarded, not for a lifetime of scientific achievement, but for a single discovery, a result. Even the Nobel committee realizes in some way that this is not really in the scientific spirit, and their award citations commonly honor the discovery for having "opened a field up," "transformed a field," or "taken a field in new and unexpected directions."

* pinnacle: 정점

① looking beyond what is known towards what is left unknown

② offering an ultimate account of what has been discovered

③ analyzing existing knowledge with an objective mindset

④ inspiring scientists to publicize significant discoveries

⑤ informing students of a new field of science

> • explicit 명시적인 • refine 개선하다, 정제하다 • obsessed 집착하는 chase 추구
>
> • grant 보조금 • hypothesis 가설 • spirit 진정한 의미 • citation 인용(구)

Although not the explicit goal, **the best science** can really be seen as **refining ignorance**. Scientists, especially young ones, can get too obsessed with results. Society helps them along in this mad chase. **Big discoveries** are covered in the press, show up on the university's home page, help get grants, and make the case for promotions. But it's wrong. **Great scientists**, the pioneers that we admire, are not concerned with results but with **the next questions**. **The highly respected physicist** Enrico Fermi told his students that an experiment that successfully proves a hypothesis is a measurement; one that doesn't is **a discovery**. **A discovery, an uncovering — of new ignorance**. The Nobel Prize, the pinnacle of scientific accomplishment, is awarded, not for a lifetime of scientific achievement, but for a single discovery, a result. Even the Nobel committee realizes in some way that this is not really in the scientific spirit, and their award citations commonly honor <u>the discovery</u>[1] for having "opened a field up," "transformed a field," or "taken a field in new and unexpected directions."

* pinnacle: 정점

① looking beyond what is known towards what is left unknown
② offering an ultimate account of what has been discovered
③ analyzing existing knowledge with an objective mindset
④ inspiring scientists to publicize significant discoveries
⑤ informing students of a new field of science

1단계(핵심어/주제문 찾기와 '등가물/대립쌍' 찾기): 첫 번째 문장에서 "**최고의 과학(the best science)**은 실제로 '**무지를 개선하는 것(refining ignorance)**'으로 간주된다"는 내용에서 '핵심어'는 '**최고의(훌륭한) 과학**'과 그런 과학의 속성인 '**refining ignorance**'임을 알 수 있다. 따라서, 밑줄 친 어구(=핵심어)인 '**refining ignorance**'와 등가물(동의어)을 찾는 것이 이 문제풀이의 열쇠가 된다. 이 등가물도 핵심어이므로 핵심어 찾기 비법(p.11 참고)을 통해 반복적으로 등장하는 어구인 '**discovery**'(= Big discoveries = be concerned with the next questions = A discovery, an uncovering — of new ignorance)가 핵심어임을 알 수 있다. 6번째 문장에서 이 '**discovery**'가 '**an uncovering of new ignorance**(새로운 무지의 발견)'으로 설명되어 있고, 마지막 문장의 **the discovery** (구정보) 뒤에 언급되는 내용(the discovery for having "opened a field up," "transformed a field," or "taken a field in new and unexpected directions)을 통해서도 결국 답은 1번이 가장 적절하다(①'알려진 것을 넘어서 알려지지 않은 채로 있는 것을 향해 보는 것'= 새로운 무지의 발견).

※ 핵심어는 최고의(⊕) 과학(the best science)인데 이것과 등가물(동의어구)은 Great scientists, The highly respected physicist이다. 그 대립물(반의어)인 '나쁜(⊖) 과학'은 결과에 집착하는 과학 (두 번째 문장의 'get too obsessed with results')이 된다.

2단계('3 Flow'원리와 '이분법'): 이 문제에서는 2단계를 별도로 적용할 필요가 없다(위 1단계에서의 ※에서 이분법이 살짝 언급됨).

☆ 1단계를 토대로 1번이 답으로 간주되며 2-3단계까지 적용할 필요가 없다.

다음은 위의 '함축의미 추론' 문제(유형)의 한글 해석본이다. 이 해석본을 활용하여 확실한 내용파악을 토대로 문제풀이의 마지막 과정인 '내용검증'도 해 보자!

2019-수능 21. 함축의미 추론 (답: 1번)

비록 명시적인 목표는 아니지만, 최고의 과학은 실제로 무지를 개선하는 것으로 여겨질 수 있다. 과학자들, 특히 젊은 과학자들은 결과에 너무 집착할 수 있다. 사회는 그들이 이런 무모한 추구를 계속하도록 돕는다. 큰 발견들이 언론에 보도되고, 대학의 홈페이지에 등장하고, 보조금을 얻는데 도움을 주고, 승진을 위한 논거를 만든다. 그러나 그것은 잘못된 것이다. 위대한 과학자들, 우리가 존경하는 선구자들은 결과가 아니라 다음 문제에 관심이 있다. 아주 존경받는 물리학자인 Enrico Fermi는 자신의 학생들에게 가설을 성공적으로 입증하는 실험은 측정이며, 그렇지 않은 것은 발견이라고 말했다. 새로운 무지의 발견, (새로운 무지를) 드러내는 것이라고. 과학적인 성취의 정점인 노벨상은 평생의 과학적인 업적이 아니라 하나의 발견, 결과에 대해 수여된다. 노벨상 위원회조차도 이것이 실제로 과학의 진정한 의미 속에 있는 것이 아니라는 것을 어떤 점에서 인식하고 있으며, 그들의 상에 쓰인 문구들도 흔히 '한 분야를 열었거나', '한 분야를 변화시켰거나' 혹은 '한 분야를 새롭고 예상치 못한 방향으로 이끈' 발견을 기리고 있다.

① 알려진 것을 넘어서 알려지지 않은 채로 있는 것을 향해 보는 것
② 발견된 것에 대한 궁극적인 설명을 제공하는 것
③ 객관적인 사고방식을 가지고 현재의 지식을 분석하는 것
④ 과학자들이 중요한 발견을 홍보하도록 자극하는 것
⑤ 과학의 새로운 분야에 대해 학생들에게 알려주는 것

빈칸추론 문제
(요약문 빈칸, 어휘/구절 빈칸) 유형

고난도 문제 유형인 빈칸추론 문제는 '요약문 빈칸추론' 문제 유형과 '어휘/구절 빈칸추론' 문제 유형으로 나뉜다. 이 두 가지 유형 모두, 빈칸에 '핵심어' 혹은 '주제'를 문맥(=글의 흐름=논리)에 적절한 어구로 채워 넣는 것이 포인트다. 결국, 빈칸에 들어갈 말은 '핵심어' 혹은 '주제'다. 이것이 바로 핵심적 비법이다.

이런 빈칸추론 문제 유형은 앞서 소개된 Pattern 3(의미추론 문제 유형)의 단계별 비법들이 거의 그대로 적용된다. 즉, 이미 'Pattern 1(대의파악 문제 유형)'에서 소개된 '핵심어 찾기'와 '주제문 찾기' 비법이 우선시되고, 그 다음은 이미 'Pattern 2(흐름파악 문제 유형)'에서 소개된 '신-구 정보 Flow', 'Item Flow', '음양 Flow', '논리전개방식'의 비법들을 활용하여 '글의 흐름(=논리관계)'을 파악하면서 문제에서 요구하는 빈칸에는 어떤 어휘/구절이 채워져야 문맥(=흐름=논리)상 적절한지를 판단한다.

대개 '빈칸추론' 문제 유형과 같은 고난도 문제들은 종합적인 사고력이 필요하므로 1~2개의 비법만 가지고 풀기보다는 '글의 흐름(논리전개방식)'도 따져가며 풀어야 실수와 오류를 줄일 수 있다.

그리고 '어휘/구절 빈칸추론' 문제는 p.88~89와 p.95~99를 참고하여, 즉 오답 피하기 비법을 참고하여 문제를 해결한다.

Pattern 4-1

요약문 빈칸추론 유형

Day 8

● 빈칸추론 비법

1단계(핵심어/주제문 찾기 & '등가물/대립쌍' 찾기 & '동형/동의 구조' 찾기): 우선, Pattern 1(대의파악 문제 유형)에서 이미 소개된 '핵심어 찾기'와 '주제문 찾기' 비법 활용하여 일단 핵심어를 찾는 것이 첫 번째 포인트인데, 특히 핵심어들은 자기들의 등가물(=동의어=변형된 표현)을 갖거나 대립물(=반의어)을 갖는다.

※ 한 편의 글의 '주제'를 구성하는 '핵심어'가 명확하게 2개인 경우, 빈칸문장(빈칸이 있는 문장)에서 빈칸의 외부에 하나의 핵심어가 있다면 빈칸 내부에는 또 다른 하나의 핵심어가 들어가야 한다. 이 것은 빈칸문장이 주제문(핵심어들로 구성된 문장)이기 때문이다. (핵심어 누락금지 원리 준수)

주제가 "Influence of culture on communication(문화가 의사소통에 끼치는 영향)"인 한 편의 글에서는 핵심어가 culture와 communication이다. 문장 "People from different cultures sometimes fail to___.(다양한 문화권에서 온 사람들은 때때로__하지 못한다)"가 빈칸문장(빈칸이 있는 문장)이라면, 빈칸에는 communication과 관련된 어구(예를 들어, 서로서로 잘 소통한다 = "communicate well with each other")가 들어가는 것이 적절하다. 빈칸의 외부에, 여기서는 빈칸의 왼쪽 부분에, different cultures라는 핵심어가 있으므로 빈칸 내부에는 또 다른 핵심어인 communication과 관련된 어구가 들어가야 하나의 주제문이 완성된다.

두 번째는 주제문 찾기, 즉 '동형/동의 구조' 찾기가 포인트인데, 주제문인 빈칸문장과 유사한 구조 (대칭점)를 가지는 또 다른 하나의 문장을 찾으면, 이 2개의 문장이 서로 유사한 의미를 가진다고 간주되며 결국 '빈칸문장과 유사한 구조(대칭점)을 가지는 또 다른 문장'도 주제문이 된다. 이 2개의 문장의 구조적 유사성(대칭점)을 고려하면 해당 빈칸에 어떤 어휘/구절이 채워져야 구조(문맥)상 적절한지

30일 만에 끝내는 입문급 영어

를 파악할 수 있다. 다음을 살펴보자.

⇒ **동형(동의) 구조 찾기:** a. **Drivers should** _____ **their rage.**
                                     1   3   2
                             b. **People on the road ought to curb negative feelings like anger.**
                                     1   3   2

"운전자는 분노(= anger = rage)를 억제하라(= curb = suppress)는 조언"이 주제인 한 편의 글에서 빈칸문장(여기서는 a)과 동일한 형식(구조)를 가지고 있는 문장 한두 개(여기서는 b)를 지문 속에서 찾는다. 즉, 빈칸문장 속에 있는 어구(표현)와 동일한 어구를 가진 문장을 찾는 것이 동형(동의)구조 찾기다(위 a에 있는 Drivers, should, rage가 각기 b의 People on the road, ought to, anger와 동의어이다). 빈칸문장과 동일한 형식(구조)를 가지고 있는 문장도 빈칸문장과 마찬가지로 '주제문(주제를 명확하게 드러내는 문장)'이 된다. (빈칸에 들어갈 말은 curb와 동일한 의미의 어구가 들어가면 됨.)

2단계('3 Flow'원리와 '이분법'): 위의 1단계 비법과 더불어, 'Pattern 2(흐름파악 문제 유형)'에서 이미 소개된 '신-구정보 Flow', 'Item Flow', '음양 Flow', 이 3가지 비법을 활용하여 핵심어/주제문 찾기와 글의 흐름(논리)을 파악하면서, 빈칸에는 어떤 어휘/구절이 채워져야 문맥(=흐름=논리)상 적절한지를 판단한다.

※ 대립관계의 두 핵심어쌍(대립쌍)이 등장하거나 '음양 Flow'가 적용되는 지문(문제)에서는 '이분법'을 활용하여 문제에서 요구하는 해당 어휘가 문맥상 적절한지를 판단해본다. (p. 48, 51참고)

⇒ [이분법: Item X (= ⊕) Vs. Item Y (= ⊖)]

3단계(논리전개방식): 우선 첫 번째로, 이미 앞에서(p.35, 49~50) 소개된 논리전개방식(논리관계)와 연결사/접속사 단서를 활용하여 빈칸에 들어갈 표현이 인과 표현(인과논리와 관계된 표현)인지 대립/대등 표현(대립/대등 논리와 관계된 표현)인지 혹은 기타 다른 논리의 표현인지를 빈칸 주변의 문맥을 고려하면서 확인하는 것이 첫 번째 포인트이다.

⇨ 포함(추상/구체) 표현 빈칸, 인과(원인/결과) 표현 빈칸, 대등/유추 표현 빈칸, 대립 표현빈칸, 종속 표현빈칸, 속성 표현 빈칸, 해법/필요/이점 표현 빈칸 등

1) '포함(추상/구체) 표현 빈칸': 구체적인 내용(예시)을 추상화(일반화)시킨 그 추상적(일반적) 표현을 빈칸의 답으로 한다. 예를 들어 'anger(분노)', 'hatred(증오)'와 같은 표현이 구체적인 표현이라면 'negative feeling(부정적인 감정)'은 추상적인 표현이 된다.

2) 속성 표현 빈칸: 빈칸문장인 "Pass(합격) is _____."에서 빈칸에는 Pass(합격)의 속성이 빈칸에 들어갈 내용(표현)이 된다. 속성표현들(형용사)인 'patient(끈기/인내를 요하는)', 'temporary(일시적인)', 'durable(지속적인)'이 빈칸의 답이 될 수 있는 것들이다.

3) 해법/필요/이점 표현 빈칸: 빈칸에 들어갈 내용(표현)이 어떤 문제(화제)에 대한 '해법'이거나 '필요한(중요한) 것'이거나 '이점이 되는 것'인 경우이다.

두 번째로, 핵심어들 혹은 내용들의 '인과' 관계를 파악하거나 핵심어들의 등가물(동의어)과 대립물(반의어)을 찾아 '대립/대등' 관계를 파악하는 것과 같이, 글 전체의 흐름(논리전개)를 파악하는 것이 두 번째 포인트다.

논리전개방식은 이미 앞에서 소개된 바 있다(p.12, 35, 49~50)

다음 기출문제를 통해 위의 '요약문 빈칸추론문제의 3가지(3단계) 비법'을 적용해보자.

2019-수능 40. 요약문 빈칸 (아래 요약문의 빈칸(A), (B)에 들어갈 말로 가장 적절한 것은?)

Biological organisms, including human societies both with and without market systems, discount distant outputs over those available at the present time based on risks associated with an uncertain future. As the timing of inputs and outputs varies greatly depending on the type of energy, there is a strong case to incorporate time when assessing energy alternatives. For example, the energy output from solar panels or wind power engines, where most investment happens before they begin producing, may need to be assessed differently when compared to most fossil fuel extraction technologies, where a large proportion of the energy output comes much sooner, and a larger (relative) proportion of inputs is applied during the extraction process, and not upfront. Thus fossil fuels, particularly oil and natural gas, in addition to having energy quality advantages (cost, storability, transportability, etc.) over many renewable technologies, also have a "temporal advantage" after accounting for human behavioral preference for current consumption/ return.

* upfront: 선행 투자의

⬇

Due to the fact that people tend to favor more ___(A)___ outputs, fossil fuels are more ___(B)___ than renewable energy alternatives in regards to the distance between inputs and outputs.

	(A)	(B)		(A)	(B)
①	immediate	······ competitive	②	available	······ expensive
③	delayed	······ competitive	④	convenient	······ expensive
⑤	abundant	······ competitive			

• organism 유기체 • incorporate 통합하다 • alternative 대체(의), 대안(의) • assess 평가하다

• extraction 추출 • proportion 비율, 부분 • immediate 즉각적인 • abundant 풍부한

40. 요약문 빈칸 (아래 요약문의 빈칸(A), (B)에 들어갈 말로 가장 적절한 것은?)

Biological organisms, including human societies both with and without market systems, discount distant **outputs** over **those available at the present time** based on risks associated with an uncertain future. As the timing of inputs and outputs varies greatly depending on the type of energy, there is a strong case to incorporate time when assessing energy alternatives. For example, the energy output from solar panels or wind power engines, where most investment happens before they begin producing, may need to be assessed differently when compared to most fossil fuel extraction technologies, where a large proportion of the energy output comes much sooner, and a larger (relative) proportion of inputs is applied during the extraction process, and not upfront. Thus **fossil fuels**, particularly oil and natural gas, in addition to **having energy quality advantages** (cost, storability, transportability, etc.) over many renewable technologies, also **have a "temporal advantage"** after accounting for human behavioral preference for current consumption/ return.

* upfront: 선행 투자의

⬇

Due to the fact that people tend to favor more ___(A)___ **outputs**, **fossil fuels are more** ___(B)___ than renewable energy alternatives in regards to the distance between inputs and outputs.

(A)	(B)	(A)	(B)
① immediate	**competitive**	② available	expensive
③ delayed	**competitive**	④ convenient	expensive
⑤ abundant	**competitive**		

🔍 비법적용

1단계(핵심어/주제문 찾기 & 동형동의구조 찾기): 빈칸 (A)와 (B) 둘 다 동형(동의)구조 찾기를 활용하여 문제를 해결한다. (A)의 경우, 요약문과 첫 번째 문장은 다음과 같이 구조상, 의미상 같다.

요약문: people tend to favor more ___(A)___ **outputs**(생산물)
(사람들은 더 ___(A)___ 생산물을 선호하는 경향이 있다.)
= 첫 번째 문장: Biological organisms…discount distant outputs over **those available at the present time**(인간을 포함한 생물학적 유기체들은 **현재 바로 이용할 수 있는 생산물**보다 시간상

으로 멀리 있는 생산물들을 평가절하한다). 여기서 평가절하하다(discount)와 요약문 속의 favor(선호하다)는 서로 반의어다.

따라서 those(outputs) available at the present time(현재 바로 이용할 수 있는 생산물)을 더 선호한다는 첫 번째 문장의 내용과 요약문의 내용을 맞추어보면, 현재 바로 이용할 수 있는(available at the present time)과 동의어가 (A)의 답이 된다(1번 '즉각적인'과 2번 '이용가능한'이 유력한 답이 된다).

(B)의 경우, 요약문과 마지막 문장은 다음과 같이 구조상, 의미상 같다.

요약문: fossil fuels are more ___(B)___ than renewable energy alternatives
(화석연료들은 재생가능 대체에너지보다 더 ___(B)___ 하다.
= 마지막 문장: "fossil fuels…having energy quality advantages over many renewable technologies…also have a "temporal advantage"(화석연료는 재생가능기술보다 에너지품질 이점을 가지고, 또한 시간적인 이점도 가진다.)

따라서, '화석연료가 재생가능 에너지보다 이점이 있다'는 마지막 문장의 내용과 요약문의 내용을 맞추어보면, 이점이 있다(have advantages)와 동의어가 (B)의 답이 된다('경쟁력이 있는'-competitive-이 답이 된다).

2단계('3 Flow'원리와 '이분법'): 이 문제에서는 2단계를 별도로 적용할 필요가 없다.

3단계(논리전개방식): 빈칸(A)의 바로 뒤의 명사(명사구)인 'outputs'와 빈칸(B)의 앞의 명사(명사구)인 'fossil fuels(화석연료)'를 수식해주는 빈칸의 위치와 품사를 보면, 빈칸(A)와 (B)에 들어갈 내용은 'outputs'의 속성과 'fossil fuels'의 '속성'이 된다. 또한, 1~5번을 살펴보면, 빈칸에 들어갈 말은 명사의 속성을 나타내는 품사인 형용사다. 결국 빈칸은 '속성 빈칸'이다(이미 앞(p.59, 3단계)에서 소개했다).

☆ 1 단계를 토대로 1번이 답으로 간주된다.

다음은 위의 '요약문 빈칸추론' 문제(유형)의 한글 해석본이다. 이 해석본을 활용하여 확실한 내용 파악을 토대로 문제풀이의 마지막 과정인 '내용검증'도 해 보자!

[해석]

시장 시스템이 있거나 없는 두 가지 인간 사회를 다 포함한 생물학적 유기체들은 불확실한 미래와 관련된 위험에 기초하여 현재 이용할 수 있는 생산물보다 (시간상으로) 멀리 있는 것들을 평가 절하한다. 투입과 생산의 시기가 에너지 유형에 따라 크게 다르기 때문에, 대체 에너지를 평가할 때 시간을 통합하려는 강력한 사례가 있다. 예를들어 대부분의 투자가 생산하기 전에 발생하는 태양 전지판이나 풍력 엔진으로부터의 에너지 생산은 대부분의 화석 연료 추출 기술과 비교했을 때 다르게 평가될 필요가 있을 수 있는데, 화석 연료 추출 기술에서는 많은 비율의 에너지 생산이 훨씬 더 빨리 가능하고, 더 큰 (상대적) 비율의 투입이 추출 과정 동안에 적용되고 선행 투자되지는 않는다. 따라서 화석 연료, 특히 석유와 천연가스는 많은 재생 가능 기술보다 에너지 품질 이점(비용, 저장성, 운송 가능성 등)이 있을 뿐만 아니라 현재의 소비/반환에 대한 인간의 행동 선호를 설명하는 것에 비추어 보면 '시간적 이점'도 또한 갖는다.

→ 사람들이 더 **즉각적인** 생산물을 선호하는 경향이 있다는 사실 때문에, 화석 연료는 투입과 생산 간 거리의 면에서 재생 가능 대체 에너지보다 더 **경쟁력이 있다**.

① '즉각적인 – 경쟁력 있는'   ② 이용 가능한 – 비싼
③ 지체된 – 경쟁력 있는   ④ 편리한 – 비싼
⑤ 풍부한 – 경쟁력 있는

어휘/구절 빈칸추론 유형

Day 9

이 Pattern 4-2(어휘/구절 빈칸 유형)은 앞서 Pattern 4-1(요약문 빈칸추론 유형)에서 소개된 비법을 그대로 공유한다. 빈칸에 들어갈 말은 핵심어 혹은 주제다. 이것이 바로 핵심적 비법이다.

다음 기출문제들을 통해 위의 '요약문 빈칸추론문제의 3가지(3단계) 비법'을 적용해보자.

2019-수능 **31.** 어휘/구절 빈칸추론 (빈칸에 들어갈 말로 적절한 것은?)

Finkenauer and Rimé investigated the memory of the unexpected death of Belgium's King Baudouin in 1993 in a large sample of Belgian citizens. The data revealed that the news of the king's death had been widely socially shared. By talking about the event, people gradually constructed a social narrative and a collective memory of the emotional event. At the same time, they consolidated their own memory of the personal circumstances in which the event took place, an effect known as "flashbulb memory." The more an event is socially shared, the more it will be fixed in people's minds. Social sharing may in this way help to counteract some natural tendency people may have. Naturally, people should be driven to "forget" undesirable events. Thus, someone who just heard a piece of bad news often tends initially to deny what happened. The _____ social sharing of the bad news contributes to realism.

* consolidate: 공고히 하다

① biased ② illegal ③ repetitive ④ temporary ⑤ rational

• construct 구축하다, 건설하다 • counteract 중화하다, 반대로 행동하다

Minorities tend not to have much power or status and may even be dismissed as troublemakers, extremists or simply 'weirdos'. How, then, do they ever have any influence over the majority? The social psychologist Serge Moscovici claims that the answer lies in their behavioural style, i.e. the way _____. The crucial factor in the success of the suffragette movement was that its supporters were consistent in their views, and this created a considerable degree of social influence. Minorities that are active and organised, who support and defend their position consistently, can create social conflict, doubt and uncertainty among members of the majority, and ultimately this may lead to social change. Such change has often occurred because a minority has converted others to its point of view. Without the influence of minorities, we would have no innovation, no social change. Many of what we now regard as 'major' social movements (e.g. Christianity, trade unionism or feminism) were originally due to the influence of an outspoken minority.

* dismiss: 일축하다 * weirdo: 별난 사람 * suffragette: 여성 참정권론자

① the minority gets its point across ② the minority tones down its voice
③ the majority cultivates the minority ④ the majority brings about social change
⑤ the minority cooperates with the majority

• minority 소수집단 • status 지위 • extremist 극단주의자 • a considerable degree of 상당한 정도의

• advocate 옹호하다 • trade unionism 노동조합 운동 • outspoken 거침없이 말하는

Heritage is concerned with the ways in which very selective material artefacts, mythologies, memories and traditions become resources for the present. The contents, interpretations and representations of the resource are selected according to the demands of the present; an imagined past provides resources for a heritage that is to be passed onto an imagined future. It follows too that the meanings and functions of memory and tradition are defined in the present. Further, heritage is more concerned with meanings than material artefacts. It is the former that give value, either cultural or financial, to the latter and explain why they have been selected from the near infinity of the past. In turn, they may later be discarded as the demands of present societies change, or even, as is presently occurring in the former Eastern Europe, when pasts have to be reinvented to reflect new presents. Thus heritage is _____. [3점]

① a collection of memories and traditions of a society

② as much about forgetting as remembering the past

③ neither concerned with the present nor the future

④ a mirror reflecting the artefacts of the past

⑤ about preserving universal cultural values

• heritage 문화유산 • artefact 인공물 • mythology 신화 • infinity 무한대, 무한성 • discard 버리다

2019-수능 **34.** 어휘/구절 빈칸추론 (빈칸에 들어갈 말로 적절한 것은?)

The human species is unique in its ability to expand its functionality by inventing new cultural tools. Writing, arithmetic, science — all are recent inventions. Our brains did not have enough time to evolve for them, but I reason that they were made possible because _____. When we learn to read, we recycle a specific region of our visual system known as the visual word-form area, enabling us to recognize strings of letters and connect them to language areas. Likewise, when we learn Arabic numerals we build a circuit to quickly convert those shapes into quantities — a fast connection from bilateral visual areas to the parietal quantity area. Even an invention as elementary as finger-counting changes our cognitive abilities dramatically. Amazonian people who have not invented counting are unable to make exact calculations as simple as, say, $6 - 2$. This "cultural recycling" implies that the functional architecture of the human brain results from a complex mixture of biological and cultural constraints. [3점]

* bilateral: 양측의 * parietal: 정수리(부분)의 * constraint: 제약

① our brains put a limit on cultural diversity

② we can mobilize our old areas in novel ways

③ cultural tools stabilize our brain functionality

④ our brain regions operate in an isolated manner

⑤ we cannot adapt ourselves to natural challenges

• arithmetic 산수, 계산 • Arabic numeral 아라비아 숫자 • architecture 구조, 건축 • constraint 제약

Finkenauer and Rimé investigated the memory of the unexpected death of Belgium's King Baudouin in 1993 in a large sample of Belgian citizens. The data revealed that the news of the king's death had been **widely socially shared**. By talking about the event, people gradually constructed a social narrative and a collective memory of the emotional event. At the same time, they consolidated their own memory of the personal circumstances in which the event took place, an effect known as "flashbulb memory." **The more** an event is **socially shared**, the more it will be fixed in people's minds. **Social sharing** may in this way help to counteract some natural tendency people may have. Naturally, people should be driven to "forget" undesirable events. Thus, someone who just heard a piece of bad news often tends initially to deny what happened. The _____ **social sharing of the bad news** contributes to realism.

① biased ② illegal ③ repetitive ④ temporary ⑤ rational

1단계(핵심어/주제문 찾기 & '등가물/대립쌍' 찾기 & '동형/동의 구조' 찾기): 일단, 이 글에서 반복되는 어구인 'social sharing(=socially shared)'가 핵심어인데, 이 핵심어 찾기와 동형(동의)구조 찾기를 이용한다. 빈칸 바로 뒤에 '_____ social sharing of the bad news(나쁜 소식의 _____ 사회적 공유)'라는 어구가 있으므로 이 어구가 다른 문장 속에, 특히 주제문으로 간주될 만한 문장 속에, 존재하는지 확인한다. 다섯 번째 문장(**The more** an event is **socially shared**,~~)에 존재하며 이 문장은 인과 구문으로 주제문이 될 만하다. '사회적 공유가 더 많으면'에서 '더 많다(the more)'는 어구와 동의어가 답이다(= ③ 반복적인) 또한 아래 공식에서처럼 두 번째 문장의 'widely(널리)'도 단서가 된다. 결국 'the more'와 'widely'와 동의어가 답이다.

 빈칸문장: The '_____' **social sharing** of the bad news contributes to realism
 = 두 번째 문장: the news of the king's death had been **widely socially shared**
 = 다섯 번째 문장: **The more** an event is **socially shared**,~~

2단계('3 Flow'원리와 '이분법'): 이 문제에서는 2단계를 별도로 적용할 필요가 없다.

3단계(논리전개방식): 명사구(social sharing of the bad news)를 그 앞에서 수식해주는 빈칸의 위치와 품사를 보면, 빈칸에는 '**social sharing of the bad news**(나쁜 소식의 사회적 공유)'의 '속성'이

들어가야 한다. 선택지 1~5번을 살펴보면, 빈칸에 들어갈 말(품사)은 명사의 속성을 나타내는 품사인 형용사다. 결국 빈칸은 '속성(표현) 빈칸'(앞에 p.59에서 소개했다)이다.

☆ 이 1/3단계를 토대로 3번이 답으로 간주된다. ※ 오답 피하기 비법은 p.95 참고.

2019-수능 **32.** 어휘/구절 빈칸추론 (빈칸에 들어갈 말로 적절한 것은?)

Minorities tend not to have much power or status and may even be dismissed as troublemakers, extremists or simply 'weirdos'. How, then, do they ever have any influence over the majority? The social psychologist Serge Moscovici claims that the answer lies in their behavioural **style**, i.e. the **way** _____. **The crucial factor** in the success of the suffragette movement was that **its supporters** were **consistent in their views**, and this created a considerable degree of social influence. **Minorities** that are active and organised, who **support and defend their position consistently**, can create social conflict, doubt and uncertainty among members of the majority, and ultimately this may lead to social change. Such change has often occurred **because a minority has converted others to its point of view**. Without the influence of **minorities**, we would have no innovation, no social change. Many of what we now regard as 'major' social movements (e.g. Christianity, trade unionism or feminism) were originally due to the influence of an outspoken minority.

* dismiss: 일축하다 * weirdo: 별난 사람 * suffragette: 여성 참정권론자

① the minority gets its point across ② the minority tones down its voice
③ the majority cultivates the minority ④ the majority brings about social change
⑤ the minority cooperates with the majority

🔍 **비법 적용**

1단계(핵심어/주제문 찾기 & '등가물/대립쌍' 찾기 & '동형/동의 구조' 찾기): 반복되는 핵심어구 찾기와 동형 (동의)구조 찾기를 이용한다. 핵심어(=반복되는 어구)는 'the minority', 'power(=influence)', 'the majority'(the minority의 대립어/반의어), **the way**(=how = style = the crucial factor)이다. 빈칸 은 'the way(방식/양상)' 바로 뒤에 위치하는데, 아래 3단계에서 언급된 내용을 토대로, '소수집단이 다수집단에 영향력을 행사하는 방식'이 질의(질문)의 내용으로서 결국 '그 방식(the way)'을 지문 속에 서 찾는 게 포인트다. 빈칸문장의 바로 다음에 나오는 문장의 주어가 'The crucial factor(결정적인 요인)'이므로 뒤에 이어서 설명하는 내용이 단서가 된다('the way~' = 'The crucial factor~'). 또한 네 번째와 다섯 번째 문장에 반복어구(=핵심어구)인 **view**(=position)와 **consistent**(consistently)가 핵심어임을 알 수 있다. 결국, 비법은 '핵심어구가 빈칸에 들어갈 말이 된다'는 것이다.

빈칸 문장: ~ the answer lies in their behavioural style, i.e. **the way** _____.

= 네 번째 문장: **The crucial factor**~ its supporters were **consistent in their views**~

= 다섯 번째 문장: **Minorities** that ~ **support and defend their position consistently**~

= 여섯 번째 문장: ~ **because a minority has converted others to its point of view**~

네 번째와 다섯 번째 문장에서 반복(중복)되는 어구인 **'관점/입장(view/position)의 일관성(consistent/consistently)'**이 단서가 되어 이 어구와 동의어구를 선택지에서 고른다(① the minority gets its point across = 소수집단이 자기네 의견/관점을 이해시킴).

3단계(논리전개방식): '질의-응답'의 논리전개방식이 포인트인데, 두 번째 문장이 질의(질문)이고 세 번째 문장이 그에 대한 응답(해답)이므로 질문의 내용(소수집단이 어떤 방식으로 다수집단에 영향력을 행사하는가?)이 가장 중요하고 그 해답에 해당하는 단서(문장)만 찾으면 된다.

☆ 이 1/3 단계를 토대로 1번이 답으로 간주된다. ※ 오답 피하기 비법은 p.96 참고.

Part 1. 유형별 문제풀이 비법

2019-수능 **33.** 어휘/구절 빈칸추론 (빈칸에 들어갈 말로 적절한 것은?)

Heritage is concerned with the ways in which very **selective material artefacts, mythologies, memories and traditions** become **resources** for the present. The contents, interpretations and representations of **the resource** are **selected** according to the demands of the present; an imagined past provides resources for a **heritage** that is to be passed onto an imagined future. It follows too that the meanings and functions of **memory and tradition** are defined in the present. Further, **heritage** is more concerned with meanings than material artefacts. It is the former that give value, either cultural or financial, to the latter and explain why they have been **selected** from the near infinity of the past. In turn, they may later be **discarded** as the demands of present societies change, or even, as is presently occurring in the former Eastern Europe, when pasts have to be reinvented to reflect new presents. Thus **heritage** is _____. [3점]

① a collection of memories and traditions of a society

② as much about forgetting as remembering the past

③ neither concerned with the present nor the future

④ a mirror reflecting the artefacts of the past

⑤ about preserving universal cultural values

비법 적용

1단계(핵심어/주제문 찾기 & '등가물/대립쌍' 찾기 & '동형/동의 구조' 찾기): 아래의 3단계를 통해 '속성빈칸' 임을 확인하고, 더불어 '핵심어 찾기(등가물 찾기)'와 '동형(동의)구조' 찾기를 이용하여 해결한다. 마지막 문장 속에서 빈칸 바로 앞에 나오는 핵심어(여기선 주어)인 'heritage(문화유산)'를 다른 문장에서 찾고 그 'heritage'의 속성을 언급하는 것 같은 표현(부분)을 찾는다. 첫 문장에서 그 'heritage'가 주어로 사용되면서 그 뒤에 나오는 서술하는 표현(부분)에 '속성'을 언급하는 말인 'selective(취사선택적인/선별적인)'가 답의 단서도 되고, 핵심어도 된다. 이런 'selective'는 이후에 다른 문장들 속에서도 반복되므로(selective = selected = discarded) 확실하게 핵심어로 인정되어, 빈칸에 들어갈 말은 핵심어이자 속성표현인 'selective'이며 이 'selective'와 동의어를 선택지(2번)에서 고른다.

핵심어인 'heritage(문화유산)'의 등가물(동의어)는 첫 번째 문장의 'material artefacts, mythologies, memories and traditions'(물질적 인공물, 신화, 기억, 그리고 전통)와 두 번째 문장의 'the resource'(그 자원)이다.

2번(과거를 기억하는 것만큼 '과거를 **잊는 것**(forgetting)')='취사선택적인(selective) 과거의 문화유산' ('취사선택'이란 말은 '버릴 것은 **버린다**'는 말이므로 '**잊는다**'는 말과 동의어가 된다.)

3단계(논리전개방식): 빈칸에 들어갈 적절한 표현은 빈칸 바로 앞에 나오는 핵심어인 'heritage(문화유산)'의 '속성'을 나타낼 것이므로, 속성빈칸(속성을 나타내는 빈칸)임이 확인된다(대개, be동사의 바로 뒤에 빈칸이 위치하거나 명사구의 바로 앞에 빈칸이 위치하면 그 빈칸은 속성빈칸이다(앞에 p.59에서 속성빈칸에 대해 소개했음).

☆ 이 1/3 단계를 토대로 2번이 답으로 간주된다. ※ 오답 피하기 비법은 p.97 참고.

2019-수능 34. 어휘/구절 빈칸추론 (빈칸에 들어갈 말로 적절한 것은?)

The human species is unique in its '**ability to expand its functionality by inventing new cultural tools**'. Writing, arithmetic, science — all are recent inventions. Our brains did not have enough time to 'evolve' for them, but I reason that **they were made possible** because _____. When we learn to read, we '**recycle**' a specific region of our visual system known as the visual word-form area, enabling us to recognize strings of letters and connect them to language areas. Likewise, when we learn Arabic numerals we build a circuit to quickly '**convert**' those shapes into quantities — a '**fast connection**' from bilateral visual areas to the parietal quantity area. Even an invention as elementary as finger-counting **changes** our cognitive abilities dramatically. Amazonian people who have not invented counting are unable to make exact calculations as simple as, say, 6 — 2. This "**cultural recycling**" implies that the functional architecture of the human brain results from a complex mixture of biological and cultural constraints. [3점]

* bilateral: 양측의 * parietal: 정수리(부분)의 * constraint: 제약

① our brains put a limit on cultural diversity

② we can **mobilize our old areas in novel ways**

③ cultural tools stabilize our brain functionality

④ our brain regions operate in an isolated manner

⑤ we cannot adapt ourselves to natural challenges

1단계(핵심어/주제문 찾기 & '등가물/대립쌍' 찾기 & '동형/동의 구조' 찾기):

다음은 핵심어인 'recycle/recycling'과 동의어구들이다(2단계도 참조)

[recycle = inventing new cultural tools = convert = fast connection = change = This cultural recycling = ②~can mobilize~in novel ways]

2단계('3 Flow'원리와 '이분법'): '3 Flow'원리 중 '신-구정보 Flow' 원리(구정보는 신정보가 언급된 이후에 나오는 표현으로서 대개 핵심어가 된다는 원리)를 활용하여(앞에 p.33~34참고), 마지막 문장에서 구정보이면서 주어로 쓰이는 'This cultural recycling'이 핵심어로 간주되므로, 빈칸에 들어갈 말로 적절하게 된다. 결국, 이 'This cultural recycling(이런 문화적인 재활용)'과 동의어를 선택지(2번)에서 고른다.

2번(우리의 오래된 영역들을 새로운 방식으로 동원할 수 있다) = 'This cultural recycling'

[②~mobilize~in novel ways(새로운 방식으로 동원함=재사용함) = 'recycle'(재활용)]

3단계(논리전개방식): 빈칸이 'because(원인)'의 바로 뒤에 위치하므로 빈칸의 논리적인 유형은 '원인 빈칸'이 된다(원인의 내용이 빈칸에 들어간다). 주제문으로 간주되는 첫 번째 문장의 내용(인간은 **새로운 문화적인 도구를 발명하여 자신의 기능을 확장할 수 있었음**)에 대한 '원인(근거)'이 빈칸에 들어가야 한다. 빈칸문장의 다음 문장(When we learn to read, we 'recycle' ~)은 구체적인 예시를 드는 문장으로서 여기서도 'recycle'이란 '핵심어'가 등장한다.

☆ 이 1-2-3 단계를 토대로 2번이 답으로 간주된다. ※ 오답 피하기 비법은 p.99 참고.

다음은 위의 '어휘/구절 빈칸추론' 문제(유형)의 한글 해석본이다. 이 해석본을 활용하여 확실한 내용파악을 토대로 문제풀이의 마지막 과정인 '내용검증'도 해 보자!

2019-수능 **31.** 어휘/구절 빈칸추론 (답: 3번)

[해석]

Finkenauer와 Rime는 표본으로 추출된 많은 벨기에 시민들을 대상으로 1993년 벨기에 왕 Baudouin의 예기치 못한 죽음에 대한 기억을 조사했다. 그 자료는 왕의 죽음에 대한 소식이 널리 사회적으로 공유되었다는 것을 나타냈다. 그 사건에 관해 이야기함으로써 사람들은 서서히 그 감정적 사건의 사회적 이야기와 집단 기억을 구축했다. 동시에 그들은 그 사건이 발생했던 개인적 상황에 대한 자신들의 기억을 공고히 했는데, 그것은 '섬광 기억'으로 알려진 효과이다. 한 사건이 사회적으로 더 많이 공유되면 될수록, 그것은 사람들의 마음에 더 많이 고정될 것이다. 사회적 공유는 이런 식으로 사람들이 갖고 있을 수 있는 어떤 자연적인 성향을 중화시키는 데 도움이 될 수도 있다. 자연스럽게 사람들은 바람직하지 않은 사건을 '잊도록' 이끌릴 것이다. 그래서 방금 어떤 나쁜 소식을 들은 어떤 사람은 발생한 일을 처음에는 흔히 부인하고 싶어 한다. 나쁜 소식의 반복되는 사회적 공유는 현실성에 기여한다.

① 선입견을 가진 ② 불법적인 ③ 반복적인 ④ 순간적인 ⑤ 이성적인

2019-수능 **31.** 어휘/구절 빈칸추론 (답: 1번)

[해석]

소수 집단은 많은 힘이나 지위를 가지고 있지 않은 경향이 있고 심지어 말썽꾼, 극단주의자, 또는 단순히 '별난 사람'으로 일축될 수도 있다. 그렇다면 대체 그들은 어떻게 다수 집단에 대한 영향력을 행사하는가? 사회 심리학자 Serge Moscovici는 그 답이 그들의 '행동 양식', 즉 소수 집단이 자기네 의견을 이해시키는 '방식'에 있다고 주장한다. 여성 참정권 운동이 성공을 거둔 중대한 요인은 지지자들이 자신들의 관점에서 '일관적'이었다는 것이었는데, 이것이 상당한 정도의 사회적 영향력을 행사하였다. 자신들의 입장을 '일관되게' 옹호하고 방어하는 활동적이고 조직적인 소수 집단이 다수 집단의 구성원 사이에 사회적 갈등, 의심, 그리고 불확신을 만들어 낼 수 있고, 궁극적으로 이것이 사회 변화를 가져올 수도 있다. 그러한 변화가 흔히 일어난 까닭은 소수 집단이 다른 사람들을 자신의 관점으로 바꿔 놓았기 때문이다. 소수 집단의 영향 없이는 우리에게 어떤 혁신, 어떤 사회 변화도 없을 것이다. 우리가 현재 '주요' 사회 운동(예를 들어, 기독교 사상, 노동조합 운동, 또는 남녀평등주의)으로 여기는 많은 것이 본래는 거침없이 말하는 소수 집단의 영향력 때문에 생겨났다.

① 소수 집단이 자기네 의견을 이해시키는 ② 소수 집단이 자신의 목소리를 낮추는
③ 다수 집단이 소수 집단을 양성하는 ④ 다수 집단이 사회적 변화를 가져오는
⑤ 소수 집단이 다수 집단과 협동하는

2019-수능 **33.** 어휘/구절 빈칸추론 (답: 2번)

[해석]

문화유산은 매우 선별적인 물질적 인공물, 신화, 기억, 그리고 전통이 현재를 위한 자원이 되는 방식과 관련이 있다. 그 자원의 내용, 해석, 표현은 현재의 요구에 따라 선택되며, 상상된 과거는 상상된 미래로 전해질 수 있는 유산을 위한 자원을 제공한다. 그것은 또한 기억과 전통의 의미와 기능들이 현재에 와서 정의된다는 말이 된다. 게다가, 유산은 물질적 인공물보다 의미와 더 많이 관련된다. 후자(물질적 인공물)에게 문화적 혹은 재정적 가치를 부여하고 거의 무한하게 많은 과거의 것들로부터 왜 그것들이 선택되었는지 설명해 주는 것은 바로 전자(의미)이다. 결국, 현재 사회의 요구가 변화함에 따

라, 혹은 심지어, 구 동유럽에서 현재 일어나고 있는 것처럼, 새로운 현재를 반영하기 위해서 과거가 재창조되어야 할 때, 그것들은 나중에 버려질 수도 있다. 따라서 유산은 과거를 기억하는 것만큼 과거를 잊는 것에 관한 것이다.

① 사회의 기억과 전통을 모아놓은 것

② 과거를 기억하는 것만큼 과거를 잊는 것에 관한 것

③ 현재에도 미래에도 관련되지 않은 것

④ 과거의 인공물들을 반영하는 거울

⑤ 보편적인 문화적 가치를 보존하는 것에 관한 것

2019-수능 34. 어휘/구절 빈칸추론 (답: 2번)

[해석]

인간은 새로운 문화적 도구를 발명함으로써 자신의 기능성을 확장하는 능력에 있어서 독특하다. 쓰기, 산수, 과학, 이 모든 것은 최근에 발명된 것이다. 우리의 뇌가 그것들을 위해 진화할 충분한 시간이 없었으나, 나는 우리가 우리의 오래된 영역들을 새로운 방식으로 동원할 수 있기 때문에 그것들이 가능하게 되었으리라고 추론한다. 우리가 읽는 것을 배울 때, 우리는 시각적인 단어-형태 영역이라고 알려진 우리의 시각 시스템의 특정 영역을 재활용하는데, 이것이 우리가 일련의 문자를 인식하고 그것들을 언어 영역에 연결할 수 있게 해 준다. 마찬가지로, 우리가 아라비아 숫자를 배울 때 우리는 그러한 모양들을 빠르게 수량으로 변환하는 회로를 만드는데, 이것은 양측의 시각 영역을 정수리 부분의 수량 영역과 빠르게 연결하는 것이다. 손가락으로 헤아리기와 같은 기본적인 발명조차도 우리의 인지 능력을 극적으로 변화시킨다. 수를 세는 것을 발명하지 않은 아마존 사람들은, 예를 들어, 6 빼기 2처럼 간단한 것을 정확하게 계산할 수 없다. 이러한 '문화적 재활용'은 인간의 두뇌의 기능적 구조가 생물학적, 문화적 제약의 복잡한 혼합물로부터 생겨난 것이라는 것을 암시한다.

① 우리의 뇌가 문화적 다양성에 제한을 가하기

② 우리의 오래된 영역을 새로운 방식으로 동원하기

③ 문화적 도구가 우리의 뇌 기능을 안정시켜 주기

④ 우리의 뇌 영역이 독립적인 방식으로 작동하기

⑤ 우리는 우리 자신을 자연의 도전에 적응시킬 수 없기

Pattern 5

어법 문제 유형

Day 11

<수능 어법문제 비법>

1단계: 선행공식 7가지: 1) 카테고리(품사/문장성분) 파악

2) 수식어구 처리

3) 생략어구 파악

4) 병렬(대등/대립) 구조 파악

5) 도치 파악

6) 대용 파악

7) 콜로케이션(지배/결속) 파악

1) 카테고리(Category: 품사/문장성분) 파악:

2017-수능. 28번: They have no memories about what the aged once ⑤ <u>was</u> and greet them as if they were children.

⇒ 'the aged'는 어떤 카테고리(품사/문장성분)에 해당되는가? the aged(= aged people)의 품사/문장성분은 '복수명사 주어'이므로 'was'는 잘못된 표현이고 'were'가 올바른 표현이다.

2) 수식어구 처리:

2016-수능. 28번: But the Chinese saw the world as consisting of continuously interacting substances, so their attempts to understand it ④ <u>causing</u> them to be oriented toward the complexities of the entire "field," that is, the context or environment as a whole.

⇒ ~ so their attempts (to understand it) <u>causing</u> them ~ : (to understand it)을 수식어

로 간주하여 처리(제거)한 후 문장구조의 적법성(올바름)을 분석해야 한다. 그렇게 처리/분석하면, 'causing(동사가 아닌 분사)'은 잘못된 표현이 되고 'cause(동사)'가 올바른 표현이 된다는 것을 알 수 있다. their attempts는 접속사 'so'의 바로 뒤에 나오므로 주어가 되며 따라서 바로 뒤에는 동사 (cause)가 나와야 된다(접속사 so +주어 their attempts +동사 cause~).

3) 생략어구 파악: Everything (that) she touched [turned/ turning] to gold.
⇒ 'she'의 바로 앞에 관계사 that의 생략을 파악한 후, 문장성분들의 구성("동사의 개수 – 접속사의 개수 = 1" : p.77, 2단계 1) 참고)을 분석해야 한다.

4) 병렬(대등/대립) 구조 파악: 'A and B'와 같은 병렬구조는 A와 B가 동일한 형태, 기능, 의미, 통사 구조를 가진 표현이어야 한다. 예를 들어 A가 명사(구)이면 B도 명사(구)이어야 하고, A가 주어이면 B도 주어이어야 한다는 것이다.

☞ 병렬구조 유발어: and, but, or, than, as, from-to, different from, similar to…

5) 도치 파악: People see the stage **which** appear actors.
⇒ 도치된 문장구조인 'appear actors'는 주어(actors)와 동사('appear' = 자동사)가 있는 완전한 문장구조이므로, 'which'는 잘못된 표현이고 'on which'가 올바른 표현이다.

6) 대용 파악: '대용' 파악이란 어떤 '대용표현'이 문법상 적절히 사용되고 있는지, 즉 자기의 선행사 (대용표현이 실제 가리키는 말)와 올바르게 결속(연결)되고 있는지 파악한다는 것을 의미한다. 대용표현에는 대명사(it, they, them 등), 대동사(do, be, will, can would 등), 대부정사(to), 재귀대명사(itself, themselves…), 지시사(this, that, such, so, as 등) 등이 있다. 예를 들어, 'they(그들/그것들)'가 올바르게 쓰였는지 확인하려면, 그 they의 적절한 선행사(they가 가리키는 말)를 찾으면 된다.

2019-수능. 29번: Never before and never since has the quality of monumentality been achieved as fully as it **did** in Egypt.
⇒ 'as it did'에서 did는 대동사인데 이 대동사의 선행사(대동사가 가리키는 말)는 'be achieved ~'가 되는데, 이 be 동사를 고려하면 대동사 'was'가 올바른 표현이다. (p.81 참고)

7) 콜로케이션(지배/결속) 파악 (= Collocation = 서로 관련된 표현들 간의 연결) 파악
어떤 표현 A(선행어: 먼저 나오는 말)가 다른 표현 B(후속어: 이후에 나오는 말)와 형태적, 기능적, 의 미적, 통사적으로 연결(결속)되는 사항을 파악해야 한다. 즉, 어떤 표현 A가 다른 표현 B를 지배하거나 결속하거나 하는 현상을 파악해야 한다. 다음은 예시들이다.

a. not only ~ but also: 'not only'(선행어)와 'but also'(후속어)는 서로 연결(결속)된다.

= 'not only'의 뒤에는 'but also'가 나온다.

b. let ~ **원형부정사**(=let him **dance**) vs. get ~ **to 부정사**(=get him **to dance**):

⇒ let과 get, 둘 다 사역동사(~하게 하다의 의미를 갖는 동사)이지만, let은 뒤에 원형부정사(dance)를 취하는 반면에, get은 뒤에 to 부정사(to dance)를 취한다.

2단계: 동사류 선택

동사와 준동사(분사, 동명사, to 부정사, 원형부정사)를 합쳐서 통칭하여 동사류라고 하는데, 이런 동사류 선택을 요구하는 문제는 다음과 같이 4가지 사항에 주의하여 해결한다.

1) 동사의 개수 - 접속사의 개수 = 1

완전한 문장을 구성하는데 가장 필수적인 성분인 '동사'와 '접속사'의 개수를 파악하면 올바른 동사류 선택이 가능하다. 여기서 말하는 올바른 동사류 선택이란 '동사'를 선택할지 '준동사'를 선택할지 정하는 것을 의미한다. 하나의 문장에는 반드시 하나의 동사가 존재해야 하고 두 개의 문장에는 반드시 두 개의 동사가 존재해야 한다. 그러나 더불어 두 개의 문장에는 반드시 하나의 접속사가 존재해야 한다. 따라서 '동사의 개수 - 접속사의 개수 = 1'의 공식이 나오게 된다. 다만, 다음과 같이 'that'과 같은 "생략된 접속사"에 주의하자.

Everything (that) she touched [turned/ turning] to gold.

⇒ 'she'의 바로 앞에 관계사(접속사)인 that의 생략을 파악한 후, 문장성분들의 구성(동사의 개수-접속사의 개수=1)을 분석해야 한다. 동사(turned)와 준동사(turning) 둘 중에서 동사(turned)를 선택해야만, 접속사(that)가 1개, 동사가 2개(touched와 turned)가 되므로 올바른 문장의 구조/구성이 된다(동사 2개-접속사 1개=1).

2) 콜로케이션(지배/결속) 파악

⇒ 앞에서 소개한 1. 선행공식 7) 콜로케이션(지배/결속)을 참고할 것.

3) 능동형 Vs. 수동형

능동형(능동의 동사; 현재분사; 능동의 동명사)이 올바른지 아니면 수동형(과거분사)이 올바른지를 선택하는 문제에서는 일단, 목적어가 본래(원래)의 위치에 존재하는지 그렇지 않은지로 판단한다. 그리고 목적어가 본래의 위치에 존재하지 않고, 즉 동사류의 바로 뒤에 나오지 않고, 다른 곳에 위치하고 있는지 주의한다.

a. The robot [made / was made] in the company.

(동사류인 made 혹은 was made의 바로 뒤에 목적어가 없으므로 과거분사가 있는 표현 'was

made'을 선택한다.)

b. It was robots that the company [made / was made].

(비록 동사류의 바로 뒤에 목적어가 없는 상황이지만, 진짜 목적어는 앞 쪽에 있는 관계대명사인 'that'이므로 과거분사가 아닌 과거동사인 'made'를 선택한다.)

4) 수의 일치:

주어와 동사의 '수의 일치'와 선행사와 대명사의 '수의 일치', 두 가지 유형이 있다.

a. The perfume of wildflowers [fill / **fills**] the air. (주어는 단수 'The perfume'임)

b. 2017-수능 28번: ~ what the aged [was / **were**] and greet them ~ (p.75 참고)

c. John likes the dog and Mary hates **it**. (단수 대명사인 it = 단수 선행사인 the dog)

※ It is the table which [is / are] placed interesting books.

(주어가 'interesting books'인 도치구문에 주의해야 한다. 복수이므로 'are'가 올바르다.)

3단계: 접속사/대명사 류 선택

접속사/대명사 류(that, what, which, when, where, how…)

1) 동사 – 접속사 = 1: p.77 참고

People like the dogs, many of [which / them] are cute.

⇒ 동사는 2개(like와 are)이므로 접속사는 1개가 반드시 존재해야 한다(them은 접속사가 아닌 반면에 which는 접속사에 속한다).

2) ① '관계부사+완전 문장' & '관계대명사+불완전 문장' & 전치사+관계사+완전 문장:

⇒ when, where, how와 같은 관계부사의 바로 뒤의 문장의 구성은 완전한 구성이어야 하지만(완전한 구성이란 주어, 목적어, 보어가 빠짐없이 존재하는 구성임), who, which, that, what과 같은 관계대명사의 바로 뒤의 문장의 구성은 불완전 구성이어야 한다. 불완전한 구성이란 주어, 목적어, 보어 중에서 어느 하나가 빠진 구성으로 간주되는데, 사실은 아래의 예시 b에서처럼 관계대명사(which)가 목적어 역할을 하고 있다. 이 '접속사/대명사 류 선택' 문제를 풀 때는 관계사(접속사) 바로 뒤에 나오는 문장구성만을 가지고 완전성/불완전성을 판단해야 한다.

a. I want to buy the house where I can sing. 내가 노래할 수 있는 집을 사고 싶다.

(where의 바로 뒤 'I can sing'는 완전한 구성임.)

b. I could not buy the house which I wanted. 내가 원했던 집을 살 수 없었다.

(which의 바로 뒤 'I wanted'는 wanted의 목적어가 빠진 불완전한 구성임.)

※ 도치: It is the stage [which / on which] appear actors. (p.76 '도치' 참고)

② '동사 혹은 전치사'+ 'what' +'불완전 문장': I sacrifice what I like for what you like. ⇒ what 은 대개 동사(sacrifice)의 뒤에 혹은 전치사(for)의 뒤에 나오고, what의 뒤의 문장의 구성은 '불완전 구성'이어야 한다.

4단계: 형용사/부사 류 선택

1) 수식 구조(관계)

명사구인 "a extremely carefully thoughtful man(어떤 한 매우 조심스럽게 생각하는 남자)"이 라는 어구처럼 한정사(부정관사)인 'a'의 뒤를 이어, 부사 'extremely'가 부사 'carefully'를 수식하고, 이어서 그 부사 'carefully'가 형용사 'thoughtful'을 수식하고, 이어서 그 형용사가 명사 'man'을 수식하는 것을 수식 구조(관계)라고 한다.

① 부사(수식어) + 부사/형용사 (부사는 부사/형용사/동사를 수식한다.)

② 부사(수식어) + 동사/준동사 (부사는 동사/준동사를 수식한다.)

(※ '부사 + 동명사' 수식관계에 주의: It was wisely going there은 올바른 표현인 반면에 'It was wise going there'은 올바르지 못하다. 형용사 wise는 동명사 going을 수식하지 못한다.)

③ 한정사(수식어) + 부사(수식어) + 형용사(수식어) + 명사

(※ 부사는 명사 수식어가 아니며 형용사와 한정사가 명사 수식어이다.)

④ "how(however)/so/too/as"+형용사/부사 Vs. "what(whatever)/such/quite"+명사(구)

※ 한정사(Determiner)는 지시사(this, these, that, those, such, so, as), 관사(a, the), 소유격(my, your, his, its, their, whose, …), 수량사(all, some, no, many, other, one, …)를 통칭하는 용어다.

2011-수기. 20. (A) [So / Such] imprudent are we that we wander about in times that are not ours and do not think of the one that belongs to us.

⇒ so가 올바른 표현이다. (imprudent가 형용사이므로 so가 수식어가 되어야 한다.)

2012-수능. 20. Cultures as (C) [diverse / diversely] as the Japanese, the Guatemalan Maya, and the Inuit of Northwestern Canada practice it.

⇒ diverse가 올바른 표현이다. (Cultures가 명사이므로 형용사가 수식해야 한다.)

2013-수능. 20. We can read the news of the day, or the latest on business, entertainment or (B)[however / whatever] news on the websites of the New York Times, the Guardian or almost any other major newspaper in the world.

⇒ whatever가 올바른 표현이다. (news가 명사이므로 whatever가 수식어가 되어야 한다. ④ 참고)

2) 완전 문장 + 부사 Vs. 불완전 문장 + 형용사

a. <u>You dance</u> [beautiful(형용사) / beautifully(부사)]. ⇒ 부사가 올바른 표현이다.

b. <u>You play the piano</u> [beautiful / beautifully]. ⇒ 부사가 올바른 표현이다.

c. <u>You are</u> [beautiful / beautifully]. ⇒ 형용사가 올바른 표현이다.

d. <u>I consider you</u> [beautiful / beautifully]. ⇒ 형용사가 올바른 표현이다(condiser는 5형식 동사임; beautiful이 목적보어가 됨).

a와 b에서처럼, 밑줄 친 '완전한 문장'의 전후에는 형용사가 아니라 부사가 출현해야 하지만, c와 d에서처럼 밑줄 친 '불완전한 문장'의 뒤에는 부사가 아니라 형용사가 출현해야 한다.

☞ 불완전한 문장의 동사는 아래와 같이 2형식과 5형식 동사들이다.

2형식 동사: be; look; seem; appear, remain, …

5형식 동사: consider; keep; find; leave; make…

3) very+원급(big) Vs much+비교급(bigger)

⇒ 원급(big)은 very에 의해 수식받는 반면에 비교급(bigger)은 much류(even, far, a lot, still)에 의해 수식받는다.

2012-수능 20. Some toy animals stayed at sea (C) [even / very] longer.

⇒ longer가 비교급이므로 '훨씬 더'로 해석되는 much류(even, far, a lot, still)가 수식해야 한다.

다음 기출문제들을 통해 위의 '어법 문제의 4가지(4단계) 비법'을 적용해보자.

2019-수능 **29번.** 어법 문제 (어법상 틀린 것은?)

"Monumental" is a word that comes very close to ①<u>expressing</u> the basic characteristic of Egyptian art. Never before and never since has the quality of monumentality been achieved as fully as it ②<u>did</u> in Egypt. The reason for this is not the external size and massiveness of their works, although the Egyptians admittedly achieved some amazing things in this respect. Many modern structures exceed ③<u>those</u> of Egypt in terms of purely physical size. But massiveness has nothing to do with monumentality. An Egyptian sculpture no bigger than a person's hand is more monumental than that gigantic pile of stones ④<u>that</u> constitutes the war memorial in Leipzig, for instance. Monumentality is not a matter of external weight, but of "inner weight." This inner weight is the quality which Egyptian art possesses to such a degree that everything in it seems to be made of primeval stone, like a mountain range, even if it is only a few inches across or ⑤carved in wood.

* gigantic: 거대한 * primeval: 원시 시대의

> • monumental 기념비적인 • monumentality 기념비성 • massiveness 거대함 • constitute 구성하다
>
> • mountain range 산맥

2019-수능 **29번.** 어법 문제 (어법상 틀린 것은?)

"Monumental" is a word that comes very close to ①expressing the basic characteristic of Egyptian art. Never before and never since has the quality of monumentality **been achieved**[1] as fully as it ②did in Egypt. The reason for this is not the external size and massiveness of their works, although the Egyptians admittedly achieved some amazing things in this respect. Many modern structures exceed ③those of Egypt in terms of purely physical size. But massiveness has nothing to do with monumentality. An Egyptian sculpture no bigger than a person's hand is more monumental than that gigantic pile of stones ④that constitutes the war memorial in Leipzig, for instance. Monumentality is not a matter of external weight, but of "inner weight." This inner weight is the quality which Egyptian art possesses to such a degree that everything in it seems to be made of primeval stone, like a mountain range, even if it is only a few inches across or ⑤carved in wood.

* gigantic: 거대한 * primeval: 원시 시대의

1단계(선행공식): 1단계 '선행공식'의 6)의 '대용파악'(p.76)을 참고하라.

　　Never before and never since has the quality of monumentality been achieved as fully as it ②did in Egypt.

⇒ 'as it did'에서 did는 대동사인데 이 대동사의 선행사(대동사가 가리키는 말)는 '**be achieved**[1] ~'가 되는데, 이 be 동사를 고려하면 대동사 'was'가 올바른 표현이다('it'은 'the quality of monumentality'를 가리키고 문맥상 그것이 달성되었다는 의미로 '**was achieved**[1]'를 대신할 수 있게 'did'를 'was'로 고쳐야 한다).

① 전치사 'to'에 이어지는 동명사의 출현은 어법상 올바르다. (close to+명사: ~에 가까운/가깝게)

③ 앞에 있는 복수 명사인 structures를 대신하는 대명사 those의 출현은 어법상 올바르다.

④ 선행사 'that gigantic pile of stones'를 수식하는 관계절(that절)을 이끄는 주격 관계대명사 'that'의 출현은 어법상 올바르다.

⑤ 'carved'의 바로 앞에 있는 등위접속사 'or'를 고려하면, carved의 출현은 어법상 올바르다

('**even if it is** only a few inches across or **even if it** is carved'=작품이 폭이 몇 인치에 불과하거나 나무에 새겨져 있을지라도).

☆ 이 1단계를 토대로 2번이 답으로 간주된다.

다음은 위의 '어법문제' 문제(유형)의 한글 해석본이다. 이 해석본을 활용하여 확실한 내용파악을 토대로 문제풀이의 마지막 과정인 '내용검증'도 해 보자!

2019-수능 **29.** 어법문제 (답: 2번)

[해석]

'기념비적'이라는 말은 이집트 예술의 기본적인 특징을 표현하는 데 매우 근접하는 단어이다. 그 전에도 그 이후에도, 기념비성이라는 특성이 이집트에서처럼 완전히 달성된 적은 한 번도 없었다. 이에 대한 이유는 그들 작품의 외적 크기와 거대함이 아니다. — 비록 이집트인들이 이 점에 있어서 몇 가지 대단한 업적을 달성했다는 것이 인정되지만, 많은 현대 구조물은 순전히 물리적인 크기의 면에서는 이집트의 구조물들을 능가한다. 그러나 거대함은 기념비성과는 아무 관련이 없다. 예를 들어, 겨우 사람 손 크기의 이집트의 조각이 Leipzig의 전쟁 기념비를 구성하는 그 거대한 돌무더기보다 더 기념비적이다. 기념비성은 외적 무게의 문제가 아니라 '내적 무게'의 문제이다. 이 내적 무게가 이집트 예술이 지닌 특성인데, 이집트 예술은 그 안에 있는 모든 작품이 단지 폭이 몇 인치에 불과하거나 나무에 새겨져 있을지라도, 마치 산맥처럼 원시 시대의 돌로 만들어진 것처럼 보일 정도이다.

Pattern 6

지칭대상파악 문제 유형

Day 12

　지칭대상 파악 문제 유형의 지문은 기본적으로 대개 일화(Episode)와 같은 시간적인 흐름을 보이는, 즉 하나의 사건(event)이 있는 글이다. 따라서 해당 사건에 등장하는 인물들의 역할(신분, 지위 등)과 등장인물들 간의 관계, 그리고 그들 사이에서 벌어지는 사건내용을 파악하는 것이 이 문제 유형을 해결하는 포인트인데, 이것에 못지않게 중요한 비법이 있는데 '선행사와 대명사의 결속관계'를 파악하는 것이다.

1단계: 등장인물들의 '역할'과 '관계'를 파악하기
　우선, 등장인물들(대개 2명)이 누구인지 파악하고, 해당 사건에 등장하는 인물들의 역할(신분, 지위 등)과 등장인물들 간의 관계를 파악하는 것이 관건이다. 대개 행위와 역할을 드러내주는 '동사(동사류)'를 통해 그 역할과 관계를 파악할 수도 있다. 예를 들어, 동사들인 advise(조언하다), instruct(지시하다), punish(벌을 주다), blame(비난하다), praise(칭찬하다) 등을 통해 이 동사들의 주어(he/she)는 부모님 혹은 선생님들로 예상된다. 그리고, 밑줄 친 대명사가 특히 주격(he/she/they) 혹은 소유격(his/her/their)인 경우에는 그 대명사의 선행사(여기선 대명사가 가리키는 등장인물)를 그 역할과 관계 그리고 사건내용을 통해 파악해야 한다.

2단계: '선행사와 대명사의 결속관계'를 파악하기
　1) 밑줄 친 대명사가 목적격(him/her/them)인 경우에는, 그 대명사는 '주어와 동일한 인물이 될 수 없다'는 것이 포인트이다. 문장 "John could teach him English"에서 'him'은 'John'이 될 수 없고 다른 등장인물이어야 한다.

2) '역행대명사화' 관련 현상에 주의한다.

a. She could teach Mary English. (She≠Mary)

b. When she was very young, Mary could teach Jane English.

문장 a에서 'She'는 'Mary'가 될 수 없지만, 문장 b에서는 she는 Mary도 되고 Jane도 될 수 있다. 이렇게 문장 b에서처럼 대명사(she)가 선행사(Mary)보다 선행해도 괜찮은 경우를 '역행대명사화'라고 한다(대명사가 'when절'과 같은 '부사절' 속에 있으면 역행대명사화를 허용한다). 문장 a는 '역행대명사화를 허용하지 않는다(She≠Mary)'고 간주해라.

3) 직접화법에 주의한다: " ～ " 안에 1인칭은 주절의 주어와 일치하는 반면에 " ～ " 안에 2인칭은 주절의 간접목적어(문장 b의 'to Tom')와 일치한다.

a. John said, "I did it and they hit me" (I = John; me = John)

b. John said to Tom, "I hate you and You hate me" (I=John; you=Tom; You=Tom)

4) 밑줄 친 대명사가 주격(he/she/they) 혹은 소유격(his/her/their)인 경우에는, 주어와 동일할 수도 있고, 동일하지 않을 수도 있으므로 1단계(등장인물들의 '역할'과 '관계', 그리고 사건내용을 파악하기)를 통해 선행사가 누구인지 파악한다.

다음 기출문제를 통해 위의 '지칭대상 파악' 문제의 2가지(2단계) 비법'을 적용해보자.

2019-06 30번. 지칭대상 파악 문제 (가리키는 대상이 나머지 넷과 다른 것은?)

John was once in the office of a manager, Michael, when the phone rang. Immediately, Michael bellowed, "That disgusting phone never stops ringing." ①He then proceeded to pick it up and engage in a fifteen-minute conversation while John waited. When ②he finally hung up, he looked exhausted and frustrated. He apologized as the phone rang once again. He later confessed that he was having a great deal of trouble completing his tasks because of the volume of calls he was responding to. At some point John asked him, "Have you ever considered having a certain period of time when ③you simply don't answer the phone?" Michael said, "As a matter of fact, no," looking at ④him with a puzzled look. It turned out that this simple suggestion helped Michael not only to relax, but to get more work done as well. Like many people, ⑤he didn't need hours of uninterrupted time, but he did need some!

* bellow: 고함치다

2019-06 **30번.** 지칭대상 파악 문제 (가리키는 대상이 나머지 넷과 다른 것은?)

John was once in the office of a **manager, Michael**, when the phone rang. Immediately, Michael bellowed, "That disgusting phone never stops ringing." ①He then proceeded to pick it up and engage in a fifteen-minute conversation while John waited. When ②he finally hung up, he looked exhausted and frustrated. He apologized as the phone rang once again. He later confessed that he was having a great deal of trouble completing his tasks because of the volume of calls he was responding to. At some point John asked him, "Have you ever considered having a certain period of time when ③you simply don't answer the phone?" Michael said, "As a matter of fact, no," looking at ④him with a puzzled look. It turned out that this simple suggestion helped Michael not only to relax, but to get more work done as well. Like many people, ⑤he didn't need hours of uninterrupted time, but he did need some!

1단계(등장인물들의 '역할'과 '관계'를 파악하기): 첫 번째 문장에서 John과 Michael이 등장인물이고 Michael은 manager(관리자)임을 알 수 있다. 둘 중, 주연은 Michael; John은 조연. 따라서 좀 더 두드러진 역할을 갖는 Michael보다는 John을 찾는 문제가 될 것이다.

2단계('선행사와 대명사의 결속관계'를 파악하기): '①He'는 바로 앞 문장의 주어(행위의 주체)가 Michael 임을 통해, [He = Michael]이 되면서, "①He then proceeded ~ while John waited"의 역행대명사화 현상(p. 70의 문장 a)을 통해 He는 무조건 'John'이 될 수 없다. ②he는 전화를 끊었다(hung up) 고 했고 앞서서 통화를 하고 있었던 인물이 Michael이므로, [he = Michael]이 된다. ③you은 주절인 "John asked **him**"를 통해 주절의 간접목적어 him이 Michael임을 알 수 있고, 위에서 소개한 p.84 의 3) 직접화법의 문장 b의 예를 통해 [" ~ " 속의 you = Michael]이 된다. ④him은 주절인 'Michael said'와 p.83의 2단계 1)를 통해 [him ≠ Michael]이 된다.

☆ 이 1-2 단계를 토대로 4번이 답으로 간주된다(①, ②, ③, ⑤는 모두 Michael을 가리키지만, ④ 는 John을 가리킨다).

다음은 위의 '지칭대상 파악 문제' 문제(유형)의 한글 해석본이다. 이 해석본을 활용하여 확실한 내용파악을 토대로 문제풀이의 마지막 과정인 '내용검증'도 해 보자!

2019-06 **30번.** 지칭대상 파악 문제 (답: 4번)

[해석]

전에 John이 관리자 Michael의 사무실 안에 있었을 때, 전화벨이 울렸다. 즉시 Michael은 "저 지긋지긋한 전화기는 결코 벨 소리를 멈추지 않네."라고 고함을 질렀다. 그러고 나서 이어서 그는 그 전화기를 집어 들고, John이 기다리는 동안 15분간 통화했다. 마침내 그가 전화를 끊었을 때, 그는 기진맥진하고 낙담한 것처럼 보였다. 전화벨이 다시 한 번 울리자 그는 사과했다. 나중에 그는 자신이 응답하는 전화의 양 때문에 자신의 업무를 완수하는 데 많은 어려움이 있다고 고백했다. 어느 순간 John은 그에게 "당신이 그냥 전화를 받지 않는 특정한 기간을 가져보는 것을 생각해 본 적이 있나요?"라고 물었다. Michael은 어리둥절한 표정으로 그를 바라보면서, "사실은 없어요."라고 말했다. 이 간단한 제안은 Michael이 긴장을 풀도록 도와주었을 뿐만 아니라 더 많은 일도 또한 완수하도록 도와주었다는 것이 밝혀졌다. 많은 사람처럼, 그는 방해받지 않는 여러 시간이 필요한 것은 아니었지만, 정말이지 얼마간은 그런 시간이 필요했다!

Part 2

오답
피하기
비법

오답 피하기 비법은 두 가지 유형으로 나누어 언급하겠다. 먼저 '대의파악 문제 유형'에서의 오답 피하기 비법을 소개하고 다음에 '빈칸추론' 문제 유형에서의 오답 피하기 비법을 소개하겠다. 두 가지 유형으로 분류한 이유는 유형과 난이도가 서로 다른 문제 유형이기 때문이다. 다만, 아래의 '오답 피하기 비법 4가지'는 두 가지 유형에 공통적으로 적용된다.

첫 번째 비법: '주관, 편견, 고정관념'을 배제하기

수험생이 하는 흔한 실수는 지문의 내용만을 토대로 문제를 해결하기보다는, 자기만의 생각(분석/추론)을 통해서 문제를 해결하는 경우이다. 그런 자기만의 편견, 선입견, 고정관념, 주관 등이 시험문제를 제대로 해결하지 못하게 만드는 요인이다. 철저하게 지문의 내용만을 문제 해결의 열쇠로 삼아야 한다.

두 번째 비법: '지포 지세' 배제하기

선택지의 내용이 지문의 내용, 즉 주제와 비추어 보았을 때, 지나치게 포괄적이거나 지나치게 세부적인 선택지는 배제한다. 예를 들어, 주제가 '기후변화에 대한 다양한 해법'인 지문에서 '탄소배출을 줄이자'는 선택지는 답이 될 수 없다. 주제(기후변화에 대한 다양한 해법)에 비해, 선택지의 내용(탄소배출을 줄이자)이 지나치게 세부적(구체적, 부분적)이므로 그 선택지는 답이 될 수 없다.

세 번째 비법: '질량 보존 원리' 준수하기

선택지의 내용이 지문의 내용과 비추어 보았을 때, 정보의 질과 양을 준수하는지 확인(검증)해야 한다. '정보의 질(quality)의 보존 원리'란 '선택지에 언급되고 있는 표현(내용)이 거짓없이 지문에서 언급된 표현(내용)과 일치해야 한다'는 원리인데, 구체적으로는 23번(p.92~93)의 선택지 ①이 오답이 되는 이유는 'diplomatic'(외교)가 거짓된(잘못된) 정보이기 때문이다. 지문 전체의 내용은 '외교(정책)'에 대한 이야기가 아니라 '환경(정책)'에 대한 이야기이므로 이 'diplomatic' (외교)가 'environmental'(환경)으로 바뀌어야 적절한 표현이 된다.

'정보의 양(quantity)의 보존 원리'란 '선택지에 언급되고 있는 핵심어들의 수량적인 표현(내용) 과 양상이 지문에 언급되는 핵심어들의 수량적인 표현(내용) 및 양상과 일치해야 한다'는 원리인데, 구체적으로는 3 가지의 '정보의 양의 보존 원리', 즉 핵심어와 관련된 수량충족의 원리들이 있다. (1) '선택지 속의 핵심어의 수량충족 원리', (2) '지문 속의 핵심어 반복'이라는 수량충족 원리('핵심어는 지문 속에 반드시 2~3회 이상 반복적으로 출현해야 함'), (3) '선택지 속의 핵심어 누락금지'라는 수량충족 원리('핵심어가 2개든 3개든 선택지 속에 반드시 출현해야 함')가 있다.

(1) 선택지 속의 핵심어의 수량충족 원리: 23번(p.92~93)의 선택지⑤(roles of the OECD in solving international conflicts)의 경우, 'roles(역할들)'이 수량적인 표현상 '복수'이므로, 지문속에서도 여러 가지(최소한 2가지 이상의) 역할들이 언급되어야 한다. 그렇지 않으면 답이 되지 못한다(오답이 된다).

(2) '지문 속의 핵심어 반복'의 수량충족 원리: 20번(p.90~91)의 ④(전쟁 예방에 도움이 되는 정치적 결정을 해야 한다)의 경우, 선택지 속에 있는 '정치적 결정'과 지문의 4번째 문장 속의 'the political decision(정치적 결정)' 때문에 매력적인 오답 선택지가 된다. 그러나 정치적 결정이란 표현은 지문 속에서 단 1회만 언급되므로 '지문 속의 핵심어 반복'라는 수량충족 원리, 즉 '정보의 양의 원리'를 준수하지 못하고 있다. 핵심어는 지문 속에서 여러 번 반복되어야 하므로 1회만 언급되는 표현은 핵심어가 아닌 것으로 간주된다.

(3) '선택지 속의 핵심어 누락금지'의 수량충족 원리: 23번(p.92~93)의 ①(reforming diplomatic policies in poor countries)의 경우, 두 개의 핵심어구들(policies와 poor countries)이 선택지 속에 잘 들어가 있지만 또 다른 중요한 핵심어인 '기후변화' 혹은 '환경위기'와 같은 표현은 누락되어(배제되어) 있기 때문에, 즉 핵심어들의 수량 충족의 원리 면에서 보았을 때 반드시 주제를 구성하는데 필수적이고 중요한 핵심어들은 선택지 속에 모두 들어가야 한다는 '선택지 속의 핵심어 누락금지'라는 수량충족 원리를 준수하지 못했기 때문에, 답이 되지 못한다(오답이 된다).

네 번째 비법: 선택지들 간의 대등/대립쌍 확인하기

선택지들의 내용(의미) 간에 대립(대조)적인지 대등적인지(동일한지) 확인해보자. 대개, 두 개의 선택지들의 내용(의미)가 서로 대립적이면 그 둘 중의 하나가 답이 될 가능성이 높다. 31번(p.95) 문제의 선택지에서 ③(repetitive: 반복적인)과 ④(temporary: 순간적인, 일시적인)은 서로 대립쌍인데, 이 둘 중의 하나가 답이 될 가능성이 높다.

1. '대의파악 문제 유형'에서의 오답 피하기 비법

이미 앞에서 소개한(p.17~p.23) 대의파악 문제 유형을 다시 살펴보자.

2019-수능 **20.** 다음 글에서 필자가 주장하는 바로 가장 적절한 것은?

War is inconceivable without some image, or concept, of the enemy. It is the presence of the enemy that gives meaning and justification to war. 'War follows from feelings of hatred', wrote Carl Schmitt. 'War has its own **strategic, tactical**, and other rules and points of view, but they all presuppose that the **political decision** has already been made as to who the enemy is'. The concept of the enemy is fundamental to the **moral assessment of war**: 'The basic aim of a nation at war in establishing an image of the enemy is to distinguish as sharply as possible the act of killing from the act of murder'. However, we need to be cautious about thinking of war and the image of the enemy that informs it in an abstract and uniform way. Rather, both must be seen for the cultural and contingent phenomena that they are.

* contingent: 불확정적인

① 전쟁과 적을 추상적이고 획일적으로 개념화하는 것을 경계해야 한다.
② 적에 따라 다양한 **전략과 전술**을 수립하고 적용해야 한다.
③ **보편적 윤리관**에 기초하여 적의 개념을 정의해야 한다.
④ 전쟁 예방에 도움이 되는 **정치적 결정**을 해야 한다.
⑤ 어떠한 경우에도 전쟁을 정당화하지 말아야 한다.

☞ 오답 피하기 ※ p.17~18을 참고하여 문제풀이 비법을 다시 상기해보자.
1) ②가 답이 안 되는 이유(② 오답 피하기): 선택지 속에 있는 '전략과 전술 수립'과 지문의 4번째 문

장 속의 'strategic, tactical(전략적인, 전술적인)' 때문에 매력적인 오답 선택지가 된다. 그러나 '전략과 전술'이란 표현은 지문 속에서 단 1회만 언급되므로 '지문속의 핵심어 반복이라는 수량 충족 원리', 즉 '정보의 양의 원리'(p.89)가 준수되지 못하고 있다. 핵심어는 지문 속에서 여러 번(2~3회 이상) 반복되어야 하므로 1회만 언급되는 표현은 핵심어가 아닌 것으로 간주된다.

2) ③이 답이 안 되는 이유(③ 오답 피하기): 선택지 속에 있는 '**보편적 윤리관**'이란 표현이 지문에서 언급되지 않으므로(= 0회 언급되므로) '지문속의 핵심어 반복이라는 수량 충족 원리'가 준수되지 못하고 있다. 또한 the moral assessment of war(전쟁의 도덕적 평가: 전쟁의 윤리관)는 **보편적 윤리관**과 내용상 서로 일치하지 않으므로 정보의 질의 보존원리(p.89)도 준수되지 못하고 있다.

3) ④가 답이 안 되는 이유(④ 오답 피하기): 선택지 속에 있는 '**정치적 결정**'과 지문의 4번째 문장 속의 'the political decision(정치적 결정)' 때문에 '매력적인 오답 선택지'가 된다. 그러나 **정치적 결정**이란 표현은 지문 속에서 단 1회만 언급되므로 '지문속의 핵심어 반복이라는 수량 충족 원리'가 준수되지 못하고 있다. 2번이 답이 안 되는 이유와 동일하다.

4) ⑤가 답이 안 되는 이유(⑤ 오답 피하기): '어떠한 경우에도 전쟁을 정당화하지 말아야 한다'는 선택지⑤의 내용과 지문의 2번째 문장의 내용('전쟁에 정당성를 부여하는 것은 바로 적의 존재이다')이 서로 일치하지 않고 오히려, 반대의 의미(내용)를 가지는 것으로 보아서, '정보의 질(quality)의 보존 원리'(p.89)가 준수되지 못하고 있다.

2019-수능 **22.** 다음 글의 요지로 가장 적절한 것은?

With the industrial society evolving into an information-based society, the concept of information as a product, a commodity with its own value, has emerged. As a consequence, those people, organizations, and countries that possess the highest-quality information are likely to prosper economically, socially, and politically. Investigations into the economics of information encompass a variety of categories including the costs of information and information services; the effects of information on **decision making**; the savings from effective information acquisition; the effects of information on **productivity**; and the effects of specific agencies (such as corporate, technical, or medical libraries) on the **productivity** of organizations. Obviously many of these areas overlap, but it is clear that information has taken on a life of its own outside the medium in which it is contained. Information has become a recognized entity to be measured, evaluated, and priced.

* entity: 실재(물)

① 정보화된 사회일수록 개인 정보 보호가 필요하다.

② 정보의 효율적 교환은 조직의 **생산성**을 향상시킨다.
₁

③ 정보 처리의 단순화는 신속한 **의사 결정**에 도움이 된다.
₂

④ 정보 기반 사회에서 정보는 독자적 상품 가치를 지닌다.

⑤ 정보 기반 사회에서는 정보를 전달하는 방식이 중요하다.

☞ 오답 피하기 ※ p.18을 참고하여 문제풀이 비법을 다시 상기해보자.

1) 정보의 질의 보존 원리 위배: 선택지①의 '개인 정보 보호'와 ⑤의 '정보를 전달하는 방식'이란 표현은 지문의 내용 속에 언급되고 있지 않기 때문에 정보의 질의 보존 원리가 위배되고 있다.

2) 오답 피하기의 두 번째 비법(p.88)인 지포지세 배제하기: ②와 ③은 지나치게 세부적인 내용의 선택지이므로 배제가 되어야 한다. 세 번째 문장(Investigations로 시작하는 문장)은 이 문장의 앞에 나오는 내용(첫 번째와 두 번째 문장의 내용)의 예시다. 예시는 주제에 비하여 (지나치게) 세부적인 내용이므로 선택지(답)에서 배제되어야 한다(예시는 주제가 아니며, 주제는 예시를 포괄하고 아우르는 일반적이고 추상적인 내용이어야 한다). ②는 생산성(productivity)에 대한 내용이며,
₁
③은 의사결정(decision making)에 대한 내용인데 이들은 예시 속의 내용일 뿐이다.
₂

2019-수능 **23번.** 다음 글의 주제로 가장 적절한 것은? [3점]

We argue that the ethical principles of justice provide an essential foundation for policies to protect unborn generations and the poorest countries from climate change. Related issues arise in connection with current and persistently inadequate aid for these nations, in the face of growing threats to agriculture and water supply, and the rules of international trade that mainly benefit rich countries. Increasing aid for the world's poorest peoples can be an essential part of effective mitigation. With 20 percent of carbon emissions from (mostly tropical) deforestation, carbon credits for forest preservation would combine aid to poorer countries with one of the most cost-effective forms of abatement. Perhaps the most cost-effective but politically complicated policy reform would be the removal of several hundred billions of dollars of direct annual subsidies from the two biggest recipients in the OECD — destructive industrial agriculture and fossil fuels. Even a small amount of this money would accelerate the already rapid rate of technical progress and investment in renewable energy in many areas, as well as encourage the essential switch to conservation agriculture.

* mitigation: 완화 * abatement: 감소 * subsidy: 보조금

① reforming(개혁하기) **diplomatic**(외교) policies(정책) in poor countries

② **increasing(점증하는) global awareness**(의식) of the environmental crisis(위기)

③ reasons for restoring(복구하기) **economic equality**(평등) in poor countries

④ coping with(대처하기) climate change by reforming aid(원조) and policies

⑤ roles of the OECD in solving(해결하기) international conflicts(갈등)

☞ 오답 피하기 ※ p.21을 참고하여 문제풀이 비법을 다시 상기해보자.

1) 정보의 질의 보존 원리(p.89) 위배: 선택지①은 또한 'diplomatic'(외교의)이 'environmental'(환경의)로; in(~에서)을 for(~를 위하여)로 바뀌면 답이 될 수 있다. 선택지②는 '원조와 정책개혁'과 같이 어떤 문제에 대한 '해법(해결책)'에 대한 내용이 아닌 세계적인 의식만 점증한다는 내용이므로 답이 될 수 없다(글의 전반적인 흐름 혹은 내용은 기후변화, 환경위기에 대한 '해법'임).

2) '정보의 양의 보존' 원리 위배: 선택지①의 경우, 두 개의 핵심어들(reforming policies와 poor countries)이 선택지 속에 잘 들어가 있지만 또 다른 중요한 핵심어인 '기후변화(climate change) 혹은 환경위기(environmental crisis)와 같은 표현은 누락되어(배제되어) 있기 때문에, 즉 '선택지 속의 핵심어 누락금지'라는 수량 충족의 원리(p.89)가 준수되지 못했기에, 답이 되지 못한다. 선택지②의 경우, '원조와 정책개혁'과 같은 어떤 '해법(해결책)'에 관련된 핵심어가 선택지 속에 없으므로, 즉 '선택지 속의 핵심어 누락금지'라는 수량 충족의 원리가 준수되지 못했기에, 답이 될 수 없다(글의 전반적인 흐름은 기후변화, 환경위기에 대한 '해법'을 찾는 내용이다).

3) '정보의 양의 보존' 원리 위배: 선택지②의 경우, 'increasing global awareness(점증하는 세계적 의식)'가 지문에서 반복되는 표현이 아니므로 핵심어가 되지 못하여, '지문 속의 핵심어 반복'의 수량 충족 원리(p.89)가 준수되지 못하고 있다. 그리고, 선택지③의 경우, 'economic equality(경제적인 평등)'도 마찬가지다('지문 속의 핵심어 반복'의 수량 충족 원리가 준수되지 못하고 있다). 한편, 선택지⑤의 경우, 'roles(역할들)'이 수량적인 표현상 '복수'이므로, 지문 속에서도 여러 가지(최소한 2가지 이상의) 역할들이 언급되어야 하지만 지문을 살펴보면, 그렇지 않다. 즉, p.89. (1)의 선택지 속의 핵심어의 수량충족원리가 준수되고 있지 않다.

2019-수능 **24.** 다음 글의 제목으로 가장 적절한 것은?

A defining element of catastrophes is the magnitude of their harmful consequences. To help societies prevent or reduce damage from catastrophes, a huge amount of effort and technological sophistication are often employed to assess and communicate the size and scope of potential or actual losses. This effort assumes that people can understand the resulting numbers and act on them appropriately. However, recent behavioral research casts doubt on this fundamental assumption. **Many people do not understand large numbers.** Indeed, **large numbers have been found to lack meaning and to be underestimated in decisions unless they convey affect (feeling).** This creates a paradox that rational models of decision making fail to represent. On the one hand, we respond strongly to aid a single individual in need. On the other hand, we often fail to prevent mass tragedies or take appropriate measures to reduce potential losses from natural disasters.

* catastrophe: 큰 재해

① Insensitivity to Mass Tragedy: We Are **Lost(⊖) in Large Numbers**
② Power(⊕) of Numbers: A Way of Classifying Natural Disasters
③ How to Reach Out a Hand to People in Desperate Need
④ Preventing Potential Losses Through Technology
⑤ Be Careful, Numbers Magnify Feelings!

☞ 오답 피하기 ※ p.23을 참고하여 문제풀이 비법을 다시 상기해보자.

②가 '매력적인 오답 선택지'인 이유: 선택지 속에 이 글의 핵심어인 재난(Disasters)과 수(Numbers)를 다 가지고 있기 때문이다. 그러나 오답인 이유는 ②의 수(Numbers)는 긍정적인 의미(내용)를 가지는 반면에 ①의 수(Numbers)는 부정적인(⊖) 의미(내용)를 가지기 때문이다(①은 큰 수에 매몰되어 있다는 부정적인 내용인데 반하여, ②는 수들이 재해를 분류해주는 힘을 가진다는 긍정적인 내용이다). 수(Numbers)가 부정적인 의미(내용)를 가지는 글 전체(지문)의 내용과 일치하는 것은 ①이다. 네 번째 문장(However로 시작하는 문장)부터 수(Numbers)가 부정적인 내용으로 나타난다. 색칠된 1과 굵은 글자체 부분들은 전부 다 등가물(동의어구)들이다. 결론적으로 말하면, 선택지 ②는 p.89의 "정보의 질의 보존원리"를 위반했다.

2. '빈칸추론' 문제 유형에서의 오답 피하기 비법

이미 앞에서 소개한(p.67~72 참고) 빈칸추론 문제 유형을 다시 살펴보자.

2019-수능 **31.** 어휘/구절 빈칸추론 (빈칸에 들어갈 말로 적절한 것은?)

Finkenauer and Rimé investigated the memory of the unexpected death of Belgium's King Baudouin in 1993 in a large sample of Belgian citizens. The data revealed that the news of the king's death had been widely socially shared. By talking about the event, people gradually constructed a social narrative and a collective memory of the emotional event. At the same time, they consolidated their own memory of the personal circumstances in which the event took place, an effect known as **"flashbulb memory."** The more an event is socially shared, the more it will be fixed in people's minds. Social sharing may in this way help to counteract some natural tendency people may have. Naturally, people should be driven to **"forget" undesirable events.** Thus, someone who just heard a piece of bad news often tends initially to deny what happened. The _____ social sharing of the bad news contributes to realism.

* consolidate: 공고히 하다

① biased   ② illegal   ③ **repetitive**   ④ **temporary**   ⑤ rational
① 선입견을 가진   ② 불법적인   ③ 반복적인   ④ 순간적인   ⑤ 이성적인

☞ 오답 피하기 ※ p.67을 참고하여 문제풀이 비법을 다시 상기해보자.

1) 네 번째 비법 적용하여 오답 피하기(p.89): 빈칸추론 문제의 선택지들 중에는 대개 두 개의 선택지들이 서로 대립적인 의미를 지니는데 결국, 둘 중의 하나가 답이 될 가능성이 높다(3번 **repetitive**와 4번**temporary**가 대립적이므로 둘 중의 하나가 답일 가능성이 높다).

2) 4번이 '매력적인 오답 선택지'인 이유: 지문에 나오는 핵심어구처럼 보이는 **"flashbulb memory**

(섬광기억)"과 ["forget" undesirable events(바람직하지 않는 사건을 잊다)]를 통해, 이것들과 선택지 4번 'temporary(순간적인/일시적인)'을 단순하게 연관시켜 '매력적인 오답 선택지'를 고르는 실수를 할 수 있다.

2019-수능 32. 어휘/구절 빈칸추론 (빈칸에 들어갈 말로 적절한 것은?)

Minorities tend not to have much power or status and may even be dismissed as troublemakers, extremists or simply 'weirdos'. How, then, do they ever have any influence over the majority? The social psychologist Serge Moscovici claims that the answer lies in their behavioural style, i.e. the way _____. The crucial factor in the success of the suffragette movement was that its supporters were consistent in their views, and this created a considerable degree of social influence. Minorities that are active and organised, who support and defend their position consistently, can create social conflict, doubt and uncertainty among members of the majority, and ultimately **this may lead to social change**. Such change has often occurred because a minority has converted others to its point of view. Without the influence of minorities, we would have no innovation, no social change. Many of what we now regard as 'major' social movements (e.g. Christianity, trade unionism or feminism) were originally due to the influence of an outspoken minority.

* dismiss: 일축하다 * weirdo: 별난 사람 * suffragette: 여성 참정권론자

① the minority gets its point across ② the minority tones down its voice
③ the majority cultivates the minority ④ the majority brings about social change
⑤ the minority cooperates with the majority

① 소수 집단이 자기네 의견을 이해시키는   ② 소수 집단이 자신의 목소리를 낮추는
③ 다수 집단이 소수 집단을 양성하는   ④ 다수 집단이 사회적 변화를 가져오는
⑤ 소수 집단이 다수 집단과 협동하는

☞ 오답 피하기 ※ p.68을 참고하여 문제풀이 비법을 다시 상기해보자.

1) 네 번째 비법 적용하여 오답 피하기(p.89): 선택지들인 1번과 2번이 대립적이면서, 1번과 5번도 대립적으로 간주될 여지가 있으므로 1, 2, 5번, 셋 중의 하나가 답이 될 가능성이 높은데 이 중 1번이 답이 될 가능성이 제일 높다. 1번을 제외한 다른 선택지들의 내용은 **소수집단의 영향력이 강해보이지는 않는 내용**인데 반하여, 1번 혼자만 **소수집단의 영향력이 강해보이는 내용**이기 때문이다.

2) ②(소수 집단이 자신의 목소리를 낮추는)이 오답인 이유는 '정보의 질의 보존' 원리(선택지의 내용

이 지문의 내용과 거짓없이 일치해야 함)가 준수되지 못했기 때문이다. 선택지②의 내용이 '소수 집단이 다수 집단에 영향력을 행사한다'는 지문의 내용과 일치하지 않고 오히려 반대의 내용이어서 오답이 된다. 마찬가지로, ③(다수 집단이 소수 집단을 양성하는)이 오답인 이유도 '정보의 질의 보존' 원리가 준수되지 못했기 때문이다. 즉, 다수 집단이 소수집단을 양성한다는 내용은 지문에 언급되지 않고 오히려 반대로, 지문의 내용은 소수집단이 영향력을 행사한다는 것이다. 또한, ④(다수 집단이 사회적 변화를 가져오는)가 오답인 이유도 '정보의 질의 보존' 원리가 준수되지 못했기 때문이다. 즉, 지문 속의 'this may lead to social change'는 다수집단의 경우가 아니라, 소수집단의 경우이기 때문이다. 더욱이 ⑤(소수 집단이 다수 집단과 협동하는)도 마찬가지로 '정보의 질의 보존' 원리가 준수되지 못했다.

2019-수능 33. 어휘/구절 빈칸추론 (빈칸에 들어갈 말로 적절한 것은?)

Heritage is concerned with the ways in which very **selective** material artefacts, mythologies, memories and traditions become resources for the present. The contents, interpretations and representations of the resource are **selected** according to the demands of the present; an imagined past provides resources for a heritage that is to be passed onto an imagined future. It follows too that the meanings and functions of memory and tradition are defined in the present. <u>Further, heritage is more concerned with meanings than material artefacts.</u> It is the former that give value, either cultural or financial, to the latter and explain why they have been **selected** from the near infinity of the past. In turn, they may later be **discarded** as the demands of present societies change, or even, as is presently occurring in the former Eastern Europe, when pasts have to be reinvented to reflect new presents. Thus heritage is _____. [3점]

① a collection of memories and traditions of a society
② as much about **forgetting as remembering the past**
③ neither concerned with the present nor the future
④ a mirror reflecting the artefacts of the past
⑤ about preserving **universal** cultural values

☞ **오답 피하기** ※ p.70을 참고하여 문제풀이 비법을 다시 상기해보자.

1) 네 번째 비법 적용하여 오답 피하기(p.89): 선택지인 ①(**기억과 전통을 모아놓은 것**)과 ②(**과거를 잊는 것**)이 서로 대립관계; ②(과거를 잊는 것)와 ⑤(**보편적인** 문화적 가치를 보존)도 서로 대립관계이다(잊는 것과 보존은 대립관계임). ①(collection: 모으기)과 ⑤(preserving: 보존)는 유사하므로, 답이 ②가 될 가능성이 높다.

2) ④가 오답인 이유는 '정보의 질의 보존' 원리(선택지의 내용이 지문의 내용과 거짓없이 일치해야 함)가 준수되지 못했기 때문이다. 네 번째 문장(Further, heritage is more concerned with meanings than material artefacts: 인공물보다는 의미와 더 많이 관련됨)을 통해, artefacts(인공물)을 중시하는 내용이 아니라는 것을 알 수 있으므로 ④(=인공물을 중시하는 내용)는 지문의 내용과 정반대의 내용으로서 오답이 된다.

3) ⑤가 오답인 이유는 '정보의 질의 보존' 원리(선택지의 내용이 지문의 내용과 거짓없이 일치해야 함)가 준수되지 못했기 때문이다. ⑤의 universal(보편적인)을 selective(선별적인)로 바꾸면 빈칸의 답이 될 있다. 지문의 핵심어이면서 빈칸의 답의 근거인 selective(선별적인)는 universal(보편적인)과 반대가 되는 표현이다.

2019-수능 **34.** 어휘/구절 빈칸추론 (빈칸에 들어갈 말로 적절한 것은?)

The human species is unique in its ability to expand its functionality by inventing new cultural tools. Writing, arithmetic, science — all are recent inventions. Our brains did not have enough time to evolve for them, but I reason that they were made possible because _____. When we learn to read, we recycle a specific region of our visual system known as the visual word-form area, enabling us to recognize strings of letters and connect them to language areas. Likewise, when we learn Arabic numerals we build a circuit to quickly convert those shapes into quantities — a fast connection from bilateral visual areas to the parietal quantity area. Even an invention as elementary as finger-counting changes our cognitive abilities dramatically. Amazonian people who have not invented counting are unable to make exact calculations as simple as, say, 6 — 2. This "cultural recycling" implies that the functional architecture of the human brain results from a complex mixture of biological and cultural constraints. [3점]

* bilateral: 양측의 * parietal: 정수리(부분)의 * constraint: 제약

① our brains put a limit on cultural diversity
② we can mobilize our old areas in novel ways
③ cultural tools stabilize our brain functionality
④ our brain regions operate in an isolated manner
⑤ we cannot adapt ourselves to natural challenges

☞ 오답 피하기 ※ p.71~72를 참고하여 문제풀이 비법을 다시 상기해보자.

1) ①이 '매력적인 오답 선택지'인 이유: 마지막 문장에 출현하는 어휘들로 선택지가 구성되었기 때문이다. ①에는 <u>our brains, limit, cultural, diversity</u>와 같은 표현들이 있는데, 마지막 문장도 <u>human brain, constraints</u>(=limit), cultural, complex mixture(=diversity)와 같이 ①속의 표현(어휘)들과 동일한 표현으로 구성되어 있다.

2) ①이 오답인 이유는 '정보의 질의 보존' 원리(선택지의 내용이 지문의 내용과 거짓없이 일치해야 함)가 준수되지 못했기 때문이다. ①은 **문화적 다양성에 제한을 가한다**는 내용인데, 이 내용은 빈칸에 들어갈 표현(핵심어)인 '재활용(recycling)'과는 반대가 되는 내용이 된다. "제한을 가한다"는 표현과 "재활용한다"는 표현은 서로 반대가 된다.

Part 3

연습문제
(Exercise)

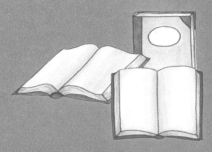

수능 기출문제들로 구성된
연습문제를 통해
앞에서 배운 비법을
실전에 적용하자!

1. 다음 글의 목적으로 가장 적절한 것은?

Dear Mr. Reese,

A few days ago, I submitted my application and recipe for the 2nd Annual DC Metro Cooking Contest. However, I would like to change my recipe if it is possible. I have checked the website again, but I could only find information about the contest date, time, and prizes. I couldn't see any information about changing recipes. I have just created a great new recipe, and I believe people will love this more than the one I have already submitted. Please let me know if I can change my submitted recipe. I look forward to your response.

Best Regards,

Sophia Walker

① 요리 대회 일정을 안내하려고

② 요리 대회 심사 결과를 확인하려고

③ 요리법 변경 가능 여부를 문의하려고

④ 새로운 요리법 개발을 요청하려고

⑤ 요리 대회 불참을 통보하려고

2. 다음 글에 드러난 Dave의 심경 변화로 가장 적절한 것은?

The waves were perfect for surfing. Dave, however, just could not stay on his board. He had tried more than ten times to stand up but never managed it. He felt that he would never succeed. He was about to give up when he looked at the sea one last time. The swelling waves seemed to say, "Come on, Dave. One more try!" Taking a deep breath, he picked up his board and ran into the water. He waited for the right wave. Finally, it came. He jumped up onto the board just like he had practiced. And this time, standing upright, he battled the wave all the way back to shore. Walking out of the water joyfully, he cheered, "Wow, I did it!"

① frustrated → delighted   ② bored → comforted

③ calm → annoyed   ④ relieved → frightened

⑤ pleased → upset

3. 다음 글에서 필자가 주장하는 바로 가장 적절한 것은?

War is inconceivable without *some* image, or concept, of the enemy. It is the presence of the enemy that gives meaning and justification to war. 'War follows from feelings of hatred', wrote Carl Schmitt. 'War has its own strategic, tactical, and other rules and points of view, but they all presuppose that the political decision has already been made as to who the enemy is'. The concept of the enemy is fundamental to the moral assessment of war: 'The basic aim of a nation at war in establishing an image of the enemy is to distinguish as sharply as possible the act of killing from the act of murder'. However, we need to be cautious about thinking of war and the image of the enemy that informs it in an abstract and uniform way. Rather, both must be seen for the cultural and contingent phenomena that they are.

* contingent: 불확정적인

① 전쟁과 적을 추상적이고 획일적으로 개념화하는 것을 경계해야 한다.

② 적에 따라 다양한 전략과 전술을 수립하고 적용해야 한다.

③ 보편적 윤리관에 기초하여 적의 개념을 정의해야 한다.

④ 전쟁 예방에 도움이 되는 정치적 결정을 해야 한다.
⑤ 어떠한 경우에도 전쟁을 정당화하지 말아야 한다.

4. 밑줄 친 refining ignorance가 다음 글에서 의미하는 바로 가장 적절한 것은?

Although not the explicit goal, the best science can really be seen as refining ignorance. Scientists, especially young ones, can get too obsessed with results. Society helps them along in this mad chase. Big discoveries are covered in the press, show up on the university's home page, help get grants, and make the case for promotions. But it's wrong. Great scientists, the pioneers that we admire, are not concerned with results but with the next questions. The highly respected physicist Enrico Fermi told his students that an experiment that successfully proves a hypothesis is a measurement; one that doesn't is a discovery. A discovery, an uncovering — of new ignorance. The Nobel Prize, the pinnacle of scientific accomplishment, is awarded, not for a lifetime of scientific achievement, but for a single discovery, a result. Even the Nobel committee realizes in some way that this is not really in the scientific spirit, and their award citations commonly honor the discovery for having "opened a field up," "transformed a field," or "taken a field in new and unexpected directions."

* pinnacle: 정점

① looking beyond what is known towards what is left unknown
② offering an ultimate account of what has been discovered
③ analyzing existing knowledge with an objective mindset
④ inspiring scientists to publicize significant discoveries
⑤ informing students of a new field of science

5. 다음 글의 요지로 가장 적절한 것은?

With the industrial society evolving into an information-based society, the concept of information as a product, a commodity with its own value, has emerged. As a consequence, those people, organizations, and countries that possess the highest-quality information are likely to prosper economically, socially, and politically. Investigations into the economics of information encompass a variety of categories including the costs of information and information services; the effects of information on decision making; the savings from effective information acquisition; the effects of information on productivity; and the effects of specific agencies (such as corporate, technical, or medical libraries) on the productivity of organizations. Obviously many of these areas overlap, but it is clear that information has taken on a life of its own outside the medium in which it is contained. Information has become a recognized entity to be measured, evaluated, and priced.

* entity: 실재(물)

① 정보화된 사회일수록 개인 정보 보호가 필요하다.
② 정보의 효율적 교환은 조직의 생산성을 향상시킨다.
③ 정보 처리의 단순화는 신속한 의사 결정에 도움이 된다.
④ 정보 기반 사회에서 정보는 독자적 상품 가치를 지닌다.
⑤ 정보 기반 사회에서는 정보를 전달하는 방식이 중요하다.

6. 다음 글의 주제로 가장 적절한 것은? [3점]

We argue that the ethical principles of justice provide an essential foundation for policies to protect unborn generations and the poorest countries from climate change. Related issues arise in connection with current and persistently inadequate aid for these nations, in the face of growing threats to agriculture and water supply, and the rules of international trade that mainly benefit rich countries. Increasing aid for the world's poorest peoples can be an essential part of effective mitigation. With 20 percent of carbon emissions from (mostly tropical) deforestation, carbon credits for forest preservation would combine aid to poorer countries with one of the most cost-effective forms of abatement. Perhaps the most cost-effective but politically complicated policy reform would be the removal of several hundred billions of dollars of direct annual subsidies from the two biggest recipients in the OECD — destructive industrial agriculture and fossil fuels. Even a small amount of this money would accelerate the already rapid rate of technical progress and investment in renewable energy in many areas, as well as encourage the essential switch to conservation agriculture.

* mitigation: 완화　* abatement: 감소　* subsidy: 보조금

① reforming diplomatic policies in poor countries

② increasing global awareness of the environmental crisis

③ reasons for restoring economic equality in poor countries

④ coping with climate change by reforming aid and policies

⑤ roles of the OECD in solving international conflicts

7. 다음 글의 제목으로 가장 적절한 것은?

A defining element of catastrophes is the magnitude of their harmful consequences. To help societies prevent or reduce damage from catastrophes, a huge amount of effort and technological sophistication are often employed to assess and communicate the size and scope of potential or actual losses. This effort assumes that people can understand the resulting numbers and act on them appropriately. However, recent behavioral research casts doubt on this fundamental assumption. Many people do not understand large numbers. Indeed, large numbers have been found to lack meaning and to be underestimated in decisions unless they convey affect (feeling). This creates a paradox that rational models of decision making fail to represent. On the one hand, we respond strongly to aid a single individual in need. On the other hand, we often

fail to prevent mass tragedies or take appropriate measures to reduce potential losses from natural disasters.

* catastrophe: 큰 재해

① Insensitivity to Mass Tragedy: We Are Lost in Large Numbers

② Power of Numbers: A Way of Classifying Natural Disasters

③ How to Reach Out a Hand to People in Desperate Need

④ Preventing Potential Losses Through Technology

⑤ Be Careful, Numbers Magnify Feelings!

8. 다음 표의 내용과 일치하지 않는 것은?

Top Ten Origin Countries of International Students
(School Years 1979-1980 and 2016-2017)

School Year 1979-1980		School Year 2016-2017	
Country	Number	Country	Number
Iran	51,000	China	351,000
Taiwan	18,000	India	186,000
Nigeria	16,000	South Korea	59,000
Canada	15,000	Saudi Arabia	53,000
Japan	12,000	Canada	27,000
Hong Kong	10,000	Vietnam	22,000
Venezuela	10,000	Taiwan	22,000
Saudi Arabia	10,000	Japan	19,000
India	9,000	Mexico	17,000
Thailand	7,000	Brazil	13,000
Other countries	129,000	Other countries	311,000
Total	**286,000**	**Total**	**1,079,000**

· Note: Detail may not add to total shown because of rounding.

The tables above show the top ten origin countries and the number of international students enrolled in U.S. colleges and universities in two school years, 1979-1980 and 2016-2017. ① The total number of international students in 2016-2017 was over three times larger than the total number of international students in 1979-1980. ② Iran, Taiwan, and Nigeria were the top three origin countries of international students in 1979-1980, among which only Taiwan was included in the list of the top ten origin countries in 2016-2017. ③ The number of students from India was over twenty times larger in 2016-2017 than in 1979-1980, and India ranked higher than China in 2016-2017. ④ South Korea, which was not included among the top ten origin countries in 1979-1980, ranked third in 2016-2017. ⑤ Although the number of students from Japan was larger in 2016-2017 than in 1979-1980, Japan ranked lower in 2016-2017 than in 1979-1980.

9. Marjorie Kinnan Rawlings에 관한 다음 글의 내용과 일치하지 않는 것은?

Marjorie Kinnan Rawlings, an American author born in Washington, D.C. in 1896, wrote novels with rural themes and settings. While she was young, one of her stories appeared in *The Washington Post*. After graduating from university, Rawlings worked as a journalist while simultaneously trying to establish herself as a fiction writer. In 1928, she purchased an orange grove in Cross Creek, Florida. This became the source of inspiration for some of her writings which included *The Yearling* and her autobiographical book, *Cross Creek*. In 1939, *The Yearling*, which was about a boy and an orphaned baby deer, won the Pulitzer Prize for Fiction. Later, in 1946, *The Yearling* was made into a film of the same name. Rawlings passed away in 1953, and the land she owned at Cross Creek has become a Florida State Park honoring her achievements.

* grove: 과수원

① Washington, D.C.에서 태어난 미국 작가이다.
② 그녀의 이야기 중 하나가 The Washington Post에 실렸다.
③ 대학교를 졸업한 후 저널리스트로 일했다.
④ The Yearling이라는 소설은 다른 제목으로 영화화되었다.
⑤ Cross Creek에 소유했던 땅은 Florida 주립 공원이 되었다.

10. Flying Eagle Zipline Ride에 관한 다음 안내문의 내용과 일치하지 않는 것은?

Flying Eagle Zipline Ride
Soar through the treetops over Lost Forest on our thrilling Flying Eagle Zipline! Feel the thrill of flying like an eagle!

● Age requirement: 13 years old and over
● Price: £20
● Zipline length: 500 metres
● Duration: 30 minutes (including safety instruction)
● Restrictions:
 -People with back problems or serious heart conditions
 -Weight: over 125 kg
 -Height: under 120 cm

※We do not take responsibility for lost valuables.
※ No advanced reservations are necessary.
Please visit our website at www.flyingeaglezip.co.uk for more information.

① 13세 이상부터 탈 수 있다.
② 집라인의 길이는 500미터이다.
③ 체중 제한이 있다.
④ 분실한 귀중품에 대해 책임을 지지 않는다.
⑤ 사전 예약이 필요하다.

11. Wireless Charging Pad 사용에 관한 다음 안내문의 내용과 일치하는 것은?

Wireless Charging Pad
– Instructions –
Wireless Smartphone Charging:
1. Connect the charging pad to a power source.
2. Place your smartphone on the charging pad with the display facing up.
3. Place your smartphone on the center of the charging pad (or it will not charge).

Charge Status LED:
● Blue Light: Your smartphone is charging. If there's a problem, the blue light will flash.
● White Light: Your smartphone is fully charged.
Caution:
● Do not place anything between your smartphone and the charging pad while charging.

- The charging pad is not water-resistant. Keep it dry.

① 스마트폰의 화면을 아래로 향하게 두어야 한다.
② 스마트폰을 충전 패드 중앙에 놓지 않아도 된다.
③ LED 빛이 흰색이면 스마트폰이 완전히 충전되지 않은 것이다.
④ 스마트폰과 충전 패드 사이에 어떤 것도 놓지 않아야 한다.
⑤ 충전 패드는 방수가 된다.

12. 다음 글의 밑줄 친 부분 중, 어법상 틀린 것은? [3점]

"Monumental" is a word that comes very close to ①expressing the basic characteristic of Egyptian art. Never before and never since has the quality of monumentality been achieved as fully as it ②did in Egypt. The reason for this is not the external size and massiveness of their works, although the Egyptians admittedly achieved some amazing things in this respect. Many modern structures exceed ③those of Egypt in terms of purely physical size. But massiveness has nothing to do with monumentality. An Egyptian sculpture no bigger than a person's hand is more monumental than that gigantic pile of stones ④that constitutes the war memorial in Leipzig, for instance. Monumentality is not a matter of external weight, but of "inner weight." This inner weight is the quality which Egyptian art possesses to such a degree that everything in it seems to be made of primeval stone, like a mountain range, even if it is only a few inches across or ⑤carved in wood.

* gigantic: 거대한 ** primeval: 원시 시대의

13. 다음 글의 밑줄 친 부분 중, 문맥상 낱말의 쓰임이 적절하지 않은 것은?

Europe's first *Homo sapiens* lived primarily on large game, particularly reindeer. Even under ideal circumstances, hunting these fast animals with spear or bow and arrow is an ①uncertain task. The reindeer, however, had a ②weakness that mankind would mercilessly exploit: it swam poorly. While afloat, it is uniquely ③vulnerable, moving slowly with its antlers held high as it struggles to keep its nose above water. At some point, a Stone Age genius realized the enormous hunting ④advantage he would gain by being able to glide over the water's surface, and built the first boat. Once the ⑤laboriously overtaken and killed prey had been hauled aboard, getting its body back to the tribal camp would have been far easier by boat than on land. It would not have taken long for mankind to apply this advantage to other goods.

* exploit: 이용하다 * haul: 끌어당기다

[14~17] 다음 빈칸에 들어갈 말로 가장 적절한 것을 고르시오.
14.

Finkenauer and Rimé investigated the memory of the unexpected death of Belgium's King Baudouin in 1993 in a large sample of Belgian citizens. The data revealed that the news of the king's death had been widely socially shared. By talking about the event, people gradually constructed a social narrative and a collective memory of the emotional event. At the same time, they consolidated their own memory of the personal circumstances in which the event took place, an effect known as "flashbulb memory." The more an event is socially shared, the more it will be fixed in people's minds. Social sharing may in this way help to counteract some natural tendency people may have. Naturally, people should be driven to "forget" undesirable events. Thus, someone who just heard a piece of bad news often tends initially to deny what happened. The _____ social sharing of the bad news contributes to realism.

* consolidate: 공고히 하다

① biased   ② illegal   ③ repetitive
④ temporary   ⑤ rational

15.

Minorities tend not to have much power or status and may even be dismissed as troublemakers, extremists or simply 'weirdos'. How, then, do they ever have any influence over the majority? The social psychologist Serge Moscovici claims that the answer lies in their *behavioural style*, i.e. the way _____. The crucial factor in the success of the suffragette movement was that its supporters were *consistent* in their views, and this created a considerable degree of social influence. Minorities that are active and organised, who support and defend their position *consistently*, can create social conflict, doubt and uncertainty among members of the majority, and ultimately this may lead to social change. Such change has often occurred because a minority has converted others to its point of view. Without the influence of minorities, we would have no innovation, no social change. Many of what we now regard as 'major' social movements (e.g. Christianity, trade unionism or feminism) were originally due to the influence of an outspoken minority.

* dismiss: 일축하다 * weirdo: 별난 사람
* suffragette: 여성 참정권론자

① the minority gets its point across
② the minority tones down its voice
③ the majority cultivates the minority
④ the majority brings about social change
⑤ the minority cooperates with the majority

16.

Heritage is concerned with the ways in which very selective material artefacts, mythologies, memories and traditions become resources for the present. The contents, interpretations and representations of the resource are selected according to the demands of the present; an imagined past provides resources for a heritage that is to be passed onto an imagined future. It follows too that the meanings and functions of memory and tradition are defined in the present. Further, heritage is more concerned with meanings than material artefacts. It is the former that give value, either cultural or financial, to the latter and explain why they have been selected from the near infinity of the past. In turn, they may later be discarded as the demands of present societies change, or even, as is presently occurring in the former Eastern Europe, when pasts have to be reinvented to reflect new presents. Thus heritage is _____. [3점]

① a collection of memories and traditions of a society
② as much about forgetting as remembering the past
③ neither concerned with the present nor the future
④ a mirror reflecting the artefacts of the past
⑤ about preserving universal cultural values

17.

The human species is unique in its ability to expand its functionality by inventing new cultural tools. Writing, arithmetic, science — all are recent inventions. Our brains did not have enough time to evolve for them, but I reason that they were made possible because _____. When we learn to read, we recycle a specific region of our visual system known as the visual word-form area, enabling us to recognize strings of letters and connect them to language areas. Likewise, when we learn Arabic numerals we build a circuit to quickly convert those shapes into quantities — a fast connection from bilateral visual areas to the parietal quantity area. Even an invention as elementary as finger-counting changes our cognitive abilities dramatically. Amazonian people who have not invented counting are unable to make exact calculations as simple as, say, $6 - 2$. This "cultural recycling" implies that the functional architecture of the human brain results from a complex mixture of biological and cultural constraints. [3점]

* bilateral: 양측의 * parietal: 정수리(부분)의

* constraint: 제약

① our brains put a limit on cultural diversity

② we can mobilize our old areas in novel ways

③ cultural tools stabilize our brain functionality

④ our brain regions operate in an isolated manner

⑤ we cannot adapt ourselves to natural challenges

18. 다음 글에서 전체 흐름과 관계 없는 문장은?

When photography came along in the nineteenth century, painting was put in crisis. The photograph, it seemed, did the work of imitating nature better than the painter ever could. ① Some painters made practical use of the invention. ② There were Impressionist painters who used a photograph in place of the model or landscape they were painting. ③ But by and large, the photograph was a challenge to painting and was one cause of painting's moving away from direct representation and reproduction to the abstract painting of the twentieth century. ④ Therefore, the painters of that century put more focus on expressing nature, people, and cities as they were in reality. ⑤ Since photographs did such a good job of representing things as they existed in the world, painters were freed to look inward and represent things as they were in their imagination, rendering emotion in the color, volume, line, and spatial configurations native to the painter's art.

* render: 표현하다 * configuration: 배치

[19~20] 주어진 글 다음에 이어질 글의 순서로 가장 적절한 것을 고르시오.

19.

Researchers in psychology follow the scientific method to perform studies that help explain and may predict human behavior. This is a much more challenging task than studying snails or sound waves.

(A) But for all of these difficulties for psychology, the payoff of the scientific method is that the findings are replicable; that is, if you run the same study again following the same procedures, you will be very likely to get the same results.

(B) It often requires compromises, such as testing behavior within laboratories rather than natural settings, and asking those readily available (such as introduction to psychology students) to participate rather than collecting data from a true cross-section of the population. It often requires great cleverness to conceive of measures that tap into what people are thinking without altering their thinking, called reactivity.

(C) Simply knowing they are being observed may cause people to behave differently (such as more politely!). People may give answers that they feel are more socially desirable than their true feelings.

* replicable: 반복 가능한

① (A) - (C) - (B) ② (B) - (A) - (C)

③ (B) - (C) - (A) ④ (C) - (A) - (B)

⑤ (C) - (B) - (A)

20.

Clearly, schematic knowledge helps you — guiding your understanding and enabling you to reconstruct things you cannot remember.

(A) Likewise, if there are things you can't recall, your schemata will fill in the gaps with knowledge about what's typical in that situation. As a result, a reliance on schemata will inevitably make the world seem more "normal" than it really is and will make the past seem more "regular" than it actually was.

(B) Any reliance on schematic knowledge, therefore, will be shaped by this information about what's "normal." Thus, if there are things you don't notice while viewing a situation or event, your schemata will lead you to fill in these "gaps" with knowledge about what's normally in place in that setting.

(C) But schematic knowledge can also hurt you, promoting errors in perception and memory. Moreover, the types of errors produced by schemata are quite predictable: Bear in mind that schemata summarize the broad pattern of your experience, and so they tell you, in essence, what's typical or ordinary in a given situation. [3점]

① (A) - (C) - (B)   ② (B) - (A) - (C)
③ (B) - (C) - (A)   ④ (C) - (A) - (B)
⑤ (C) - (B) - (A)

[21~22] 글의 흐름으로 보아, 주어진 문장이 들어가기에 가장 적절한 곳을 고르시오.

21.

> The advent of literacy and the creation of handwritten scrolls and, eventually, handwritten books strengthened the ability of large and complex ideas to spread with high fidelity.

The printing press boosted the power of ideas to copy themselves. Prior to low-cost printing, ideas could and did spread by word of mouth. While this was tremendously powerful, it limited the complexity of the ideas that could be propagated to those that a single person could remember. (①) It also added a certain amount of guaranteed error. (②) The spread of ideas by word of mouth was equivalent to a game of telephone on a global scale. (③) But the incredible amount of time required to copy a scroll or book by hand limited the speed with which information could spread this way. (④) A well-trained monk could transcribe around four pages of text per day. (⑤) A printing press could copy information thousands of times faster, allowing knowledge to spread far more quickly, with full fidelity, than ever before.

＊ fidelity: 충실 ＊ propagate: 전파하다

22.

> A round hill rising above a plain, therefore, would appear on the map as a set of concentric circles, the largest at the base and the smallest near the top.

A major challenge for map-makers is the depiction of hills and valleys, slopes and flatlands collectively called the *topography*. This can be done in various ways. One is to create an image of sunlight and shadow so that wrinkles of the topography are alternately lit and shaded, creating a visual representation of the shape of the land. (①) Another, technically more accurate way is to draw contour lines. (②) A contour line connects all points that lie at the same elevation. (③) When the contour lines are positioned closely together, the hill's slope is steep; if they lie farther apart, the slope is gentler. (④) Contour lines can represent scarps, hollows, and valleys of the local topography. (⑤) At a glance, they reveal whether the relief in the mapped area is great or small: a "busy" contour map means lots of high relief. [3점]

＊ concentric: 중심이 같은 ＊ scarp: 가파른 비탈
＊ relief: (토지의) 고저, 기복

23. 다음 글의 내용을 한 문장으로 요약하고자 한다. 빈칸 (A), (B)에 들어갈 말로 가장 적절한 것은?

> Biological organisms, including human societies both with and without market systems, discount distant outputs over those available at the present time based on risks associated with an uncertain future. As the timing of inputs and outputs varies greatly depending on the type of energy, there is a strong case to incorporate time when assessing energy alternatives. For example, the energy output from solar panels or wind power engines, where most investment happens before they begin producing, may need to be assessed differently when compared to most fossil fuel

extraction technologies, where a large proportion of the energy output comes much sooner, and a larger (relative) proportion of inputs is applied during the extraction process, and not upfront. Thus fossil fuels, particularly oil and natural gas, in addition to having energy quality advantages (cost, storability, transportability, etc.) over many renewable technologies, also have a "temporal advantage" after accounting for human behavioral preference for current consumption/return.

* upfront: 선행 투자의

⬇

Due to the fact that people tend to favor more ___(A)___ outputs, fossil fuels are more ___(B)___ than renewable energy alternatives in regards to the distance between inputs and outputs.

(A)	(B)
① immediate ······ competitive
② available ······ expensive
③ delayed ······ competitive
④ convenient ······ expensive
⑤ abundant ······ competitive

[24~25] 다음 글을 읽고, 물음에 답하시오.

Industrial capitalism not only created work, it also created 'leisure' in the modern sense of the term. This might seem surprising, for the early cotton masters wanted to keep their machinery running as long as possible and forced their employees to work very long hours. However, by requiring continuous work during work hours and ruling out non-work activity, employers had (a) separated out leisure from work. Some did this quite explicitly by creating distinct holiday periods, when factories were shut down, because it was better to do this than have work (b) promoted by the casual taking of days off. 'Leisure' as a distinct non-work time, whether in the form of the holiday, weekend, or evening,

was a result of the disciplined and bounded work time created by capitalist production. Workers then wanted more leisure and leisure time was enlarged by union campaigns, which first started in the cotton industry, and eventually new laws were passed that (c) limited the hours of work and gave workers holiday entitlements.

Leisure was also the creation of capitalism in another sense, through the commercialization of leisure. This no longer meant participation in traditional sports and pastimes. Workers began to (d) pay for leisure activities organized by capitalist enterprises. Mass travel to spectator sports, especially football and horse-racing, where people could be charged for entry, was now possible. The importance of this can hardly be exaggerated, for whole new industries were emerging to exploit and (e) develop the leisure market, which was to become a huge source of consumer demand, employment, and profit.

* discipline: 통제하다 * enterprise: 기업(체)

* exaggerate: 과장하다

24. 윗글의 제목으로 가장 적절한 것은?
① What It Takes to Satisfy Workers
② Why Workers Have Struggled for More Leisure
③ The Birth and Evolution of Leisure in Capitalism
④ How to Strike a Balance Between Work and Leisure
⑤ The Light and Dark Sides of the Modern Leisure Industry

25. 밑줄 친 (a)~(e) 중에서 문맥상 낱말의 쓰임이 적절하지 않은 것은? [3점]
① (a) ② (b) ③ (c) ④ (d) ⑤ (e)

[26~28] 다음 글을 읽고, 물음에 답하시오.

(A)

Olivia and her sister Ellie were standing with Grandma in the middle of the cabbages. Suddenly, Grandma asked, "Do you know what a Cabbage White is?" "Yes, (a) I learned about it in biology class. It's a beautiful white butterfly," Olivia answered. "Right! But it lays its eggs on cabbages, and then the caterpillars eat the cabbage leaves! So, why don't you help me to pick the caterpillars up?" Grandma suggested. The two sisters gladly agreed and went back to the house to get ready.

* caterpillar: 애벌레

(B)

The caterpillars wriggled as they were picked up while Cabbage Whites filled the air around them. It was as if the butterflies were making fun of Olivia; they seemed to be laughing at (b) her, suggesting that they would lay millions more eggs. The cabbage patch looked like a battlefield. Olivia felt like she was losing the battle, but she fought on. (c) She kept filling her bucket with the caterpillars until the bottom disappeared. Feeling exhausted and discouraged, she asked Grandma, "Why don't we just get rid of all the butterflies, so that there will be no more eggs or caterpillars?"

* wriggle: 꿈틀거리다

(C)

Soon, armed with a small bucket each, Olivia and Ellie went back to Grandma. When they saw the cabbage patch, they suddenly remembered how vast it was. There seemed to be a million cabbages. Olivia stood open-mouthed at the sight of the endless cabbage field. She thought they could not possibly pick all of the caterpillars off. Olivia sighed in despair. Grandma smiled at her and said, "Don't worry. We are only working on this first row here today." Relieved, (d) she and Ellie started on the first cabbage.

(D)

Grandma smiled gently and said, "Why wrestle with Mother Nature? The butterflies help us grow some other plants because they carry pollen from flower to flower." Olivia realized (e) she was right. Grandma added that although she knew caterpillars did harm to cabbages, she didn't wish to disturb the natural balance of the environment. Olivia now saw the butterflies' true beauty. Olivia and Ellie looked at their full buckets and smiled.

* pollen: 꽃가루

26. 주어진 글 (A)에 이어질 내용을 순서에 맞게 배열한 것으로 가장 적절한 것은?

① (B) - (D) - (C) 　② (C) - (B) - (D)
③ (C) - (D) - (B) 　④ (D) - (B) - (C)
⑤ (D) - (C) - (B)

27. 밑줄 친 (a)~(e) 중에서 가리키는 대상이 나머지 넷과 다른 것은?

① (a) ② (b) ③ (c) ④ (d) ⑤ (e)

28. 윗글에 관한 내용으로 적절하지 않은 것은?

① 할머니는 Olivia와 Ellie에게 도움을 요청했다.
② Olivia와 Ellie는 양배추밭에 있는 애벌레를 잡지 않았다.
③ Olivia에게 양배추밭은 마치 전쟁터 같았다.
④ Olivia와 Ellie는 양배추밭이 얼마나 드넓은지 새삼 깨달았다.
⑤ 할머니는 Olivia에게 자연의 섭리를 일깨워주었다.

정답: 1 ③ 2 ① 3 ① 4 ① 5 ④ 6 ④ 7 ① 8 ③ 9 ④ 10 ⑤ 11. ④
12. ② 13. ⑤ 14. ③ 15. ① 16. ② 17. ② 18. ④ 19. ③ 20. ⑤
21. ③ 22. ③ 23. ① 24. ③ 25. ② 26. ② 27. ⑤ 28. ②
아래에 있는 '일등급 영어 비법 Note'는 18군데에 있다. (목적/주장/함축/요지/주제/ 제목/어법/어휘/빈칸/제거/순서/삽입/요약)

1. 목적 파악

Reese 씨에게,

며칠 전에 저는 제 2회 연례 DC Metro 요리 대회의 지원서와 요리법을 제출했습니다. 하지만, 가능하다면 저의 요리법을 바꾸고 싶습니다. 제가 웹사이트를 다시 확인해 보았지만, 대회 날짜와 시간, 그리고 상에 관한 정보만 발견할 수 있었습니다. 요리법을 바꾸는 데에 대한 어떤 정보도 볼 수 없었습니다. 저는 이제 막 훌륭한 새로운 요리법을 만들었는데, 사람들이 제가 이미 제출한 것보다 이것을 더 좋아할 것이라고 믿고 있습니다. 제가 제출한 요리법을 바꿀 수 있는지 저에게 알려 주십시오. 귀하의 응답을 고대하고 있겠습니다.

Sophia Walker 드림

☞ 일등급 영어 비법 Note 1

※ 위 '일등급 영어 비법 Note' 박스 속에 본인이 적용한 비법을 적어보고 다음 카페(일등급 영어 남기선 검색)의 교재 자료실에서 "일등급 영어 비법 Note"를 다운로드 받아 참고하세요.

2. 심경 파악

파도는 서핑하기에 완벽했다. 하지만 Dave는 자신의 보드 위에 도저히 서 있을 수 없었다. 그는 일어서려고 열 번 넘게 시도해 보았지만 결코 해낼 수 없었다. 그는 자신이 결코 성공할 수 없을 것이라고 느꼈다. 막 포기하려고 할 때 그는 바다를 마지막으로 한 번 쳐다보았다. 넘실거리는 파도가 "이리와, Dave. 한 번 더 시도해 봐!"라고 말하는 것 같았다. 심호흡을 하면서 그는 자신의 보드를 집어들고 바다로 달려 들어갔다. 그는 적당한 파도를 기다렸다. 마침내 그것이 왔다. 그는 자신이 연습했던 그대로 보드 위로 점프해 올랐다. 그리고 이번에는 똑바로 서서 그는 해안으로 되돌아오는 내내 파도와 싸웠다. 기쁨에 차서 물 밖으로 걸어 나오며 그는 "와, 내가 해냈어!"라고 환호성을 질렀다.

① 실망한 → 기뻐하는　　② 따분한 → 편안한
③ 침착한 → 짜증 난　　④ 안심한 → 두려운
⑤ 즐거운 → 화난

3. 주장 파악

[해석]

전쟁은 적에 대한 '약간의' 이미지, 즉 개념 없이는 생각할 수 없다. 전쟁에 의미와 정당화를 제공하는 것은 바로 적의 존재이다. Carl Schmitt는 이렇게 썼다. '전쟁은 증오감을 따라 나온다. 전쟁은 그 나름의 전략적, 전술적, 그리고 여타의 규칙과 관점을 가지고 있지만, 그것들 모두 적이 누구냐에 대해 정치적인 결정이 이미 내려졌다는 것을 상정하고 있다.' 적의 개념은 전쟁의 도덕적 평가에 핵심적이다. 즉, '적의 이미지를 확립하는 데 있어서 전쟁을 하고 있는 국가의 기본적인 목표는 죽이는 행위와 살인의 행위를 가능한 한 뚜렷이 구별하는 것이다.' 하지만, 우리는 전쟁과 그것에 영향을 미치는 적의 이미지를 추상적이고 획일적인 방식으로 생각하는 것에 대해 주의를 할 필요가 있다. 오히려 둘은 그것들 본연의 문화적이고 불확정적인 현상으로 간주되어야 한다.

☞ 일등급 영어 비법 Note 2

4. 함축 의미 추론

비록 명시적인 목표는 아니지만, 최고의 과학은 실제로 무지를 개선하는 것으로 여겨질 수 있다. 과학자들, 특히 젊은 과학자들은 결과에 너무 집착할 수 있다. 사회는 그들이 이런 무모한 추구를 계속하도록 돕는다. 큰 발견들이 언론에 보도되고, 대학의 홈페이지에 등장하고, 보조금을 얻는데 도움을 주고, 승진을 위한 논거를 만든다. 그러나 그것은 잘못된 것이다. 위대한 과학자들, 우리가 존경하는 신구자들은 결과가 아니라 다음 문제에 관심이 있다. 아주 존경받는 물리학자인 Enrico Fermi는 자신의 학생들에게 가설을 성공적으로 입증하는 실험은 측정이며, 그렇지 않은 것은 발견이라고 말했다. 새로운 무지의 발견, (새로운 무지를) 드러내는 것이라고. 과학적인 성취의 정점인 노벨상은 평생의 과학적인 업적이 아니라 하나의 발견, 결과에 대해 수여된다. 노벨상 위원회조차도 이것이 실제로 과학의 진정한 의미 속에 있는 것이 아니라는 것을 어떤 점에서 인식하고 있으며, 그들의 상에 쓰인 문구들도 흔히 '한 분야를 열었거나', '한 분야를 변화시켰거나' 혹은 '한 분야를 새롭고 예상치 못한 방향으로 이끈' 발견을 기리고 있다.

① 알려진 것을 넘어서 알려지지 않은 채로 있는 것을 향해 보는 것
② 발견된 것에 대한 궁극적인 설명을 제공하는 것
③ 객관적인 사고방식을 가지고 현재의 지식을 분석하는 것
④ 과학자들이 중요한 발견을 홍보하도록 자극하는 것
⑤ 과학의 새로운 분야에 대해 학생들에게 알려주는 것

☞ 일등급 영어 비법 Note 3

5. 요지 파악

산업 사회가 정보에 기반한 사회로 진화해가면서, 하나의 상품, 그 나름의 가치를 가진 하나의 제품으로서의 정보의 개념이 등장했다. 결과적으로 가장 고품질의 정보를 소유한 그러한 사람, 조직, 그리고 국가들이 경제적으로, 사회적으로, 그리고 정치적으로 번창할 가능성이 높다. 정보의 경제학에 대한 연구는 정보와 정보 서비스의 비용, 정보가 의사 결정에 미치는 영향, 효과적인 정보 취득으로 인한 절약, 정보가 생산성에 미치는 영향, 그리고 (기업, 기술, 혹은 의학 도서관과 같은) 특정한 기관이 조직의 생산성에 미치는 영향을 포함하는 다양한 범주를 망라한다. 이러한 많은 분야들이 서로 겹치는 것은 분명하지만, 정보가 그것이 포함되는 매체를 벗어나 그 나름의 생명력을 얻게 되었다는 것은 분명하다. 정보는 측정되고, 평가되고, 값이 매겨지는 인정받는 실재(독립체)가 되었다.

☞ 일등급 영어 비법 Note 4

6. 주제 파악

우리는 정의의 윤리적 원칙이 아직 태어나지 않은 세대와 가장 가난한 나라들을 기후 변화로부터 보호하기 위한 정책에 대한 근본적인 기초를 제공한다고 주장하는 바이다. 농업과 물 공급에 대한 점점 증가하는 위협과 주로 부유한 국가들에게만 이득을 주는 국제 무역의 규칙에 직면하여, 이 (가난한) 국가들을 위한 현재의 끈질기게 부족한 원조와 관련하여 연계된 문제들이 발생한다. 세계의 가장 가난한 국민들에 대한 원조를 증가시키는 것은 효과적인 (탄소 배출) 완화의 필수적인 부분이다. 탄소 배출량의 20%는 (대개 열대 지역의) 벌채로부터 오므로, 삼림 보존을 위한 탄소 배출권

은 더 가난한 국가들에 대한 원조와 비용 효율성이 가장 높은 (탄소 배출) 감소의 형태 중의 하나와 결합시켜 줄 것이다. 아마 비용 효율성이 가장 높지만 정치적으로 가장 복잡한 정책 개혁은, OECD에서 두 가지의 가장 큰 수혜 분야, 곧 파괴적인 산업화 농업과 화석 연료로부터 오는 연간 수천억 달러의 직접적인 보조금을 없애는 일일 것이다. 이 돈의 적은 양이라도 보존 농업으로의 근본적인 변화를 촉진할 뿐만 아니라, 많은 지역에서 이미 빠르게 진행되고 있는 재생 가능한 에너지에 대한 기술적 진보와 투자를 가속할 것이다.

① 가난한 국가의 외교 정책 개혁
② 환경의 위기에 대한 점증하는 세계적 의식
③ 가난한 국가에서 경제적 평등을 복구하는 이유
④ 원조와 정책의 개혁에 의하여 기후 변화에 대처하기
⑤ 국제적 갈등을 해결하는 데 있어서 의 OECD의 역할

☞ 일등급 영어 비법 Note 5

7. [출제의도] 제목 추론

[해석]

큰 재해를 정의하는 요소 하나는 그 해로운 결과의 거대한 규모이다. 사회가 큰 재해로부터 오는 손실을 방지하거나 줄이는 데 도움을 주기 위해서, 잠재적 혹은 실제적 손실의 규모와 범위를 산정하고 전달하기 위한 대단히 큰 노력과 기술적인 정교한 지식이 자주 사용된다. 이 노력은 사람들이 그 결과로 생기는 수를 이해할 수 있고 그에 의거하여 적절하게 행동할 수 있다는 것을 가정한다. 그러나 최근의 행동 연구는 이러한 근본적인 가정에 의혹을 던진다. 큰 수를 이해하지 못하는 사람들이 많다. 사실상 큰 수는 정서적 반응(감정)을 전달하지 않는다면 의미가 없으며 결정을 할 때 과소평가된다는 것이 밝혀졌다. 이것은 의사 결정의 이성적인 모델이 표현하지 못하는 역설을 만들어 낸다. 한편으로 우리는 곤궁한 상태에 빠진 한 사람을 돕기 위하여 강렬하게 반응한다. 다른 한편으로 우리는 대량의 비극을 방지하거나 자연재해로부터 잠재적인 손실을 줄이기 위한 적절한 조치를 하지 못할 때가 흔히 있다.

① 대규모 비극에 대한 무감각: 우리는 큰 수에 매몰되어 있다.
② 수의 힘: 자연재해를 분류하는 방법.
③ 필사적인 곤궁한 상태에 있는 사람들에게 손을 내미는 방법.
④ 기술을 통해 잠재적 손실을 방지하기.
⑤ 주의하라: 수는 감정을 확대한다!

```



```

8. 도표 파악

위 표는 1979-1980학년도와 2016-2017학년도의 두 학년도에 미국의 대학과 종합대학에 등록한 상위 10개 출신국과 유학생의 수를 보여준다. ① 2016-2017학년도의 유학생 총수는 1979-1980학년도 유학생 총수보다 3배 넘게 많았다. ② 이란, 타이완, 나이지리아는 1979-1980학년도 유학생의 상위 3개 출신국이었는데, 그 중 타이완만이 2016-2017학년도 상위 10개 출신국 목록에 포함되었다. ③ 인도 출신 학생 수는 1979-1980학년도보다 2016-2017학년도에 20배 넘게 많았으며, 인도는 2016-2017학년도에 중국보다 순위가 더 높았다. ④ 대한민국은 1979-1980학년도에는 상위 10개 출신국에 포함되지 않았는데, 2016-2017학년도에는 순위가 3위였다. ⑤ 일본 출신 학생의 수는 1979-1980학년도보다 2016-2017학년도에 더 많았으나, 일본은 1979-1980학년도보다 2016-2017학년도에 순위가 더 낮았다.

9. 세부내용 파악

1896년 Washington D.C.에서 태어난 미국 작가인 Marjorie Kinnan Rawlings는 시골을 다룬 주제와 배경이 있는 소설을 썼다. 그녀가 어렸을 때, 그녀의 이야기 중 하나가 The Washington Post 에 실렸다. 대학교를 졸업한 후 Rawlings는 저널리스트로 일하면서 동시에 소설가로 자리매김하려고 애썼다. 1928년에 그녀는 Florida주 Cross Creek 에 있는 오렌지 과수원을 구입했다. 이것은 The Yearling 과 자전적인 책인 Cross Creek 을 포함해서 그녀의 일부 작품의 영감의 원천이 되었다. 1939년에 한 소년과 어미 잃은 아기 사슴에 관한 이야기였던 The Yearling 은 풀리처상 소설부문 수상작이 되었다. 나중에, 1946년에 The Yearling 은 같은 제목으로 영화화되었다. Rawlings는 1953년에 세상을 떠났고, 그녀가 Cross Creek에 소유한 땅은 Florida 주립 공원이 되어 그녀의 업적을 기리고 있다.

10. 세부내용 파악

Flying Eagle 집라인 Ride

아주 신나는 저희 Flying Eagle 집라인을 타고 Lost Forest 위를 나무 꼭대기를 헤치며 날아보세요! 독수리처럼 나는 흥분을 느껴보세요!

·연령 조건: 13세 이상
·요금: 20파운드
·집라인 길이: 500미터
·소요 시간: 30분 (안전 교육 포함)
(including safety instruction)
·제한 규정:
- 등(허리)에 문제가 있거나 심각한 심장질환이 있는 사람
- 체중: 125킬로그램 초과
- 신장: 120센티미터 미만
※ 분실한 귀중품에 대해 저희는 책임을 지지 않습니다.
※ 사전 예약은 필요 없습니다.
더 많은 정보를 원하시면 저희 웹 사이트 www.flyingeaglezip.co.uk를 방문하세요.

[풀이]
후반부에서 사전 예약은 필요 없다고 했으므로, ⑤는 안내문의 내용과 일치하지 않는다.

[Words and Phrases]
duration 소요 시간 valuables (pl .) 귀중품

11. 세부내용 파악

무선 충전 패드
- 사용 안내 -
무선 스마트폰 충전:
1. 충전 패드를 전원에 연결하세요.
2. 화면을 위로 향하게 해서 스마트폰을 충전 패드위에 놓으세요.
3. 스마트폰을 충전 패드 중앙에 놓으세요(그렇지 않으면 충전되지 않습니다).

충전 상태 LED:
·파란색 빛: 스마트폰이 충전되는 중입니다. 문제가 있으면 파란색 빛이 깜박일 것입니다.
·흰색 빛: 스마트폰이 완전히 충전되었습니다.

주의사항:
·충전 중에는 스마트폰과 충전 패드 사이에 어떤 것도 놓지 마세요.
·충진 패드는 빙수가 되지 않습니다. 물에 젖지 않게 하세요.

12. 어법(문법성 판단)

'기념비적'이라는 말은 이집트 예술의 기본적인 특징을 표현하는 데 매우 근접하는 단어이다. 그 전에도 그 이후에도, 기념비성이라는 특성이 이집트에서처럼 완전히 달성된 적은 한 번도 없었다. 이에 대한 이유는 그들 작품의 외적 크기와 거대함이 아니다—비록 이집트인들이 이 점에 있어서 몇 가지 대단한 업적을 달성했다는 것이 인정되지만, 많은 현대 구조물은 순전히 물리적인 크기의 면에서는 이집트의 구조물들을 능가한다. 그러나 거대함은 기념비성

과는 아무 관련이 없다. 예를 들어, 겨우 사람 손 크기의 이집트의 조각이 Leipzig의 전쟁 기념비를 구성하는 그 거대한 돌무더기보다 더 기념비적이다. 기념비성은 외적 무게의 문제가 아니라 '내적 무게'의 문제이다. 이 내적 무게가 이집트 예술이 지닌 특성인데, 이집트 예술은 그 안에 있는 모든 작품이 단지 폭이 몇 인치에 불과하거나 나무에 새겨져 있을지라도, 마치 산맥처럼 원시 시대의 돌로 만들어진 것처럼 보일 정도이다.

→ ② 문맥상, 'was achieved'가 되어야 하므로 'did'를 'was'로 고쳐야 한다

☞ 일등급 영어 비법 Note 7

```



```

13. 어휘의미 추론

유럽 최초의 '호모 사피엔스'는 주로 큰 사냥감, 특히 순록을 먹고 살았다. 심지어 이상적인 상황에서도, 이런 빠른 동물을 창이나 활과 화살로 사냥하는 것은 불확실한 일이다. 그러나 순록에게는 인류가 인정사정없이 이용할 약점이 있었는데, 그것은 순록이 수영을 잘 못한다는 것이었다. 순록은 물에 떠 있는 동안, 코를 물 위로 내놓으려고 애쓰면서 가지진 뿔을 높이 쳐들고 천천히 움직이기 때문에, 유례없이 공격받기 쉬운 상태가 된다. 어느 시점에선가, 석기 시대의 한 천재가 수면 위를 미끄러지듯이 움직일 수 있음으로써 자신이 얻을 엄청난 사냥의 이점을 깨닫고 최초의 배를 만들었다. ⑤힘들게(→ 쉽게) 따라잡아서 도살한 먹잇감을 일단 배 위로 끌어 올리면, 사체를 부족이 머무는 곳으로 가지고 가는 것은 육지에서보다는 배로 훨씬 더 쉬웠을 것이다. 인류가 이런 장점을 다른 물품에 적용하는 데는 긴 시간이 걸리지 않았을 것이다.

☞ 일등급 영어 비법 Note 8

```



```

14. 빈칸추론

Finkenauer와 Rime는 표본으로 추출된 많은 벨기에 시민들을 대상으로 1993년 벨기에 왕 Baudouin의 예기치 못한 죽음에 대한 기억을 조사했다. 그 자료는 왕의 죽음에 대한 소식이 널리 사회적으로 공유되었다는 것을 나타냈다. 그 사건에 관해 이야기함으로써 사람들은 서서히 그 감정적 사건의 사회적 이야기와 집단 기억을 구축했다. 동시에 그들은 그 사건이 발생했던 개인적 상황에 대한 자신들의 기억을 공고히 했는데, 그것은 '섬광 기억'으로 알려진 효과이다. 한 사건이 사회적으로 더 많이 공유되면 될수록, 그것은 사람들의 마음에 더 많이 고정될 것이다. 사회적 공유는 이런 식으로 사람들이 갖고 있을 수 있는 어떤 자연적인 성향을 중화시키는 데 도움이 될 수도 있다. 자연스럽게 사람들은 바람직하지 않은 사건을 '잊도록' 이끌릴 것이다. 그래서 방금 어떤 나쁜 소식을 들은 어떤 사람은 발생한 일을 처음에는 흔히 부인하고 싶어 한다. 나쁜 소식의 반복되는 사회적 공유는 현실성에 기여한다.

① 선입견을 가진　　② 불법적인　　③ 반복적인
④ 순간적인　　⑤ 이성적인

☞ 일등급 영어 비법 Note 9

```



```

15. 빈칸추론

소수 집단은 많은 힘이나 지위를 가지고 있지 않은 경향이 있고 심지어 말썽꾼, 극단주의자, 또는 단순히 '별난 사람'으로 일축될 수도 있다. 그렇다면 대체 그들은 어떻게 다수 집단에 대한 영향력을 행사하는가? 사회 심리학자 Serge Moscovici는 그 답이 그들의 '행동 양식', 즉 소수 집단이 자기네 의견을 이해시키는 '방식'에 있다고 주장한다. 여성 참정권 운동이 성공을 거둔 중대한 요인은 지지자들이 자신들의 관점에서 '일관적'이었다는 것이었는데, 이것이 상당한 정도의 사회적 영향력을 행사하였다. 자신들의 입장을 '일관되게' 옹호하고 방어하는 활동적이고 조직적인 소수 집단이 다수 집단의 구성원 사이에 사회적 갈등, 의심, 그리고 불확신을 만들어 낼 수 있고, 궁극적으로 이것이 사회 변화를 가져올 수도 있다. 그러한 변화가 흔히 일어난 까닭은 소수 집단이 다른 사람들을 자신의 관점으로 바꿔 놓았기 때문이다. 소수 집단의 영향 없이는 우리에게 어떤 혁신, 어떤 사회 변화도 없을 것이다. 우리가 현재 '주요' 사회 운동(예를 들어, 기독교 사상, 노동조합 운동, 또는 남녀평등주의)으로 여기는 많은 것이 본래는 거침없이 말하는 소수 집단의 영향력 때문에 생겨났다.

① 소수 집단이 자기네 의견을 이해시키는
② 소수 집단이 자신의 목소리를 낮추는
③ 다수 집단이 소수 집단을 양성하는
④ 다수 집단이 사회적 변화를 가져오는
⑤ 소수 집단이 다수 집단과 협동하는

데, 이것은 양측의 시각 영역을 정수리 부분의 수량 영역과 빠르게 연결하는 것이다. 손가락으로 헤아리기와 같은 기본적인 발명조차도 우리의 인지 능력을 극적으로 변화시킨다. 수를 세는 것을 발명하지 않은 아마존 사람들은, 예를 들어, 6 빼기 2처럼 간단한 것을 정확하게 계산할 수 없다. 이러한 '문화적 재활용'은 인간의 두뇌의 기능적 구조가 생물학적, 문화적 제약의 복잡한 혼합물로부터 생겨난 것이라는 것을 암시한다.

① 우리의 뇌가 문화적 다양성에 제한을 가하기
② 우리가 우리의 오래된 영역들을 새로운 방식으로 동원할 수 있기
③ 문화적 도구가 우리의 뇌 기능을 안정시켜 주기
④ 우리의 뇌 영역이 독립적인 방식으로 작동하기
⑤ 우리는 우리 자신을 자연의 도전에 적응시킬 수 없기

16. 빈칸추론

문화유산은 매우 선별적인 물질적 인공물, 신화, 기억, 그리고 전통이 현재를 위한 자원이 되는 방식과 관련이 있다. 그 자원의 내용, 해석, 표현은 현재의 요구에 따라 선택되며, 상상된 과거는 상상된 미래로 전해질 수 있는 유산을 위한 자원을 제공한다. 그것은 또한 기억과 전통의 의미와 기능들이 현재에 와서 정의된다는 말이 된다. 게다가, 유산은 물질적 인공물보다 의미와 더 많이 관련된다. 후자(물질적 인공물)에게 문화적 혹은 재정적 가치를 부여하고 거의 무한하게 많은 과거의 것들로부터 왜 그것들이 선택되었는지 설명해 주는 것은 바로 전자(의미)이다. 결국, 현재 사회의 요구가 변화함에 따라, 혹은 심지어, 구 동유럽에서 현재 일어나고 있는 것처럼, 새로운 현재를 반영하기 위해서 과거가 재창조되어야 할 때, 그것들은 나중에 버려질 수도 있다. 따라서 유산은 <u>과거를 기억하는 것만큼 과거를 잊는 것에 관한 것</u>이다.

① 사회의 기억과 전통을 모아놓은 것
② 과거를 기억하는 것만큼 과거를 잊는 것에 관한 것
③ 현재에도 미래에도 관련되지 않은 것
④ 과거의 인공물들을 반영하는 거울
⑤ 보편적인 문화적 가치를 보존하는 것에 관한 것

17. 빈칸추론

인간은 새로운 문화직 도구를 발명함으로써 자신의 기능성을 확장하는 능력에 있어서 독특하다. 쓰기, 산수, 과학, 이 모든 것은 최근에 발명된 것이다. 우리의 뇌가 그것들을 위해 진화할 충분한 시간이 없었으나, 나는 <u>우리가 우리의 오래된 영역들을 새로운 방식으로 동원할 수 있기</u> 때문에 그것들이 가능하게 되었으리라고 추론한다. 우리가 읽는 것을 배울 때, 우리는 시각적인 단어-형태 영역이라고 알려진 우리의 시각 시스템의 특정 영역을 재활용하는데, 이것이 우리가 일련의 문자를 인식하고 그것들을 언어 영역에 연결할 수 있게 해 준다. 마찬가지로, 우리가 아라비아 숫자를 배울 때 우리는 그러한 모양들을 빠르게 수량으로 변환하는 회로를 만드는

18. 문장 제거

사진술이 19세기에 나타났을 때, 회화는 위기에 처했다. 사진은 여태까지 화가가 할 수 있었던 것보다 자연을 모방하는 일을 더 잘하는 것처럼 보였다. 몇몇 화가들은 그 발명품(사진술)을 실용적으로 이용했다. 자신들이 그리고 있는 모델이나 풍경 대신에 사진을 사용하는 인상파 화가들이 있었다. 하지만 대체로, 사진은 회화에 대한 도전이었고 회화가 직접적인 표현과 복제로부터 멀어져 20세기의 추상 회화로 이동해 가는 한 가지 원인이었다. (<u>그러므로, 그 세기의 화가들은 자연, 사람, 도시를 현실에서의 모습으로 표현하는 데 더 초점을 맞추었다.</u>) 사진은 사물을 세상에 존재하는 대로 아주 잘 표현했기 때문에, 화가들은 내면을 보고 자신들의 상상 속에서 존재하는 대로 사물을 표현할 수 있게 되어, 화가의 그림에 고유한 색, 양감, 선, 그리고 공간의 배치로 감정을 표현하였다.

19. 순서배열

심리학 연구자들은 인간의 행동을 설명하는 데 도움을 주고 예측할 수 있는 연구를 수행하기 위해 과학적인 방법을 따른다. 이

것은 달팽이나 음파를 연구하는 것보다 훨씬 더 어려운 작업이다.

(B) 이것은 자연적인 환경보다 실험실 내에서의 행동을 검사하는 것, 그리고 모집단의 대표적인 실제 예에서 데이터를 모으기보다 (심리학 입문을 공부하는 학생들처럼) 쉽게 구할 수 있는 사람들에게 참여하도록 요청하는 것과 같은 절충이 자주 필요하다. 사람들의 생각을 바꾸는 것, 즉 반응성이라 불리는 것 없이 그들이 생각하고 있는 것에 최대한 접근할 방안을 생각해 내는 것은 많은 경우 대단히 교묘한 솜씨가 필요하다.

(C) 단지 자신들이 관찰되고 있다는 것을 아는 것은 사람들이 (더욱 공손하게 하는 것처럼!) (평소와) 다르게 행동하는 것을 유발할 수 있다. 사람들은 자신들의 실제 생각보다 더 사회적으로 바람직하다고 생각하는 답을 할 가능성이 있다.

(A) 그러나 심리학에 대한 모든 이러한 어려움에도 불구하고, 과학적인 방법의 이점은 연구 결과가 반복 가능하다는 것이다. 즉, 같은 절차를 따르면서 같은 연구를 다시 진행하면, 같은 결과를 얻을 가능성이 매우 클 것이다.

☞ 일등급 영어 비법 Note 14

20. 순서배열

분명히, 도식적인 지식은 여러분의 이해를 이끌어주고 기억할 수 없는 것들을 재구성하게 하여 여러분에게 도움을 준다.

(C) 하지만 도식적인 지식은 또한 인식과 기억에 오류를 조장하여 여러분에게 해를 끼칠 수 있다. 게다가, 도식에 의해서 발생하는 오류의 '유형'은 상당히 예측 가능하다. 도식이 여러분의 경험의 광범위한 유형을 요약하며 그래서 그것(도식)이 본질적으로 주어진 상황에서 무엇이 전형적이거나 평범한 것인지 여러분에게 말해 준다는 것을 명심하라.

(B) 따라서, 도식에 대한 어떠한 의존이라 하더라도, 그것은 어떤 것이 '정상적'인 것인지에 대한 이러한 정보에 의해 형성될 것이다. 따라서 어떤 상황이나 사건을 보면서 여러분이 알아차리지 못하는 것이 있으면, 여러분의 도식이 그 상황에서 일반적으로 무엇이 어울리는지에 관한 지식으로 이러한 '공백'을 채우도록 여러분을 이끌어줄 것이다.

(A) 마찬가지로, 여러분이 기억할 수 없는 것이 있으면, 여러분의 도식이 그 공백을 그 상황에서 어떤 것이 일반적인 것인지에 대한 지식으로 채워 줄 것이다. 결과적으로, 도식에 의존하는 것은 불가피하게 세상을 실제보다 더 '정상적인' 것으로 보이게 할 것이고, 과거를 실제보다 더 '규칙적인' 것으로 보이게 할 것이다.

☞ 일등급 영어 비법 Note 15

21. 문장삽입

인쇄기는 생각이 스스로를 복제하는 능력을 신장시켰다. 비용이 적게 드는 인쇄술이 있기 전에, 생각은 구전으로 퍼져 나갈 수 있었고 실제로 그렇게 퍼져 나갔다. 이것은 대단히 강력했지만, 전파될 수 있는 생각의 복잡성을 단 한 사람이 기억할 수 있는 것으로 제한했다. 그것은 또한 일정량의 확실한 오류를 추가했다. 구전에 의한 생각의 전파는 전 세계적인 규모의 말 전하기 놀이와 맞먹었다. 글을 읽고 쓸 줄 아는 능력의 출현과 손으로 쓴 두루마리와 궁극적으로 손으로 쓴 책의 탄생은 크고 복잡한 생각이 매우 정확하게 퍼져 나가는 능력을 강화했다. 그러나 손으로 두루마리나 책을 복사하는 데 요구된 엄청난 양의 시간은 이 방식으로 정보가 퍼져 나갈 수 있는 속도를 제한했다. 잘 훈련된 수도승은 하루에 약 4쪽의 문서를 필사할 수 있었다. 인쇄기는 정보를 수천 배 더 빠르게 복사할 수 있었는데, 그것은 지식이 이전 어느 때보다 훨씬 더 빠르고 최대한 정확하게 퍼져 나갈 수 있게 하였다.

☞ 일등급 영어 비법 Note 16

22. 문장 삽입

지도 제작자들의 커다란 도전은 집합적으로 지형이라고 불리는 언덕과 계곡, 경사지와 평지의 묘사이다. 이것은 여러 방법으로 할 수 있다. 한 가지 방법은 지형의 주름이 번갈아 빛이 비치고 그늘지게 빛과 그림자의 이미지를 만들어, 땅의 모양을 시각적으로 표현하는 것을 만들어 내는 것이다. 기술적으로 더 정확한 또 다른 방법은 등고선을 그리는 것이다. 등고선은 동일한 고도에 있는 모든 점을 연결한다. 따라서 평야 위로 솟은 둥그런 산은 가장 큰 동심원이 맨 아랫부분에 그리고 가장 작은 동심원은 꼭대기 근처에 있는 일련의 동심원으로 지도에 나타날 것이다. 등고선이 서로 가깝게 배치되면 산의 경사가 가파르고, 등고선이 더 멀리 떨어져 있으면 기울기가 더 완만하다. 등고선은 지역 지형의 가파른 비탈, 분지, 계곡을 나타낼 수 있다. 한눈에, 그것들은 지도로 그려진 지역의 고저가 큰지 작은지를 드러내는데, '복잡한' 등고선 지도는 많은 높은 기복을 의미한다.

23. 요약문 빈칸

시장 시스템이 있거나 없는 두 가지 인간 사회를 다 포함한 생물학적 유기체들은 불확실한 미래와 관련된 위험에 기초하여 현재 이용할 수 있는 생산물보다 (시간상으로) 멀리 있는 것들을 평가 절하한다. 투입과 생산의 시기가 에너지 유형에 따라 크게 다르기 때문에, 대체 에너지를 평가할 때 시간을 통합하려는 강력한 사례가 있다. 예를 들어 대부분의 투자가 생산하기 전에 발생하는 태양 전지판이나 풍력 엔진으로부터의 에너지 생산은 대부분의 화석 연료 추출 기술과 비교했을 때 다르게 평가될 필요가 있을 수 있는데, 화석 연료 추출 기술에서는 많은 비율의 에너지 생산이 훨씬 더 빨리 가능하고, 더 큰 (상대적) 비율의 투입이 추출 과정 동안에 적용되고 선행 투자되지는 않는다. 따라서 화석 연료, 특히 석유와 천연가스는 많은 재생 가능 기술보다 에너지 품질 이점(비용, 저장성, 운송 가능성 등)이 있을 뿐만 아니라 현재의 소비/반환에 대한 인간의 행동 선호를 설명하는 것에 비추어 보면 '시간적 이점'도 또한 갖는다.

→ 사람들이 더 즉각적인 생산물을 선호하는 경향이 있다는 사실 때문에, 화석 연료는 투입과 생산 간 거리의 면에서 재생 가능 대체 에너지보다 더 경쟁력이 있다.

① 즉각적인 – 경쟁력 있는   ② 이용 가능한 – 비싼
③ 지체된 – 경쟁력 있는   ④ 편리한 – 비싼
⑤ 풍부한 – 경쟁력 있는

[24~25] 장문(제목 파악 & 어휘의미 추론)

산업 자본주의는 일거리를 만들어 냈을 뿐만 아니라, 그 말의 현대적 의미로의 '여가'도 또한 만들어 냈다. 이것은 놀라운 것으로 보일 수 있는데, 초기의 목화 농장주들은 자신들의 기계를 가능한 한 오랫동안 가동하기를 원했고, 자신들의 일꾼들에게 매우 오랜 시간을 일하도록 강요했기 때문이다. 하지만 근무 시간 동안 지속적인 일을 요구하고 비업무 활동을 배제함으로써 고용주들은 여가를 업무와 분리했다. 어떤 사람들은 공장이 문을 닫는 별도의 휴가 기간을 만듦으로써 이 일을 매우 명시적으로 했는데, 왜냐하면 이렇게 하는 것이 그때그때 휴가를 내는 것에 의해 일을 진척(→ 중단)시키는 것보다 더 나았기 때문이었다. 휴일의 형태이건, 주말의 형태이건, 혹은 저녁이라는 형태이건, 일하지 않는 별도의 기간으로서의 '여가'는 자본주의 생산으로 만들어진 통제되고 제한된 근로 시간의 결과였다. 그 후 노동자들은 더 많은 여가를 원했고, 여가 시간은 노동조합 운동에 의해 확대되었는데, 이 일은 면화 산업에서 맨 처음 시작되었고, 결국 노동 시간을 제한하고 노동자들에게 휴가의 권리를 주는 새로운 법이 통과되었다.

다른 의미에서 여가는 또한 여가의 상업화를 통한 자본주의의 창조였다. 이것은 더 이상 전통적인 스포츠와 여가 활동에의 참여를 의미하지 않았다. 노동자들은 자본주의 기업이 조직한 여가 활동에 돈을 지불하기 시작했다. 사람들에게 입장료를 받을 수 있는 관중 스포츠, 특히 축구와 경마로의 대중의 이동이 이제는 가능했다. 이것의 중요성은 아무리 강조해도 지나치지 않는데, 왜냐하면 완전히 새로운 산업이 출현해서 레저 시장을 개발하고 발전시키고 있었기 때문이었으며, 그 시장은 나중에 소비자의 수요, 고용, 그리고 이익의 거대한 원천이 될 것이었다.

24. 제목 파악
① 노동자를 만족시키기 위해 필요한 것
② 노동자들이 더 많은 여가를 위해 싸워온 이유
③ 자본주의에서의 여가의 탄생과 진화
④ 일과 여가 사이의 균형을 맞추는 방법
⑤ 현대 레저 산업의 밝은 면과 어두운 면

25. 어휘의미 추론
(b)의 promoted(진척되는)는 글의 논리상 어색하고, disrupted(중단되는)과 유사한 의미의 말이 적절하다.

[26~28] 장문(순서배열 & 지칭대상 & 세부내용 파악)

(A) Olivia와 그녀의 여동생 Ellie는 양배추의 한가운데 할머니와 함께 서 있었다. 갑자기 할머니가 "양배추 화이트기 뭔지 아니?"라고 물었다. "네, 저는 생물 시간에 그것에 대해 배웠어요. 그것은 아름다운 하얀 나비예요."라고 Olivia가 대답했다. "맞아! 하지만 그것은 양배추에 알을 낳고, 그리고 나서 애벌레는 양배추 잎을 먹어! 그러니, 내가 애벌레를 잡는 것을 도와주지 않겠니?"라고 할머니가 제안했다. 두 자매는 기꺼이 동의했고 준비를 위해 집으로 돌아갔다.

(C) 곧, 각자 작은 양동이를 갖춘 채 Olivia와 Ellie는 할머니에게 다시 갔다. 그들이 양배추밭을 보았을 때, 그들은 갑자기 그것이 얼마나 넓은지 생각이 났다. 백만 개의 양배추가 있는 것 같았

다. Olivia는 끝없는 양배추밭을 보고 입을 벌린 채 서 있었다. 그녀는 그들이 아마도 애벌레를 모두 다 떼어낼 수 없으리라고 생각했다. Olivia는 절망감에 한숨을 쉬었다. 할머니는 그녀를 보고 미소를 지으며 "걱정하지 마라. 우리는 단지 오늘 여기 첫 번째 줄에서만 일할 거란다."라고 말했다. 안도한 채 그녀와 Ellie는 첫 번째 양배추에서 시작했다.

(B) 양배추 화이트들이 그들 주위의 하늘을 가득 메운 채 애벌레들이 잡히면서 꿈틀거렸다. 마치 그 나비들은 Olivia를 놀리고 있는 것처럼 보였다. 그것들은 수백만 개의 알을 더 낳겠다고 암시하면서 그녀를 비웃는 것처럼 보였다. 양배추밭은 마치 전쟁터처럼 보였다. Olivia는 싸움에서 지고 있다고 느꼈지만, 그녀는 계속 싸웠다. 그녀는 (양동이) 바닥이 모습을 감출 때까지 계속해서 자신의 양동이를 애벌레로 채웠다. 지치고 낙담한 채 그녀는 할머니에게 "나비를 모두 없애서 더 이상의 알이나 애벌레가 생기지 않게 하면 어때요?"라고 물었다.

(D) 할머니는 부드럽게 미소를 지으며 "왜 대자연과 싸우려고 하니? 나비들은 이 꽃에서 저 꽃으로 꽃가루를 옮기기 때문에 우리가 다른 식물들을 키우는 데 도움을 준다." Olivia는 (e) 그녀가 옳다는 것을 깨달았다. 할머니는 애벌레가 양배추에게 해를 끼친다는 것을 알지만 자연환경의 자연스러운 균형을 방해하고 싶지 않다고 덧붙였다. Olivia는 이제 나비의 진정한 아름다움을 깨달았다. Olivia와 Ellie는 자신들의 가득 찬 양동이를 보고 웃었다.

27. ⑤ (e)는 Olivia의 할머니를, 나머지는 Olivia를 가리킨다.

1. 다음 글의 목적으로 가장 적절한 것은?

Dear Ms. Burke,

Thank you for your question about how to donate children's books for our book drive. The event will take place for one week from September 10th to 16th. Books can be dropped off 24 hours a day during this period. There are two locations designated for donations: Adams Children's Library and Aileen Community Center. At each location, there are blue donation boxes at the main entrance. If you are unable to visit these locations, books can be mailed directly to our organization. Your donations will help support children in our community who may not be able to afford books. We hope this information makes your donation easier. We appreciate your support.

Best regards,

Carrie Wells

① 도서 박람회 자원 봉사자를 모집하려고
② 아동 도서를 기부하는 방법을 안내하려고
③ 지역 아동들의 독서량 조사를 제안하려고
④ 독서 교육 프로그램 참여 방법을 문의하려고
⑤ 어린이 도서관 설립을 위한 기부를 독려하려고

2. 다음 글에 드러난 Emma의 심경 변화로 가장 적절한 것은?

'How much farther to the finish line? Can I make it?' Emma felt pain in her legs and was breathing heavily. She couldn't remember ever being so exhausted. Feeling frustrated, she began to think about giving up on the race. She knew she would regret it later, but it seemed like there was nothing she could do. Then, she remembered a strategy she had learned. By having strong imagery control, she could help herself achieve her goal. Over and over, Emma imagined herself running smoothly and breathing easily. It was working! She started to feel better. About thirty minutes later, she found herself crossing the finish line with a big smile on her face. Surrounded by cheering friends, she enjoyed her victory full of joy.

① calm → terrified
② furious → relaxed
③ thrilled → ashamed
④ discouraged → delighted
⑤ confused → indifferent

3. 다음 글에서 필자가 주장하는 바로 가장 적절한 것은?

Life is hectic. Our days are filled with so many of the "have tos" that we feel there's no time left for the "want tos." Further, spending all our time with others doesn't give us the ability to hit the reset button and relax. Leaving little to no time for ourselves or for the things that are important to us can lead to unmanaged stress, frustration, fatigue, resentment, or worse, health issues. Building in regular "you time," however, can provide numerous benefits, all of which help to make life a little bit sweeter and a little bit more manageable. Unfortunately, many individuals struggle with reaching goals due to an inability to prioritize their own needs. Alone time, however, forces you to take a break from everyday responsibilities and the requirements of others so you can dedicate time to move forward with your own goals, meet your own personal needs, and further explore your personal dreams.

* hectic 매우 바쁜

① 자신을 위한 시간을 확보하여 원하는 바를 추구할 필요가 있다.
② 타인과의 정기적인 교류를 통해 스트레스를 해소해야 한다.
③ 자신의 분야에서 성공하려면 체계적인 시간 관리가 중요하다.
④ 개인의 이익과 공공의 이익 간의 조화를 이루어야 한다.
⑤ 업무의 우선순위는 동료와 협의하여 정해야 한다.

4. 밑줄 친 "a link in a chain, a phase in a process"가 다음 글에서 의미하는 바로 가장 적절한 것은? [3점]

Psychologist Mihaly Csikszentmihalyi suggests that the common idea of a creative individual coming up with great insights, discoveries, works, or inventions in isolation is wrong. Creativity results from a complex interaction between a person and his or her environment or culture, and also depends on timing. For instance, if the great Renaissance artists like Ghiberti or Michelangelo had been born only 50 years before they were, the culture of artistic patronage would not have been in place to fund or shape their great achievements. Consider also individual astronomers: Their discoveries could not have happened unless centuries of technological development of the telescope and evolving knowledge of the universe had come before them. Csikszentmihalyi's point is that we should devote as much attention to the development of a domain as we do to the people working within it, as only this can properly explain how advances are made. Individuals are only "a link in a chain, a phase in a process," he notes.

* patronage 보호, 후원, 찬조

① Individuals' creativity results only from good fortune.
② Discoveries can be made only due to existing knowledge.
③ One's genius is a key element of a series of breakthroughs.
④ Individuals receive no credit for their creative achievements.
⑤ Individual creativity emerges only in its necessary conditions.

5. 다음 글의 요지로 가장 적절한 것은?

Consumers like a bottle of wine more if they are told it cost ninety dollars a bottle than if they are told it cost ten. Belief that the wine is more expensive turns on the neurons in the medial orbitofrontal cortex, an area of the brain associated with pleasure feelings. Wine without a price tag doesn't have this effect. In 2008, American food and wine critics teamed up with a statistician from Yale and a couple of Swedish economists to study the results of thousands of blind tastings of wines ranging from $1.65 to $150 a bottle. They found that when they can't see the price tag, people prefer cheaper wine to pricier bottles. Experts' tastes did move in the proper direction: they favored finer, more expensive wines. But the bias was almost imperceptible. A wine that cost ten times more than another was ranked by experts only seven points higher on a scale of one to one hundred.

* medial orbitofrontal cortex 내측 안와(眼窩) 전두 피질

① 소비자는 와인 구매 시 전문가의 평가를 적극적으로 참고한다.
② 가격 정보는 소비자의 와인 상품 선호도에 영향을 미친다.
③ 비싼 와인의 대량 구매는 소비자의 쾌감 신경을 자극한다.
④ 와인의 판매 가격은 와인의 품질과 비례하여 결정된다.
⑤ 와인의 품질은 원산지와 생산 연도에 따라 달라진다.

6. 다음 글의 주제로 가장 적절한 것은? [3점]

1950s critics separated themselves from the masses by rejecting the 'natural' enjoyment afforded by products of mass culture through judgments based on a refined sense of realism. For example, in most critics championing Douglas Sirk's films' social critique, self-reflexivity, and, in particular, distancing effects, there is still a refusal of the 'vulgar' enjoyments suspected of soap operas. This refusal again functions to divorce the critic from an image of a mindless, pleasure-seeking crowd he or she has actually manufactured in order to definitively secure the righteous logic of 'good' taste. It also pushes negative notions of female taste and subjectivity. Critiques of mass culture seem always to bring to mind a disrespectful image of the feminine to represent the depths of the corruption of the people. The process of taste-making operated, then, to create hierarchical differences between the aesthete and the masses through the construction of aesthetic positions contrary to the perceived tasteless pleasures of the crowd.

*vulgar 저속한, 서민의 *aesthetic 미학의, 심미적인

① critics' negative view on popular tastes and its effects

② criticism of cultural hierarchy in soap operas and films

③ side effects of popularized cultural products on crowds

④ resistance of the masses to cultural separations and its origins

⑤ critics' tendency to identify the refined tastes of the masses

7. 다음 글의 제목으로 가장 적절한 것은?

Radioactive waste disposal has become one of the key environmental battlegrounds over which the future of nuclear power has been fought. Environmentalists argue that no system of waste disposal can be absolutely safe, either now or in the future. Governments and the nuclear industry have tried to find acceptable solutions. But in countries where popular opinion is taken into consideration, no mutually acceptable solution has been found. As a result, most spent fuel has been stored in the nuclear power plants where it was produced. This is now causing its own problems as storage ponds designed to store a few years' waste become filled or overflowing. One avenue that has been explored is the reprocessing of spent fuel to remove the active ingredients. Some of the recovered material can be recycled as fuel. The remainder must be stored safely until it has become inactive. But reprocessing has proved expensive and can exacerbate the problem of disposal rather than assisting it. As a result, it too appears publicly unacceptable.

* exacerbate 악화시키다

① Are Nuclear Power Plants Really Dangerous?

② How to Improve Our Waste Disposal System

③ No Benefits: Nuclear Power Plants Are Deceiving Us

④ An Unresolved Dilemma in Dealing with Nuclear Waste

⑤ Ignorance Is Not a Blessing: Policies for Nuclear Issues!

8. 다음 도표의 내용과 일치하지 않는 것은?

Age Distribution of University Graduates, Canada in 1996, 2001, and 2007

This graph shows the distribution of university graduates in Canada by age group in 1996, 2001, and 2007. ① Although its share was less than 50% in each of the three years, the group of university graduates aged 22 to 24 accounted for the largest single share in those respective years. ② The second largest single share of university graduates in each of the three years was held by those who were 25 to 29 years old. ③ The share of university graduates who were 30 years old and over was higher than 20% in each of the three years. ④ In 1996, the share of the group of university graduates aged 18 to 21 was 7.7%, and the share of the same age group was 6% in 2001. ⑤ In 2007, the combined share of those who were 25 to 29 years old and those who were 30 years old and over accounted for more than 50% of that year's university graduates.

9. Victor Borge에 관한 다음 글의 내용과 일치하지 않는 것은?

Vict1111or Borge, born in Copenhagen, Denmark in 1909, was a comedian and pianist. Initially a concert musician, Victor Borge soon developed a performance style that combined comedy with classical music. When the Nazis invaded Denmark in 1940, he was performing in Sweden, and a short time later managed to escape to America. When he arrived in the U.S., he didn't speak a word of English. Learning English by watching movies, he soon managed to translate his jokes for the American audience. In 1948, Victor Borge became an American citizen and a few years later was offered a show of his own, *Comedy in Music*. The show remains the longest-running one-man show in Broadway history. At the age of 90, he still performed 60 times a year. He died on December 23rd, 2000 at his home in Greenwich, Connecticut, U.S.

① 코미디와 고전 음악을 결합한 공연 스타일을 개발했다.
② 나치가 덴마크를 침공했을 때, 미국에서 공연을 하고 있었다.
③ 1948년에 미국 시민이 되었다.
④ 90세에도 여전히 일 년에 60회의 공연을 했다.
⑤ 2000년 12월 23일에 생을 마감했다.

10. LnT-Bot에 관한 다음 안내문의 내용과 일치하지 않는 것은?

LnT-Bot
Your Child's Perfect Friend for Learning
◈ Learning Modes
LnT-Bot features three learning modes:
• alphabet letters and sounds
• names of objects
• numbers and counting
◈ Learning Chips
• 30 learning chips are included.
• Insert a chip in LnT-Bot's forehead slot and pictures will appear on the LCD screen.
◈ Fun Features
• Say "Hi, Bot," and LnT-Bot will say "Hello" back.
• Clap your hands once, and LnT-Bot will dance.
• Clap your hands twice, and LnT-Bot will sing one of 10 recorded songs.

① 사물 이름 학습 모드가 있다.
② 30개의 학습용 칩이 포함되어 있다.
③ 이마의 슬롯에 칩을 넣으면, LCD 화면에 그림이 나타난다.
④ "Hi, Bot"이라고 말하면, "Hello"라고 대답한다.
⑤ 박수를 한 번 치면, 녹음된 노래 중 한 곡을 부른다.

11. 2018 Notac High School Book Review Contest에 관한 다음 안내문의 내용과 일치하는 것은?

2018 Notac High School Book Review Contest
Notac High School is now accepting your original and critical book reviews.
■ Submission
• When: From September 10, 2018 to September 21, 2018
• How: Submit your book review by email to admin@notachs.net.
■ Divisions
Each participant must enter one of the divisions below. (Only one entry per participant)

- Poetry
- Fiction
- Non-fiction
■ Guidelines
- Your review must:
1. Be your own work.
2. Be written about a book on the given booklist.
3. Be less than 1,500 words.
* Winners will be announced on the school website on October 1, 2018. No individual notifications will be made.

For more information, visit www.notachs.net.

① 이메일로는 서평을 제출할 수 없다.
② 여러 부문에 중복하여 참가할 수 있다.
③ 제공된 도서 목록에 있는 책에 대해 서평을 써야 한다.
④ 서평은 1,500 단어 이상이어야 한다.
⑤ 수상자는 개별적으로 통보받는다.

12. 다음 글의 밑줄 친 부분 중, 어법상 틀린 것은?

Not all organisms are able to find sufficient food to survive, so starvation is a kind of disvalue often found in nature. It also is part of the process of selection ①by which biological evolution functions. Starvation helps filter out those less fit to survive, those less resourceful in finding food for ②themselves and their young. In some circumstances, it may pave the way for genetic variants ③to take hold in the population of a species and eventually allow the emergence of a new species in place of the old one. Thus starvation is a disvalue that can help make ④possible the good of greater diversity. Starvation can be of practical or instrumental value, even as it is an intrinsic disvalue. ⑤What some organisms must starve in nature is deeply regrettable and sad. The statement remains implacably true, even though starvation also may sometimes subserve ends that are good.

* implacably 확고히 * subserve 공헌하다

13. (A), (B), (C)의 각 네모 안에서 문맥에 맞는 낱말로 가장 적절한 것은?

For every toxic substance, process, or product in use today, there is a safer alternative—either already in existence, or waiting to be discovered through the application of human intellect, ingenuity, and effort. In almost every case, the safer alternative is (A) [available / unavailable] at a comparable cost. Industry may reject these facts and complain about the high cost of acting, but history sets the record straight. The chemical industry denied that there were practical alternatives to ozone-depleting chemicals, (B) [predicting / preventing] not only economic disaster but numerous deaths because food and vaccines would spoil without refrigeration. They were wrong. The motor vehicle industry initially denied that cars caused air pollution, then claimed that no technology existed to reduce pollution from vehicles, and later argued that installing devices to reduce air pollution would make cars extremely expensive. They were wrong every time. The pesticide industry argues that synthetic pesticides are absolutely (C) [necessary / unnecessary] to grow food. Thousands of organic farmers are proving them wrong.

* deplete 고갈시키다 * synthetic pesticide 합성 살충제

	(A)	(B)	(C)
①	available	predicting	necessary
②	available	preventing	necessary
③	available	predicting	unnecessary
④	unavailable	preventing	unnecessary
⑤	unavailable	predicting	necessary

[14~17] 다음 빈칸에 들어갈 말로 가장 적절한 것을 고르시오.

14.

Among the most fascinating natural temperature-regulating behaviors are those of social insects such as bees and ants. These insects are able to maintain a nearly constant temperature in their hives or mounds throughout the year. The constancy of these microclimates depends not just on the location and insulation of the habitat, but on _____. When the surrounding temperature increases, the activity in the hive decreases, which decreases the amount of heat generated by insect metabolism. In fact, many animals decrease their activity in the heat and increase it in the cold, and people who are allowed to choose levels of physical activity in hot or cold environments adjust their workload precisely to body temperature. This behavior serves to avoid both hypothermia and hyperthermia.

* insulation 단열 * hypothermia 저체온(증)

*hyperthermia 고체온(증)

① the activity of the insects in the colony

② the interaction with other species

③ the change in colony population

④ the building materials of the habitat

⑤ the physical development of the inhabitants

15.

Although most people, including Europe's Muslims, have numerous identities, few of these are politically salient at any moment. It is only when a political issue affects the welfare of those in a particular group that _____. For instance, when issues arise that touch on women's rights, women start to think of gender as their principal identity. Whether such women are American or Iranian or whether they are Catholic or Protestant matters less than the fact that they are women. Similarly, when famine and civil war threaten people in sub-Saharan Africa, many African-Americans are reminded of their kinship with the continent in which their ancestors originated centuries earlier, and they lobby their leaders to provide humanitarian relief. In other words, each issue calls forth somewhat different identities that help explain the political preferences people have regarding those issues. [3점]

* salient 두드러진

① identity assumes importance

② religion precedes identity

③ society loses stability

④ society supports diversity

⑤ nationality bears significance

16.

Food unites as well as distinguishes eaters because what and how one eats forms much of one's emotional tie to a group identity, be it a nation or an ethnicity. The famous twentieth-century Chinese poet and scholar Lin Yutang remarks, "Our love for fatherland is largely a matter of recollection of the keen sensual pleasure of our childhood. The loyalty to Uncle Sam is the loyalty to American doughnuts, and the loyalty to the *Vaterland* is the loyalty to *Pfannkuchen* and *Stollen*." Such keen connection between food and national or ethnic identification clearly indicates the truth that cuisine and table narrative occupy a significant place in the training grounds of a community and its civilization, and thus, eating, cooking, and talking about one's cuisine are vital to _____. In other words, the destiny of a community depends on how well it nourishes its members.

* nourish 기르다

① an individual's dietary choices

② one's diverse cultural experiences

③ one's unique personality and taste

④ a community's wholeness and continuation

⑤ a community's dominance over other cultures

17.

Modern psychological theory states that the process of understanding is a matter of construction, not reproduction, which means that the process of understanding takes the form of the interpretation of data coming from the outside and generated by our mind. For example, the perception of a moving object as a car is based on an interpretation of incoming data within the framework of our knowledge of the world. While the interpretation of simple objects is usually an uncontrolled process, the interpretation of more complex phenomena, such as interpersonal situations, usually requires active attention and thought. Psychological studies indicate that it is knowledge possessed by the individual that determines which stimuli become the focus of that individual's attention, what significance he or she assigns to these stimuli, and how they are combined into a larger whole. This subjective world, interpreted in a particular way, is for us the "objective" world; we cannot know any world other than _____. [3점]

① the reality placed upon us through social conventions
② the one we know as a result of our own interpretations
③ the world of images not filtered by our perceptual frame
④ the external world independent of our own interpretations
⑤ the physical universe our own interpretations fail to explain

18. 다음 글에서 전체 흐름과 관계 없는 문장은?

While the transportation infrastructure may shape where we travel today, in the early eras of travel, it determined whether people could travel at all. ① The development and improvement of transportation was one of the most important factors in allowing modern tourism to develop on a large scale and become a regular part of the lives of billions of people around the world. ② Another important factor was the industrialization that led to more efficient transportation of factory products to consumers than ever before. ③ Technological advances provided the basis for the explosive expansion of local, regional, and global transportation networks and made travel faster, easier, and cheaper. ④ This not only created new tourist-generating and tourist-receiving regions but also prompted a host of other changes in the tourism infrastructure, such as accommodations. ⑤ As a result, the availability of transportation infrastructure and services has been considered a fundamental precondition for tourism.

*infrastructure 산업 기반 시설

[19~20] 주어진 글 다음에 이어질 글의 순서로 가장 적절한 것을 고르시오.

19.

Most of us have a general, rational sense of what to eat and when — there is no shortage of information on the subject.

(A) *Emotional eating* is a popular term used to describe eating that is influenced by emotions, both positive and negative. Feelings may affect various aspects of your eating, including your motivation to eat, your food choices, where and with whom you eat, and the speed at which you eat. Most overeating is prompted by feelings rather than physical hunger.

(B) Yet there is often a disconnect between what we know and what we do. We may have the facts, but decisions also involve our feelings. Many people who struggle with difficult emotions also struggle with eating problems.

(C) Individuals who struggle with obesity tend to eat in response to emotions. However, people who eat for emotional reasons are not necessarily overweight. People of any size may try to escape an emotional experience by preoccupying themselves with eating or by obsessing over their shape and weight. [3점]

* obsess 강박감을 갖다

① (A)-(C)-(B) ② (B)-(A)-(C) ③ (B)-(C)-(A)
④ (C)-(A)-(B) ⑤ (C)-(B)-(A)

20.

> Ever since the first scientific opinion polls revealed that most Americans are at best poorly informed about politics, analysts have asked whether citizens are equipped to play the role democracy assigns them.

(A) Such factors, however, can explain only the misinformation that has always been with us. The sharp rise in misinformation in recent years has a different source: our media. "They are making us dumb," says one observer. When fact bends to fiction, the predictable result is political distrust and polarization.

(B) It's the difference between ignorance and irrationality. Whatever else one might conclude about self-government, it's at risk when citizens don't know what they're talking about. Our misinformation owes partly to psychological factors, including our tendency to see the world in ways that suit our desires.

(C) However, there is something worse than an inadequately informed public, and that's a misinformed public. It's one thing when citizens don't know something, and realize it, which has always been a problem. It's another thing when citizens don't know something, but think they know it, which is the new problem.

* poll 여론 조사

① (A)-(C)-(B)   ② (B)-(A)-(C)   ③ (B)-(C)-(A)
④ (C)-(A)-(B)   ⑤ (C)-(B)-(A)

[21~22] 글의 흐름으로 보아, 주어진 문장이 들어가기에 가장 적절한 곳을 고르시오.

21.

> Moreover, more than half of Americans age 18 and older derive benefits from various transfer programs, while paying little or no personal income tax.

Both the budget deficit and federal debt have soared during the recent financial crisis and recession. (①) During 2009-2010, nearly 40 percent of federal expenditures were financed by borrowing. (②) The huge recent federal deficits have pushed the federal debt to levels not seen since the years immediately following World War II. (③) The rapid growth of baby-boomer retirees in the decade immediately ahead will mean higher spending levels and larger and larger deficits for both Social Security and Medicare. (④) All of these factors are going to make it extremely difficult to slow the growth of federal spending and keep the debt from ballooning out of control. (⑤) Projections indicate that the net federal debt will rise to 90 percent of GDP by 2019, and many believe it will be even higher unless constructive action is taken soon.

* deficit 부족, 결손 * federal 연방의 * soar 급등하다

22.

> We become entrusted to teach culturally appropriate behaviors, values, attitudes, skills, and information about the world.

Erikson believes that when we reach the adult years, several physical, social, and psychological stimuli trigger a sense of *generativity*. A central component of this attitude is the desire to care for others. (①) For the majority of people, parenthood is perhaps the most obvious and convenient opportunity to fulfill this desire. (②) Erikson believes that another distinguishing feature of adulthood is the emergence of an inborn desire to teach. (③) We become aware of this desire when the event of being physically capable of reproducing is joined with the events of participating in a committed relationship, the establishment of an adult pattern of living, and the assumption of job responsibilities. (④) According to Erikson, by becoming parents we learn that we have the need to be needed by others who depend

Part 3. 연습문제(Exercise)

on our knowledge, protection, and guidance. (⑤) By assuming the responsibilities of being primary caregivers to children through their long years of physical and social growth, we concretely express what Erikson believes to be an inborn desire to teach. [3점]

23. 다음 글의 내용을 한 문장으로 요약하고자 한다. 빈칸 (A), (B)에 들어갈 말로 가장 적절한 것은?

Perceptions of forest use and the value of forests as standing timber vary considerably from indigenous peoples to national governments and Western scientists. These differences in attitudes and values lie at the root of conflicting management strategies and stimulate protest groups such as the Chipko movement. For example, the cultivators of the Himalayas and Karakoram view forests as essentially a convertible resource. That is, under increasing population pressure and growing demands for cultivable land, the conversion of forest into cultivated terraces means a much higher productivity can be extracted from the same area. Compensation in the form of planting on terrace edges occurs to make up for the clearance. This contrasts with the national view of the value of forests as a renewable resource, with the need or desire to keep a forest cover over the land for soil conservation, and with a global view of protection for biodiversity and climate change purposes, irrespective of the local people's needs.

　　　　　* timber (목재가 되는) 수목 * indigenous 토착의

For indigenous peoples forests serve as a source of _____(A)_____ resources, while national and global perspectives prioritize the _____(B)_____ of forests, despite the local needs.

　　　　(A)　　　　　　　(B)
① transformable --- preservation
② transformable --- practicality
③ consumable --- manipulation
④ restorable --- potential
⑤ restorable --- recovery

[24~25] 다음 글을 읽고, 물음에 답하시오.

As a couple start to form a relationship, they can be seen to develop a set of constructs about their own relationship and, in particular, how it is similar or different to their parents' relationship. The couple's initial disclosures involve them forming constructs about how much similarity there is between them and each other's families. What each of them will remember is selective and (a)coloured by their family's constructs system. In turn it is likely that as they tell each other their already edited stories, there is a second process of editing whereby what they both hear from each other is again (b)interpreted within their respective family of origin's construct systems. The two sets of memories — the person talking about his or her family and the partner's edited version of this story — go into the 'cooking-pot' of the couple's new construct system. Subsequently, one partner may (c)randomly recall a part of the other's story as a tactic in negotiations: for example, Harry may say to Doris that she is being 'bossy — just like her mother'. Since this is probably based on what Doris has told Harry, this is likely to be a very powerful tactic. She may protest or attempt to rewrite this version of her story, thereby possibly adding further material that Harry could use in this way. These exchanges of stories need not always be (d)employed in such malevolent ways. These reconstructed memories can become very powerful, to a point where each partner may become confused even about the simple (e)factual details of what actually did happen in their past.

　　　　　　　　* malevolent 악의 있는

24. 윗글의 제목으로 가장 적절한 것은?

① Family Stories Disclose a Couple's True Faces

② Shaping a Couple: Reconstructing Family Stories

③ Reconstructing the Foundation of Family Reunion

④ Reconstruction of Love: Recalling Parents' Episodes

⑤ Beyond Couples' Problems: Reconstructing Harmony

25. 밑줄 친 (a)~(e) 중에서 문맥상 낱말의 쓰임이 적절하지 않은 것은? [3점]

① (a) ② (b) ③ (c) ④ (d) ⑤ (e)

[26~28] 다음 글을 읽고, 물음에 답하시오.

(A)

Over the last week, Jason had been feeling worried about his daughter, Sally. For two months now, Sally had been absorbed, perhaps even excessively, in studying birds. He was afraid she might begin to ignore her schoolwork. While shopping, Jason was glad to run into his old friend Jennifer, a bird expert working at the local university. Maybe (a)she could help ease his concern. Upon hearing about Sally's interest, Jennifer invited them both to visit her office to see just how deep Sally's fascination was.

(B)

Approaching the tree, Sally shouted excitedly, "There, that's the nest!" Jennifer looked up to see a small cup-shaped nest within a fork of the branches. Quickly, (b)she took out her binoculars and peered where Sally pointed. In the fading evening light, she found the two rare black birds in their nest. "See, didn't I tell you?" exclaimed Sally. Looking at her in joyful surprise, both Jason and Jennifer were proud of Sally. They now recognized her extraordinary gift and passion as a bird-watcher.

* binoculars 쌍안경

(C)

Two days later, Jason and Sally visited Jennifer's office. Sally was delighted by the books about birds and she joyfully looked at the beautiful pictures in them. It was while Jason and Jennifer were talking that Sally suddenly shouted, "Oh, I've seen this bird!" "Impossible," replied Jennifer, not believing it. "This book shows rare birds. You can't see any of them around here." But (c)she insisted, "I spotted a pair of them in their nest in a huge oak tree nearby!"

(D)

Jennifer walked up to Sally and took a close look at the page. (d)She calmly said, "That's the black robin of Chathas Island. It's one of the rarest birds, Sally. You couldn't have seen it in this town." Yet Sally persisted. "In that case, can you show (e)me the nest?" asked Jennifer. "Yes, I can right now if you want," answered Sally full of confidence. Jennifer put on her coat, pulled out a pair of binoculars, and stepped out. Sally and Jason followed.

26. 주어진 글 (A)에 이어질 내용을 순서에 맞게 배열한 것으로 가장 적절한 것은?

① (B)-(D)-(C)   ② (C)-(B)-(D)   ③ (C)-(D)-(B)

④ (D)-(B)-(C)   ⑤ (D)-(C)-(B)

27. 밑줄 친 (a)~(e) 중에서 가리키는 대상이 나머지 넷과 다른 것은?

① (a) ② (b) ③ (c) ④ (d) ⑤ (e)

28. 윗글에 관한 내용으로 적절하지 않은 것은?

① Sally는 두 달 동안 새를 공부하는 데 몰두해 왔었다.

② Jennifer는 대학교에서 근무하는 새 전문가이다.

③ Jason은 Sally가 새 관찰자로서 재능이 있다는 것을 알게 되었다.

④ Jason과 Sally는 Jennifer의 사무실을 방문했다.

⑤ Jennifer는 Sally가 희귀한 새를 보았다는 말을 처음부터 믿었다.

정답: 1. ② 2. ④ 3. ① 4. ⑤ 5. ② 6. ① 7. ④ 8. ⑤ 9. ②
10. ⑤ 11. ③ 12. ⑤ 13. ① 14. ① 15. ① 16. ④ 17. ② 18.
② 19. ② 20. ⑤ 21. ④ 22. ⑤ 23. ① 24. ② 25. ③ 26. ③
27. ③ 28. ⑤
아래에 있는 '일등급 영어 비법 Note'는 18군데에 있다. (목
적/주장/함축/요지/주제/ 제목/어법/어휘/빈칸/제거/순서/삽
입/요약)

1. 목적 파악

Burke 씨께 저희의 도서 기부 운동을 위해 아동 도서를 기부하
는 방법에 대한 귀하의 질문에 감사드립니다. 이 행사는 9월 10일
부터 16일까지 일주일간 열립니다. 이 기간 동안 하루 24시간 도서
를 가져다주실 수 있습니다. 기부를 위해 지정된 장소로는 Adams
어린이 도서관과 Aileen 커뮤니티 센터 등 두 군데가 있습니다. 각
장소마다 정문에 파란색 기부 상자가 있습니다. 귀하께서 이곳을
방문하실 수 없다면, 도서를 저희 기관에 우편으로 직접 보내실 수
있습니다. 귀하의 기부는 도서를 살 여유가 없을지도 모르는 저희
지역 사회의 어린이를 지원하는 데 도움이 될 것입니다. 저희는 이
정보가 귀하의 기부를 더 용이하게 하기를 바랍니다. 귀하의 성원
에 감사드립니다. Carrie Wells 올림

☞ 일등급 영어 비법 Note 1

※ 위 '일등급 영어 비법 Note' 박스 속에 본인이 적용한 비법을 적어보
고 다음 카페(일등급 영어 남기선 검색)의 교재 자료실에서 "일등급
영어 비법 Note"를 다운로드 받아 참고하세요.

2. 심경 파악

'결승선까지 얼마나 더 남았지? 내가 해낼 수 있을까?' Emma는
다리에 통증을 느꼈고 숨을 가쁘게 쉬고 있었다. 그녀는 한 번이라
도 그렇게 지쳤던 것을 생각해 낼 수 없었다. 좌절감을 느끼면서 그
녀는 경주를 포기하는 것에 대해 생각하기 시작했다. 그녀는 그러
면 나중에 후회하리라는 것을 알았지만 자신이 할 수 있는 일이라
곤 아무것도 없는 것 같았다. 그때 그녀는 자신이 배웠던 전략이 기
억났다. 강력한 이미지 제어를 통해 그녀는 자신의 목표를 달성하
는 데 스스로 도움을 줄 수 있었다. 몇 번이고 반복해서 Emma는
자신이 순조롭게 달리고 있고 숨을 쉽게 쉬고 있는 것을 상상 했다.

그것은 효과가 있었다! 그녀는 기분이 좋아지기 시작했다. 약 30분
후 그녀는 얼굴에 환한 미소를 띠고 자신이 결승선을 통과하는 것
을 발견했다. 환호하는 친구들 에게 둘러싸여 그녀는 기쁨으로 가
득 찬 승리를 즐겼다.

① 침착한 → 두려워하는
② 매우 화가 난 → 느긋한
③ 아주 흥분한 → 부끄러워하는
④ 낙담한 → 아주 기쁜
⑤ 혼란스러워하는 → 무관심한

3. 주장 파악

삶은 매우 바쁘다. 우리의 하루는 너무 많은 '해야 하는 것들'로
가득 차서 우리는 '하고 싶어 하는 것들'을 할 시간이 없다고 느낀
다. 게다가, 다른 사람들과 함께 우리의 모든 시간을 보내는 것은 우
리에게 리셋 버튼을 누르고 쉴 수 있는 능력을 주지 않는다. 우리 자
신이나 우리에게 중요한 것들을 위해 시간을 거의 또는 전혀 남겨놓
지 않는 것은 관리되지 않는 스트레스, 좌절감, 피로, 분노, 또는 더
나쁜 것은, 건강 문제로 이어질 수 있다. 그러나 규칙적인 '여러분의
시간'을 구축하는 것은 많은 이득을 제공할 수 있는데, 이 모든 것
들이 삶을 좀 더 달콤하고 좀 더 관리하기 쉽게 하는데 도움을 준다.
안타깝게도, 많은 사람은 자신만의 필요한 사항에 우선순위를 매
기지 못해 목표에 도달하는 일로 고심하고 있다. 하지만, 혼자만의
시간은 여러분이 자신만의 목표를 향해 나아가고, 자신만의 개인적
인 필요 사항들을 충족시키며, 더 나아가 자신의 개인적인 꿈을 탐
험하기 위해 시간을 바칠 수 있도록 일상적인 책임과 다른 사람들
의 요구 사항으로부터 강제로라도 잠시 휴식을 취할 수 있게 한다.

☞ 일등급 영어 비법 Note 2

4. 함축 의미 추론

심리학자 Mihaly Csikszentmihalyi는 창의적인 개인이 혼자
서 위대한 통찰력, 발견물, 작품 또는 발명품을 생각해낸다는 일반
적인 생각이 잘못된 것이라고 말한다. 창의성은 어떤 사람과 그의
환경 또는 문화 사이의 복잡한 상호 작용에서 비롯되며, 그것은 또
한 시기에 따라 달라진다. 예를 들어, Ghiberti나 Michelangelo
와 같은 르네상스 시대의 위대한 예술가들이 그들이 태어난 시기
보다 단지 50년 전에 태어났다면, 그들의 위대한 업적에 자금을 제
공하거나 구체화해 줄 예술 후원의 문화는 자리를 잡지 않았을 것
이다. 또한 개별적인 천문학자들을 생각해 보라. 여러 세기에 걸

친 망원경의 기술적인 발전과 우주에 관한 진화하는 지식이 그들 이전에 생기지 않았다면 그들의 발견은 일어날 수 없었을 것이다. Csikszentmihalyi의 요점은 우리가 어떤 분야에서 일하는 사람들에게 주의를 기울이는 것처럼 그 분야의 발전에 많은 주의를 기울여야 한다는 것인데, 이는 단지 이것만이 진보가 어떻게 만들어지는지를 적절히 설명할 수 있기 때문이다. 개인은 단지 '사슬의 한 연결 고리, 과정의 한 단계'일 뿐이라고 그는 언급한다.

① 개인의 창의력은 오직 행운에서 비롯된다.
② 발견은 단지 기존의 지식 때문에 이루어질 수 있다.
③ 사람의 천재성은 일련의 획기적인 발전의 핵심 요소이다.
④ 개인은 자신의 창의적인 업적에 대해 인정을 받지 못한다.
⑤ 개인의 창의성은 오직 창의성에 필요한 조건에서만 나타난다.

☞ 일등급 영어 비법 Note 3

5. 요지 파악

소비자들은 와인 한 병이 병당 90달러라는 말을 들으면 병당 10달러라는 말을 듣는 경우보다 그것을 더 좋아한다. 그 와인이 더 비싸다는 믿음은 쾌락 감각과 관련된 뇌의 영역인 내측 안와 전두 피질의 신경 세포를 작동시킨다. 가격표가 없는 와인은 이런 효과가 없다. 2008년에 미국의 음식과 와인 비평가들은 예일 대학교의 통계학자 한 명 및 스웨덴 경제학자 두 명과 한 팀을 이루어 병당 1.65달러에서 150달러에 이르는 와인에 대한 수천 가지의 블라인드 시음의 결과를 연구했다. 그들은 사람들이 가격표를 볼 수 없을 때 더 값비싼 병보다 더 싼 와인을 선호한다는 것을 발견했다. 전문가들의 미각은 적절한 방향으로 움직였는데, 그들은 더 고급스럽고 더 비싼 와인을 선호했다. 그러나 선입관은 거의 감지할 수 없었다. 다른 와인보다 10배 넘게 더 비싼 와인이 1점에서 100점까지 있는 척도에서 전문가들에 의해 단지 7점 더 높게 평가되었다.

☞ 일등급 영어 비법 Note 4

6. 주제 파악

1950년대 비평가들은 사실주의의 고상한 의식에 기초한 판단을 통해 대중문화의 산물들이 제공하는 '자연적인' 즐거움을 거부함으로써 스스로를 대중들과 분리시켰다. 예를 들어, Douglas Sirk가 만든 영화의 사회 비평, 자기 반영성, 그리고 특히 거리 두기 효과를 옹호하는 대부분의 비평가들에게는, 연속극에 있지 않을까 하고 생각되는 '저속한' 즐거움에 대한 거부가 여전히 있다. 이런 거부는 다시, '훌륭한' 취향의 정당한 논리를 분명히 확보하기 위해 실제로는 비평가가 만들어낸 아무 생각 없고 즐거움만 추구하는 군중의 이미지로부터 그를 분리하는 기능을 한다. 그것은 또한 여성 취향과 주관성이라는 부정적인 개념을 강요한다. 대중문화의 비평들은 항상 사람들의 타락의 깊이를 나타내기 위해 여성성의 경멸적 이미지를 상기시키는 것 같다. 그런 다음 취향 만들기의 과정이 작용하여, 군중의 인지된 무취향적 즐거움과는 상반되는 미학적 입장의 구축을 통해서, 심미주의자들과 대중 사이에 위계상의 차이를 만들어 냈다.

① 대중적 취향에 대한 비평가들의 부정적인 견해와 그것의 영향
② 연속극과 영화에 나타난 문화적 계층에 대한 비판
③ 대중화된 문화 상품이 사람들에게 미치는 부작용
④ 문화적 분리에 대한 대중의 저항과 그것의 기원
⑤ 대중의 고상한 취향을 확인하는 비평가들의 경향

☞ 일등급 영어 비법 Note 5

7. 제목 파악

방사능 폐기물 처리는 원자력의 미래에 맞서 싸워 온 핵심적인 환경 문제의 전쟁터 (논쟁거리) 중의 하나가 되었다. 환경운동가들은 지금이든 미래에서든 어떤 폐기물 처리 체제도 절대적으로 안전할 수는 없다고 주장한다. 정부와 원자력 산업은 수용될 수 있는 해결책을 찾으려고 노력해 왔다. 그러나 여론이 고려되는 국가에서는 서로가 받아들일 수 있는 해결책이 전혀 발견되지 않았다. 그 결과, 대부분의 사용된 연료는 그것이 생산되었던 핵발전소에 저장되어 왔다. 몇 년간의 폐기물을 저장하기 위해 만들어진 저장조가 가득 차거나 넘쳐나면서 이것이 이제 그 자체의 문제를 일으키고 있다. 탐색되어 온 한 가지 방안은 활성 성분을 제거하기 위해 사용된 연료를 재처리하는 것이다. 복구된 물질의 일부는 연료로 재활용될 수 있다. 나머지는 그것이 비활성 화 될 때까지 안전하게 저장되어야 한다. 그러나 재처리는 비용이 많이 드는 것으로 판명되었고 처리 문제를 도와주기보다는 그것을 악화시킬 수 있다. 그 결과 그것 또한 대중에게 인정받지 못하는 것 같다.

① 원자력 발전소가 정말로 위험한가?
② 우리의 폐기물 처리 체제를 개선하는 방법

③ 이득이 없다.: 원자력 발전소가 우리를 속이고 있다.

④ 원자력 폐기물의 처리에 있어서 해결되지 못한 딜레마

⑤ 무지는 축복이 아니다.: 원자력 문제를 위한 방책

☞ 일등급 영어 비법 Note 6

---

8. 도표 파악

이 그래프는 1996년, 2001년, 그리고 2007년의 캐나다 대학 졸업생의 연령 집단별 분포를 보여주고 있다. 세 연도의 각각에서 22세에서 24세 사이의 대학 졸업생 집단은 50% 미만이었지만. 그것은 그 각각의 해에 가장 큰 단일 비율을 차지했다. 세 연도의 각각에서 두 번째로 가장 큰 단일 비율은 25세에서 29세 사이의 졸업생들이 차지했다. 30세 이상의 대학 졸업생들의 비율은 세 연도의 각각에서 20%가 넘었다. 1996년에 18세에서 21세 사이의 대학 졸업생의 비율은 7.7%였고, 2001년에는 같은 연령 집단의 비율이 6%였다. 2007년에, 25세에 29세 사이와 30세 이상의 졸업생들의 비율을 합친 것은 그 해의 대학 졸업생들의 50%가 넘는 비율을 차지했다.

9. 세부내용 파악

1909년에 덴마크의 코펜하겐에서 태어난 Victor Borge는 코미디언이자 피아니스트였다. 처음에 연주회 음악가였던 Victor Borge는 곧 코미디와 고전 음악을 결합한 공연 스타일을 개발했다. 1940년에 나치가 덴마크를 침공했을 때, 그는 스웨덴에서 공연하고 있었는데, 얼마 후에 용케도 미국으로 탈출하였다. 미국에 도착했을 때, 그는 영어를 한마디도 하지 못했다. 영화를 보면서 영어를 배워, 그는 곧 미국 청중들을 위해서 자신의 조크를 영어로 어떻게든 바꿀 수 있었다. 1948년에 Victor Borge는 미국 시민이 되었으며, 몇 년 후에 자신이 진행하는 프로인 Comedy in Music을 제안받았다. 그 프로는 브로드웨이 역사상 가장 오래 공연된 1인 진행 프로로 남아 있다. 90세에도 그는 여전히 일 년에 60회의 공연을 했다. 그는 2000년 12월 23일에 미국 코네티컷 주의 Greenwich에 있는 자신의 집에서 사망했다.

10. 세부내용 파악

LnT-Bot 여러분 자녀의 학습을 위한 완벽한 친구

* 학습 모드

LnT-Bot은 세 가지 학습 모드의 특색을 갖추고 있습니다.

알파벳 글자와 소리

사물의 이름

숫자와 세기

* 학습용 칩 30개의 학습용 칩이 포함되어 있습니다.

- LnT-Bot의 이마 투입구에 칩을 끼우면 LCD 화면에 그림이 나타납니다.

* 재미있는 특징

"안녕, Bot."이라고 말하면 LnT-Bot이 "안녕하세요."라고 대답합니다.

박수를 한 번 치면, LnT-Bot이 춤을 춥니다.

박수를 두 번 치면, LnT-Bot이 녹음된 10곡의 노래들 중 한 곡을 부릅니다.

11. 세부내용 파악

2018년 Notac 고등학교 독후감 대회

Notac 고등학교에서는 현재 여러분의 독창적이고 비판적인 독후감을 접수하고 있습니다.

■ 제출

언제: 2018년 9월 10일부터 2018년 9월 21일까지

어떻게: 여러분의 독후감을 이메일을 이용하여
    admin@notachs.net으로 제출하십시오.

■ 부문 각 참가자는 아래 부문들 중 하나에 참가해야 합니다.
    (참가자 1인당 응모작 1편에 한함.)

* 시 * 소설 * 비소설

■ 지침 여러분의 독후감은 다음과 같은 요건을 갖추어야 합니다.

1. 여러분 자신의 작품일 것.

2. 제공된 도서 목록에 있는 책에 대해 쓸 것.

3. 1,500 단어 미만일 것.

* 입상자는 2018년 10월 1일에 학교 웹사이트에 공지될 것입니다. 개별적인 통보는 하지 않을 것입니다. 더 많은 정보를 원하시면, www.notachs.net을 방문해 주십시오.

12. 어법(문법성 판단)

모든 유기체가 생존에 충분한 먹이를 구할 수는 없으므로, 기아는 자연에서 흔히 발견되는 일종의 반가치(反價値)이다. 그것은 또한 생물학적 진화가 기능하게 되는 선택 과정의 일부이기도 하다. 기아는 살아남기에 덜 적합한 것들, 즉 자신과 자신의 새끼 들을 위한 먹이를 찾는 수완이 모자라는 것들을 걸러 내는 데 도움을 준다. 몇몇 상황에서 기아는 유전적 변종들이 종의 개체군을 장악할 수 있는 길을 열어 주고 결국 에는 이전의 종을 대신하여 새로운 종이 출현할 수 있게 할지도 모른다. 따라서 기아는 더 큰 다양성이 주는 이익을 가능하게 하는 데 도움이 될 수 있는 반가치이다. 기 아가 고유한 반가치가 되는 바로 그 순간, 실용적인, 즉 도구적인 가치를 지닐 수 있다. 일부 유기체들이 자연에서 기아를 겪어야 한다는 것

은 매우 유감스럽고 슬프다. 기아가 때로 좋은 목적에 공헌할 수도 있기는 하지만, 그 말은 여전히 확고하게 진실이다.

→ ⑤ what을 that으로 고쳐야 한다. (starve는 자동사이다.)

☞ 일등급 영어 비법 Note 7

---

13. 어휘의미 추론

오늘날 사용 중인 모든 독성 물질, 공정, 혹은 제품에는—이미 존재하거나 인간의 지력, 창의력, 그리고 노력의 적용을 통해 발견되기를 기다리고 있는—더 안전한 대안이 있다. 거의 모든 경우에, 더 안전한 대안이 비슷한 비용으로 (A) 이용될 수 있다. 업계는 이러한 사실을 거부하고 높은 실행 비용에 대해 불평할지도 모르지만, 역사가 그런 내용을 바로잡는다. 화공업계에서는 냉장하지 않으면 식품과 백신이 상할 것이라 는 이유로 경제적인 재앙뿐만 아니라 수많은 사망자를 (B) 예측하면서 오존을 고갈시키는 화학 물질에 대한 실용적인 대안이 있다는 것을 부인했다. 그들은 틀렸다. 자동차 업계에서는 처음에 자동차가 대기 오염을 유발한다는 것을 부인하였고, 그다음에는 자동차로부터의 오염을 줄이는 어떤 기술도 존재하지 않는다고 주장했으며, 나중에는 대기 오염을 줄이는 장치를 설치하면 자동차가 엄청나게 비싸질 것이라고 주장했다. 그들은 매번 틀렸다. 살충제 업계에서는 합성 살충제가 식량을 재배하기 위해 절대적으로 (C) 필요하다고 주장한다. 수많은 유기농 농부들은 그들이 틀렸음을 입증하고 있다.

☞ 일등급 영어 비법 Note 8

---

14. 빈칸추론

가장 흥미 있는 자연의 체온 조절 행동 중에는 벌과 개미와 같은 사회적 곤충들의 행동이 있다. 이 곤충들은 일 년 내내 자신들의 벌집이나 개미탑에서 거의 일정한 온도를 유지할 수 있다. 이러한 미기후의 지속성은 서식지의 위치와 단열뿐만 아니라, 군체 내에서 하는 이 곤충들의 활동에도 달려 있다. 주변 온도가 올라가면, 벌집 안에서의 활동은 줄어드는데, 이는 곤충의 신진대사에 의해 발생하는 열의 양을 감소시킨다. 사실상, 많은 동물은 더위 속에서는 자신들의 활동을 줄이고 추위 속에서는 활동을 늘리는데, 덥거나

추운 환경에서 신체적 활동 수준을 선택할 수 있는 인간은 자신들의 작업량을 정확하게 체온에 맞추어 조절한다. 이러한 행동은 저체온증과 고체온증을 둘 다 피하는 데 도움이 된다.

① 군체 내에서 하는 이 곤충들의 활동
② 다른 종들과의 상호 작용
③ 군체 개체 수의 변화
④ 서식지의 조성 물질
⑤ 서식 동물의 신체 발달

☞ 일등급 영어 비법 Note 9

---

15. 빈칸추론

비록 유럽의 이슬람교도들을 포함한 대부분의 사람들이 다수의 정체성을 가지기는 하지만, 이들 중에서 언제 어느 때나 정치적으로 두드러지는 정체성은 거의 없다. 정체성이 중요성을 띠는 것은 바로 어떤 정치적 문제가 특정 집단의 사람들의 행복에 영향을 주는 경우뿐이다. 예를 들어 여성의 권리에 관련된 문제가 생기는 경우, 여성들은 성을 자신들의 주된 정체성으로 생각하기 시작한다. 그런 여성들이 미국인인지 이란인인지, 혹은 그들이 가톨릭 신자인지 개신교도인지의 여부는 그들이 여성이라는 사실보다 덜 중요하다. 마찬가지로 기근과 내전이 사하라 사막 이남의 아프리카 사람들을 위태롭게 하는 경우, 많은 아프리카계 미국인들은 수세기 이전에 자기 조상들이 기원했던 대륙과의 혈족 관계가 생각나서 자신들의 지도자들에게 인도주의적 구호를 제공하라는 압력을 가한다. 다시 말해서 각각의 문제는 그 문제들에 관해 사람들이 가지는 정치적인 선호를 설명하는 데 도움을 주는 다소 서로 다른 정체성을 이끌어 낸다.

① 정체성이 중요성을 띠는 것
② 종교가 정체성에 우선하는 것
③ 사회가 안정성을 잃는 것
④ 사회가 다양성을 지지하는 것
⑤ 국적이 중요성을 갖는 것

☞ 일등급 영어 비법 Note 10

16. 빈칸추론

음식은 먹는 사람을 구별 지을 뿐만 아니라 결속하기도 하는데, 이는 사람이 먹는 것과 먹는 방식이, 그 정체성이 국가든 민족의식이든, 집단 정체성에 대한 그 사람의 정서적 유대의 많은 부분을 형성하기 때문이다. 저명한 20세기 중국의 시인이자 학자인 Lin Yutang은 "조국에 대한 우리의 사랑은 대개 우리의 유년기에 대한 육체적 감각의 강렬한 만족을 기억하는 문제입니다. 미국 정부에 대한 충성은 미국 도넛에 대한 충성이고, '조국'에 대한 충성은 'Pfannkuchen(도넛의 일종)'과 'Stollen(빵의 일종)'에 대한 충성입니다."라고 말한다. 음식과 국가 혹은 인종과의 동일시 간의 그런 강한 연관성은 음식과 요리 이야기가 한 공동체와 그 공동체의 문화의 훈련장에서 중대한 위치를 차지하고, 그래서 먹고, 요리하고, 요리에 대해서 이야기하는 것이 한 공동체의 완전함과 지속에 지극히 중요하다는 진리를 분명히 나타내 준다. 다시 말하자면 한 공동체의 운명은 그 공동체가 얼마나 잘 그 구성원들을 기르는지에 달려 있다.

① 한 개인의 식단 선택
② 사람의 다양한 문화적 경험
③ 사람의 특유한 성격과 미각
④ 한 공동체의 완전함과 지속
⑤ 한 공동체의 다른 문화에 대한 우월성

☞ 일등급 영어 비법 Note 11

17. 빈칸추론

현대의 심리학 이론은 이해의 과정은 재생이 아니라 구성의 문제라고 말하는데, 그것은 이해의 과정이 외부로부터 들어오고, 우리 마음에 의해 생성되는 정보의 해석이라는 모습을 취한다는 말이다. 예를 들어 움직이는 물체를 차라고 인식하는 것은 세상에 대한 우리의 지식이라는 틀 안에서, 들어오는 정보를 해석하는 것에 근거한다. 간단한 물체의 해석은 대개 통제되지 않는 과정이지만, 대인 관계의 상황 같은 더 복잡한 현상에 대한 해석은 대개 적극적인 주의 집중과 사고를 필요로 한다. 심리학 연구는 어떤 자극이 그 개인의 주의에 초점이 되는지, 그 사람이 이 자극에 어떤 의미를 부여하는지, 그리고 그 자극들이 어떻게 결합되어 더 커다란 전체를 이루는지를 결정하는 것은 바로 그 개인이 소유하고 있는 지식이라는 점을 보여준다. 특정한 방식으로 해석되는 이 주관적 세계는 우리에게 있어 '객관적인' 세계인데, 우리는 우리 자신의 해석의 결과로 알고 있는 세계 외에는 그 어떤 세계도 알 수 없다.

① 사회 관습을 통해 우리에게 놓인 현실
② 우리 자신의 해석의 결과로 알고 있는 세계
③ 우리의 인식 틀에 의해 걸러지지 않은 이미지의 세계
④ 우리 자신의 해석과 독립된 외부 세계
⑤ 우리 자신의 해석이 설명하지 못하는 물리적 세계

☞ 일등급 영어 비법 Note 12

18. 문장 제거

교통 기반 시설이 오늘날에는 우리가 여행하는 '곳'을 정할 수 있지만, 여행의 초기 시대에는 사람들의 여행 가능 여부를 결정했다. 교통의 발전과 향상은 현대의 관광 산업이 대규모로 발전해서 전 세계의 수십억 명의 사람들의 삶의 일상적인 부분이 될 수 있게 하는 데 가장 중요한 요인 중 하나였다. (또 하나의 중요한 요인은 그 어느 때보다도 더 효율적으로 공장 제품이 소비자에게 운송되게 만든 산업화였다.) 기술적 진보가 지방과 지역, 그리고 전 세계의 교통망이 폭발적으로 확대되는 토대를 제공했고, 여행을 더 빠르고, 더 쉽고, 더 값싸게 만들었다. 이것은 관광객을 창출하고 받아들이는 새로운 지역을 만들어 냈을 뿐만 아니라 숙박 시설 같은 관광 산업 기반 시설에서의 여타의 많은 변화를 유발했다. 그 결과 교통 기반 시설과 서비스의 이용 가능성이 관광 산업의 기본적인 전제 조건으로 간주되어 왔다.

☞ 일등급 영어 비법 Note 13

19. 순서 배열

우리 대부분은 무엇을 먹을지, 그리고 언제 먹을지에 대한 일반적이고 합리적인 관념을 갖고 있는데, 그 문제에 관한 정보는 부족하지 않다.

(B) 하지만 우리가 알고 있는 것과 우리가 행하는 것 사이에는 흔히 단절이 존재한다. 우리가 사실을 가지고 있을 수는 있지만, 결정은 또한 우리의 감정을 수반한다. 힘겨운 감정과 씨름하는 많은 사람들은 또한 섭식 문제와 씨름한다.

(A) '감정적 식사'는 긍정적 감정과 부정적 감정 모두에 의해 영향받는 식사를 설명하기 위해 사용되는 일반적인 용어이다. 감정은 여러분의 식사 동기, 여러분의 음식 선택, 어디서 누구와 여러분이 식사할지, 그리고 여러분이 식사하는 속도를 포함하여, 여러분의 식사의 여러 측면에 영향을 줄 수 있다. 대부분의 과식은 신체의 배고픔이 아니라 감정에 의해 유발된다.

(C) 비만과 씨름하는 사람들은 감정에 반응하여 먹는 경향이 있다. 그러나 감정적인 이유로 먹는 사람이 반드시 과체중인 것은 아니다. 신체 크기와 관계없이 사람들은 먹는 것에 몰두하거나 자기 몸매와 몸무게에 대해 강박감을 가짐으로써 감정적인 경험에서 벗어나려고 할 수 있다.

☞ 일등급 영어 비법 Note 14

20. 순서배열

첫 번째 과학적 여론 조사가 대부분의 미국인이 정치에 대해서 기껏해야 형편없이 알고 있다는 것을 밝힌 이후에, 시민들이 민주주의가 자신들에게 부여한 역할을 할 능력이 있는지 분석가들이 물었다.

(C) 그런데 불충분하게 알고 있는 대중보다 더 해로운 것이 있는데, 그것은 잘못 알고 있는 대중이다. 시민들이 어떤 것을 모르고 있다가 그것을 깨닫는 경우가 하나의 경우인데, 그것은 늘 문제가 되어 왔다. 시민들이 어떤 것을 알지 못하지만 그것을 알고 있다고 생각하는 경우는 또 다른 경우인데, 그것은 새로운 문제이다.

(B) 그것은 무지와 불합리 간의 차이이다. 자치에 관해 다른 어떤 것으로 결론을 내리든, 시민들이 자신들이 말하고 있는 바를 모르는 경우는 위험하다. 우리가 잘못 아는 것은 부분적으로는 우리의 갈망에 맞는 방식으로 세상을 바라보는 우리의 경향을 포함하는 심리적 요인의 탓이다.

(A) 하지만 그런 요인들은 늘 우리와 함께 있어 온 잘못 아는 것만 설명할 수 있다. 최근에 잘못 아는 것의 급격한 증가에는 다른 원인이 있는데, (그것은) 우리의 미디어이다. "그들은 우리를 어리석게 만들고 있습니다."라고 한 논평자는 말한다. 사실이 허구에 굴복하면, 예견 가능한 결과는 정치적 불신과 대립이다.

☞ 일등급 영어 비법 Note 15

21. 문장 삽입

최근의 재정 위기와 경기 침체 동안에 재정 적자와 연방 정부의 부채가 모두 치솟았다. 2009년~2010년 동안에 연방 정부 지출의 거의 40퍼센트가 대출에 의해 자금이 충당되었다. 최근의 막대한 연방 재정 적자는 제2차 세계대전 직후에 이어진 기간 이후로 본 적이 없었던 수준으로 연방 정부의 부채를 밀어 올렸다. 바로 이어질 향후 10년 동안 베이비붐 세대 퇴직자의 빠른 증가는 사회 보장 연금과 노인 의료 보험 제 도의 더 높은 지출 수준과 점점 더 커지는 적자를 의미할 것이다. 더욱이, 18세 이상의 미국인들 중 절반이 넘는 사람들이 개인 소득세를 거의 혹은 전혀 내지 않으면서, 다양한 (소득) 이전 지원 프로그램으로부터 보조금을 얻어낸다. 이러한 모든 요인들은 연방 정부의 재정 지출 증가를 늦추고 부채가 통제 불능 상태로 불어나지 않도록 막는 것을 대단히 어렵게 만들 것이다. 2019년쯤에는 연방 정부의 순 부채가 국내 총생산의 90퍼센트까지 증가하리라는 것을 예측들이 보여주고 있으며, 많은 사람들은 곧 건설적인 조치가 취해지지 않으면 그것이 훨씬 더 높아질 것이라고 믿고 있다.

☞ 일등급 영어 비법 Note 16

22. 문장 삽입

Erikson은 우리가 성년에 이를 때, 몇 가지 신체적, 사회적, 그리고 심리적 자극이 '생식성'에 대한 인식을 촉발한다고 믿는다. 이러한 태도의 한 가지 중심적인 구성요소는 다른 사람들을 돌보고자 하는 욕구이다. 대다수 사람에게서, 부모가 되는 것이 아마 이러한 욕구를 충족할 가장 분명하고 편안한 기회일 것이다. Erikson은 성인기의 또 다른 독특한 특징은 가르치고자 하는 타고난 욕구의 출현이라고 믿는다. 신체적으로 자손을 퍼뜨릴 수 있는 일이 헌신적인 관계, 성인 생활 패턴의 정착, 그리고 업무 책임 떠맡기에 참여하는 일들과 결합할 때 우리는 이 욕구를 인식하게 된다. Erikson에 따르면, 부모가 됨으로써 우리는 우리의 지식, 보호, 그리고 지도에 의존하는 다른 사람들에 의해 필요해지고 싶은 욕구가 있다는 것을 알게 된다. 우리는 문화적으로 적절한 행동, 가치, 태도, 기술, 그리고 세상에 대한 정보를 가르치는 일을 위임받게 된다. 아이들이 신체적, 사회적으로 성장하는 긴 세월 동안 그들에게 일차적인 돌봄 제공자가 되는 책임을 떠맡음으로써, 우리는 Erikson이 가르치고자 하는 타고난 욕구라고 믿는 것을 구체적으로 표현한다.

☞ 일등급 영어 비법 Note 17

---

23. 요약문 빈칸

서 있는 수목으로서 숲의 사용과 숲의 가치에 대한 인식은 토착민에서 중앙정부와 서구의 과학자에 이르기까지 상당히 다르다. 태도와 가치에서의 이러한 차이는 상충하는 관리 전략의 뿌리에 놓여 있고 Chipko 운동과 같은 항의 집단들을 자극한다. 예를 들어 히말라야와 카라코람 지역의 경작자들은 숲을 근본적으로 바꿀 수 있는 자원이라고 생각한다. 다시 말해, 늘어나는 인구 압박과 경작할 수 있는 땅에 대한 커지는 수요 아래에서, 숲을 경작된 계단식 농경지로 바꾸는 것은 같은 지역에서 훨씬 더 높은 생산성을 끌어낼 수 있다는 것을 의미한다. 산림벌채를 벌충하기 위해 계단식 농경지의 가장자리에 (농작물을) 심는 형태의 보상이 일어나고 있다. 이것은 지역민의 필요와 관계없이 숲의 가치를 다시 쓸 수 있는 자원으로 보는 국가적 관점, 토양 보존을 위해 땅 위에 덮여 있는 숲을 유지하려는 필요나 욕구, 그리고 생명 다양성과 기후 변화의 목적을 위한 보호라는 세계적인 관점과 뚜렷이 대조된다.

→ 토착민에게 숲은 바꿀 수 있는 자원의 역할을 하지만, 지역적인 필요에도 불구하고, 국가적이고 세계적인 관점은 숲의 보존을 우선시한다.

① 바꿀 수 있는 - 보존　　② 바꿀 수 있는 - 실용성
③ 소비할 수 있는 - 조작　　④ 복구할 수 있는 - 잠재력
⑤ 복구할 수 있는 - 회복

☞ 일등급 영어 비법 Note 18

[24~25] 장문(제목 파악 & 어휘의미 추론)

한 커플이 관계를 형성하기 시작할 때 그들이 자신들의 관계에 대해 그리고 특히 그것(그들의 관계)이 그들의 부모의 관계와 어떻게 비슷하거나 다른지에 대해 일련의 구성 개념을 발전시키는 것

을 볼 수 있다. 그 커플이 처음에 터놓는 이야기에서 그들은 그들과 각자의 가족들 사이에 얼마나 많은 유사점이 있는지에 대한 구성 개념을 형성하게 된다. 그들 각자가 기억하게 될 것은 선택적이고 그들 가족의 구성 개념 체계에 의해 채색된다. 결국 그들이 각자에게 자신들의 이미 편집된 이야기를 들려줄 때 그들 둘이 서로에게서 듣는 내용이 그들 각자의 원가족의 구성 개념 체계 내에서 다시 해석되는 두 번째 편집 과정이 있게 된다. 자신의 가족에 관해 이야기하는 사람과 이 이야기를 파트너가 편집한 버전이라는 두 세트의 기억이 그 커플의 새로운 구성 개념 시스템이라는 '요리용 냄비'로 들어간다. 그 후, 한 파트너가 상대방의 이야기 일부분을 무작위로(→ 체계적으로) 상기하여 협상 전술로 쓸 수도 있다. 예를 들어 Harry는 Doris에게 그녀가 '그녀의 어머니처럼 남을 쥐고 흔들고' 있다고 말할 수도 있다. 이것은 아마 Doris가 Harry에게 했던 말을 바탕으로 하고 있기 때문에, 이것은 매우 강력한 전략이 될 가능성이 있다. 그녀는 이의를 제기하거나 자신의 이야기의 이 버전을 다시 쓰려고 시도할 수도 있는데, 그렇게 함으로써 어쩌면 Harry가 이런 식으로 이용할 수도 있을 더 나아간 자료를 추가하게 될 수도 있다. 이야기들을 이렇게 주고받는 것이 항상 그러한 악의 있는 방식으로 이용될 필요는 없다. 이러한 재구성된 기억들은 매우 강력할 수 있어서, 각 파트너가 그들의 과거에 실제 정말로 일어났던 일의 간단한 사실적 세부사항에 대해서조차 혼란스러워하는 지경까지 이를 수 있다.

24. 제목 파악

① 가족 이야기는 커플의 진짜 면모를 드러낸다.
② 커플 형성하기: 가족 이야기 재구성하기
③ 가족 재회 기반 재구성하기
④ 사랑의 재구성: 부모의 일화 상기하기
⑤ 커플들의 문제점을 넘어서: 조화 재구성하기

25. 어휘의미 추론

(c)의 randomly (무작위로)는 글의 논리상 어색하고, 그 대신에 systematically (체계적으로)가 적절하다.

[26~28] 장문(순서배열 & 지칭대상 & 세부내용 파악)

(A) 지난 한 주일 동안에 걸쳐 Jason은 딸 Sally에 대하여 걱정해 왔었다. 지금까지 두 달 동안 Sally는 새 공부에 어쩌면 아주 지나치게 빠져 있었다. 그는 딸이 학교 공부에 소홀해지기 시작할까 봐 두려워했다. 쇼핑을 하던 중 Jason은 그 지역의 대학교에서 일하는 새 전문가인 옛 친구 Jennifer와 우연히 마주쳐서 기뻤다. 어쩌면 그녀가 자신의 걱정을 더는 데 도움을 줄 수도 있을 것이다. Sally의 관심에 대한 이야기를 듣자 Jennifer는 Sally가 매혹된 상태가

정말 얼마나 심각한지 알아보기 위해 두 사람 모두를 자기 사무실을 방문하도록 초대했다.

(C) 이틀 후 Jason과 Sally는 Jennifer의 사무실을 방문했다. Sally는 새에 관한 책들을 보고 기뻤으며, 즐거운 기분으로 그 책에 있는 아름다운 사진들을 보았다. Sally가 갑자기 "오, 전 이 새들을 본 적이 있어요!" 하고 소리를 친 것은 Jason과 Jennifer가 이야기를 나누는 도중이었다. "그럴 리가 없어." 하고 믿지 않으며 Jennifer가 대답했다. "이 책은 희귀한 새들을 보여주고 있어. 이 근처에서는 그런 새들 중 어떤 것도 본 적이 없을 거야." 그러나 <u>그녀는</u> 완강하게 말했다. "근처의 큰 떡갈나무에 있는 둥지에서 한 쌍을 발견했어요."

(D) Jennifer는 Sally에게 다가가서 그 페이지를 자세히 들여다보았다. <u>그녀는</u> 조용히 말했다. "그 새는 Chathas 섬의 검은 울새로구나. Sally, 그건 가장 희귀한 새들 중의 하나야. 우리 읍내에서는 본 적이 없을 거야." 그러나 Sally는 계속 고집했다. "그렇다면 나에게 그 둥지를 보여줄 수 있겠니?" 하고 Jennifer가 물었다. "예, 원하시면 지금 당장 할 수 있어요." 하고 자신감이 충만하여 Sally가 대답했다. Jennifer는 코트를 입고 쌍안경을 꺼내어 걸어 나갔다. Jason과 Sally가 따라갔다.

(B) 그 나무에 접근하면서 Sally가 흥분하여 외쳤다. "저기, 저게 둥지예요!" Jennifer 가 올려다보니, 가지가 갈라진 곳 안에 작은 컵 모양의 둥지가 보였다. 신속하게 <u>그녀는</u> 쌍안경을 꺼내어 Sally가 가리키는 곳을 자세히 들여다보았다. 흐릿해지는 저녁 빛 속에서 그녀는 그 둥지에서 희귀한 검은 새 두 마리를 보았다. "보세요. 제가 말씀드리지 않았어요?" 하고 Sally가 외쳤다. 즐거운 놀라움으로 그녀를 보면서 Jason 과 Jennifer는 둘 다 Sally가 자랑스러웠다. 그들은 이제 조류 관찰자로서의 그녀의 비범한 재능과 열정을 인정했다.

27. (c)는 Sally, 나머지는 Jennifer를 가리킨다.

1. 다음 글의 목적으로 가장 적절한 것은?

Dear staff,

Next Monday, Nature's Beauty Gardens will have the pleasure of hosting very important guests for the annual "Toddler Trek" event. We hope that this will be fun, educational, and most importantly safe for the toddlers. Parents and children are going to spend time enjoying outdoor activities and having a picnic lunch. It is therefore very important to check the garden for potential dangers. Managers of each department must make sure that all dangerous equipment and machinery are safely stored. Also, for the safety of our guests at this event, garden chemicals will not be used anywhere in Nature's Beauty Gardens. Thank you for your cooperation in this safety check and for helping to make this year's "Toddler Trek" event the best one yet.

Best regards,

Laura Alfaro, Managing Director

① 안전한 행사를 위한 준비를 지시하려고
② 노후 장비 교체 일정을 안내하려고
③ 체험 학습 행사 홍보를 부탁하려고
④ 정원 박람회 기획자를 모집하려고
⑤ 체육 대회 참가를 독려하려고

2. 다음 글에 드러난 Ms. Baker 의 심경 변화로 가장 적절한 것은?

"Regularity is the key to mastery, Jean. Everything other than that is a waste of time," stressed Ms. Baker, Jean's piano teacher, with a troubled look. However, Jean complained quite often about practicing and slipped out of her sessions occasionally. Concerned about Jean idling around, Ms. Baker decided to change her teaching method. "You can make your own schedule, Jean. However, I want you to help me as an assistant," said Ms. Baker. After that, Jean practiced hard to be a good example to the beginners and her skills improved incredibly day after day. The change in Jean was miraculous. A smile came over Ms. Baker's face as she listened to Jean play. Ms. Baker was convinced by Jean's improvement that her new teaching method was a success.

① angry → jealous ② indifferent → grateful
③ worried → satisfied ④ pleased → confused
⑤ alarmed → frustrated

3. 다음 글에서 필자가 주장하는 바로 가장 적절한 것은?

We say to ourselves: "There is plenty of time. I'll manage somehow or other when the time comes for action." We are rather proud of our ability to meet emergencies. So we do not plan and take precautions to prevent emergencies from arising. It is too easy to drift through school and college, taking the traditional, conventional studies that others take, following the lines of least resistance, electing "snap courses," and going with the crowd. It is too easy to take the attitude: "First I will get my education and develop myself, and then I will know better what I am fitted to do for a life work." And so we drift, driven by the winds of circumstance, tossed about by the waves of tradition and custom. Eventually, most men find they must be satisfied with "any port in a storm." Sailors who select a port because they are driven to it have scarcely one chance in a thousand of dropping anchor in the right one.

* snap: 쉬운

① 강인한 의지를 가지고 학업을 지속해야 한다.
② 전통적 가치를 바탕으로 앞날을 계획해야 한다.
③ 타인과의 소통을 통해 경험의 폭을 넓혀야 한다.
④ 자신의 고집을 버리고 비판적 의견을 수용해야 한다.
⑤ 안일함을 버리고 미래를 준비하는 자세를 가져야 한다.

4. 다음 글의 요지로 가장 적절한 것은?

Internet entrepreneurs are creating job-search products and bringing them online regularly. Within the past few years, new Internet-based businesses have come online that help people find internships, complete online classes tailored to individual employer job applications, or find volunteer work that will lead to full-time employment. Job mastery will mean keeping up with the rapidly evolving tools available on the Internet. It should be noted, though, that no development in the Internet job age has reduced the importance of the most basic job search skill: self-knowledge. Even in the Internet age, the job search starts with identifying individual job skills, sector interests, and preferred workplace environment and interests. Richard Bolles' best selling job search book, first published in 1970, had as its central theme the self-inventory of skills and workplace preferences. This self-inventory continues to be the starting point for any job search today no matter what the Internet technology involved.

* entrepreneur: 사업가 * inventory: 목록

① 구직 정보 검색 도구가 빠르게 발전하고 있다.
② 인터넷 관련 일자리 창출을 위한 기업의 투자가 시급하다.
③ 인터넷을 활용한 구직에서도 자신에 대한 이해가 중요하다.

④ 업무 효율을 높이려면 인터넷 작업 환경 개선이 필요하다.
⑤ 인터넷을 통한 직업 교육이 확산되는 추세이다.

5. 다음 글의 주제로 가장 적절한 것은?

The term "biological control" has been used, at times, in a broad context to cover a full spectrum of biological organisms and biologically based products. This has been spectacularly successful in many instances, with a number of pest problems permanently resolved by importation and successful establishment of natural enemies. These importation successes have been limited largely to certain types of ecosystems and/or pest situations such as introduced pests in perennial ecosystems. On the other hand, this approach has met with limited success for major pests of row crops or other ephemeral systems. In these situations, the problem is often not the lack of effective natural enemies but management practices and a lack of concerted research on factors that determine the success or failure of importation attempts in the specific agro-ecosystem setting. Thus, importation programs, to date, are largely a matter of trial and error based on experience of the individual specialists involved.

* perennial: 다년생의 * ephemeral: 단명하는

① difficulties in identifying major pests in agriculture
② benefits of introducing natural enemies into ecosystems
③ ways to apply biological control strategies to agriculture
④ side effects from pest elimination through biological control
⑤ reasons for partial success of importation in biological control

6. 다음 글의 제목으로 가장 적절한 것은?

According to the individualist form of rhetoric about science, still much used for certain purposes, discoveries are made in laboratories. They are the product of inspired patience, of skilled hands and an inquiring but unbiased mind. Moreover, they speak for themselves, or at least they speak too powerfully and too insistently for prejudiced humans to silence them. It would be wrong to suppose that such beliefs are not sincerely held, yet almost nobody thinks they can provide a basis for action in public contexts. Any scientist who announces a so-called discovery at a press conference without first permitting expert reviewers to examine his or her claims is automatically castigated as a publicity seeker. The norms of scientific communication presuppose that nature does not speak unambiguously, and that knowledge isn't knowledge unless it has been authorized by disciplinary specialists. A scientific truth has little standing until it becomes a collective product. What happens in somebody's laboratory is only one stage in its construction.

* rhetoric: 수사(학) * castigate: 혹평하다

① Path to Scientific Truth: Scientific Community's Approval
② The Prime Rule of Science: First Means Best
③ The Lonely Genius Drives Scientific Discoveries
④ Scientific Discoveries Speak for Themselves!
⑤ Social Prejudice Presents Obstacles to Scientific Research

7. 다음 표의 내용과 일치하지 않는 것은?

Life Expectancy at Birth in 2030 for 5 Selected Countries

(in years)

Country Gender	Republic of Korea	Austria	Sweden	Singapore	Slovakia
Women (A)	90.82	86.22	85.98	84.81	82.92
Men (B)	84.07	81.40	82.52	79.57	76.98
Difference (A-B)	6.75	4.82	3.46	5.24	5.94

The table above displays the life expectancy at birth in 2030 for five selected countries. ① In each of the five selected countries, it is predicted that the life expectancy of women will be higher than that of men. ② In the case of women, life expectancy in the Republic of Korea is expected to be the highest among the five countries, followed by that in Austria. ③ As for men, the Republic of Korea and Singapore will rank the first and the second highest, respectively, in life expectancy in the five countries. ④ Both Slovakian women and men will have the lowest life expectancy by gender among the five countries, with 82.92 and 76.98 years, respectively. ⑤ Among the five countries, the largest difference in life expectancy between women and men is 6.75 years, predicted to be found in the Republic of Korea, and the smallest difference is 3.46 years, in Sweden.

8. Richard Burton 에 관한 다음 글의 내용과 일치하지 않는 것은?

Richard Burton was a highly regarded Welsh actor of stage and screen. He was born in 1925 in South Wales, the twelfth child of a poor miner. Burton was the first member of his family to go to secondary school. Then, he attended Oxford University and later joined the British air force during wartime. After leaving the military in 1947, he made his film debut in 1949, in *The Last Days of Dolwyn*. Richard Burton went on to become a praised actor of stage and screen, who was nominated for an Academy Award seven times, but never won an Oscar. It is well-known that he had a powerful voice overwhelming the camera, the microphone, and all the intimacy of film acting. His final film was an adaptation of George Orwell's famous novel, *1984*.

① South Wales 에서 가난한 광부의 12번째 아이로 태어났다.
② 전쟁 기간 중 영국 공군에 입대했다.
③ 인정받는 연기자가 되어, Oscar 상을 7번 수상했다.
④ 힘 있는 목소리를 가졌던 것으로 잘 알려져 있다.

⑤ 마지막 영화는 George Orwell의 소설을 각색한 작품이었다.

9. KSFF International Exchange Program 에 관한 다음 안내문의 내용과 일치하지 않는 것은?

KSFF International Exchange Program

Are you interested in participating in an international exchange program? The Korea-Singapore Friendship Foundation (KSFF) will
send high school students to 6 schools in Singapore. This opportunity will be great for developing a global perspective and lifelong memories.

OPPORTUNITY and DATES
• Each school will host 7 to 10 high school students.
• Two weeks: from September 3, 2018, to September 16, 2018

ACTIVITIES
• Classroom participation and extra-curricular activities
• Visiting tourist sites

ACCOMMODATIONS
• KSFF will arrange for participants to stay with local families.

More information is available at www.ksffexchange.net. Please note: The application must be completed on our website by June 9, 2018.

---

① 고등학생을 대상으로 한다.
② 2018년 9월 16일부터 2주간 운영된다.
③ 관광지 방문 활동을 포함한다.
④ KSFF가 참가자를 위해 현지 가정 체류를 주선한다.
⑤ 웹 사이트에서 신청을 완료해야 한다.

10. 2018 Tree Distribution Event에 관한 다음 안내문의 내용과 일치하는 것은?

2018 Tree Distribution Event

The Greenville Community Center is pleased to offer free trees through our annual Tree Distribution Event. Distribution is limited to two trees per household due to the limited number of available trees.

• Call the community center at 304-315-7777 by Friday, June 15, 2018, to request your free trees.
• Requests are accepted by phone only.
• Pick-up instructions will be sent by the end of June 2018 via text message.
• The pick-up day for trees will be a Saturday, in either July or August 2018 (dependent on weather conditions).

You can get more information about the age and size of the trees on our website (www.treegreenville.org).

---

① 할인된 가격으로 나무를 판매한다.
② 가구당 한 그루의 나무만 분양해 준다.
③ 이메일로만 신청을 받는다.
④ 나무를 받아가는 방법을 7월 말에 문자 메시지로 보낸다.
⑤ 웹 사이트에서 나무의 나이 및 크기 정보를 제공한다.

11. 다음 글의 밑줄 친 부분 중, 어법상 틀린 것은?

Humans are so averse to feeling that they're being cheated ①that they often respond in ways that seemingly make little sense. Behavioral economists — the economists who actually study ②what people do as opposed to the kind who simply assume the human mind works like a calculator — have shown again and again that people reject unfair offers even if ③it costs them money to do so. The typical experiment uses a task called the ultimatum game. It's pretty straightforward. One person in a pair is given some money — say $10. She then has the opportunity to offer some amount of it to her partner. The partner only has two options. He can take what's offered or ④refused to take anything. There's no room for negotiation; that's why it's called the ultimatum game. What typically happens? Many people offer an equal split to the partner, ⑤leaving both individuals happy and willing to trust each other in the future.

12. 다음 글에서 밑줄 친 None이 의미하는 바로 가장 적절한 것은? [3점]

Here's an interesting thought. If glaciers started re-forming, they have a great deal more water now to draw on — Hudson Bay, the Great Lakes, the hundreds of thousands of lakes of Canada, none of which existed to fuel the last ice sheet — so they would grow very much quicker. And if they did start to advance again, what exactly would we do? Blast them with TNT or maybe nuclear missiles? Well, doubtless we would, but consider this. In 1964, the largest earthquake ever recorded in North America rocked Alaska with 200,000 megatons of concentrated might, the equivalent of 2,000 nuclear bombs. Almost 3,000 miles away in Texas, water sloshed out of swimming pools. A street in Anchorage fell twenty feet. The quake devastated 24,000 square miles of wilderness, much of it glaciated. And what effect did all this might have on Alaska's glaciers? None.

* slosh: 철벅철벅 튀다 * devastate: 황폐시키다

① It would be of no use to try to destroy glaciers.
② The melting glaciers would drive the rise of the sea level.
③ The Alaskan wilderness would not be harmed by glaciers.
④ Re-forming glaciers would not spread over North America.
⑤ The causes of glacier re-formation would not include quakes.

13. 밑줄 친 부분이 가리키는 대상이 나머지 넷과 다른 것은?

John was once in the office of a manager, Michael, when the phone rang. Immediately, Michael bellowed, "That disgusting phone never stops ringing." ①He then proceeded to pick it up and engage in a fifteen-minute conversation while John waited. When ②he finally hung up, he looked exhausted and frustrated. He apologized as the phone rang once again. He later confessed that he was having a great deal of trouble completing his tasks because of the volume of calls he was responding to. At some point John asked him, "Have you ever considered having a certain period of time when ③you simply don't answer the phone?" Michael said, "As a matter of fact, no," looking at ④him with a puzzled look. It turned out that this simple suggestion helped Michael not only to relax, but to get more work done as well. Like many people, ⑤he didn't need hours of uninterrupted time, but he did need some!

* bellow: 고함치다

[14~17] 다음 빈칸에 들어갈 말로 가장 적절한 것을 고르시오.

14.

Although prices in most retail outlets are set by the retailer, this does not mean that these prices _____. On any particular day we find that all products have a specific price ticket on them. However, this price may be different from day to day or week to week. The price that the farmer gets from the wholesaler is much more flexible from day to day than the price that the retailer charges consumers. If, for example, bad weather leads to a poor potato crop, then the price that supermarkets have to pay to their wholesalers for potatoes will go up and this will be reflected in the prices they mark on potatoes in their stores. Thus, these prices do reflect the interaction of demand and supply in the wider marketplace for potatoes. Although they do not change in the supermarket from hour to hour to reflect local variations in demand and supply, they do change over time to reflect the underlying conditions of the overall production of and demand for the goods in question. [3점]

① reflect the principle of demand and supply
② may not change from hour to hour
③ go up due to bad weather

④ do not adjust to market forces over time

⑤ can be changed by the farmer's active role

15.

An individual characteristic that moderates the relationship with behavior is self-efficacy, or a judgment of one's capability to accomplish a certain level of performance. People who have a high sense of self-efficacy tend to pursue challenging goals that may be outside the reach of the average person. People with a strong sense of self-efficacy, therefore, may be more willing to step outside the culturally prescribed behaviors to attempt tasks or goals for which success is viewed as improbable by the majority of social actors in a setting. For these individuals, _____ . For example, Australians tend to endorse the "Tall Poppy Syndrome." This saying suggests that any "poppy" that outgrows the others in a field will get "cut down;" in other words, any overachiever will eventually fail. Interviews and observations suggest that it is the high self-efficacy Australians who step outside this culturally prescribed behavior to actually achieve beyond average. [3점]

* self-efficacy: 자기 효능감 *endorse: 지지하다

① self-efficacy is not easy to define

② culture will have little or no impact on behavior

③ setting a goal is important before starting a task

④ high self-efficacy is a typical quality of Australians

⑤ judging the reaction from the community will be hard

16.

Theorists of the novel commonly define the genre as a biographical form that came to prominence in the late eighteenth and nineteenth centuries _____ as a replacement for traditional sources of cultural authority. The novel, Georg Lukacs argues, "seeks, by giving form, to uncover and construct the concealed totality of life" in the interiorized life story of its heroes. The typical plot of the novel is the protagonist's quest for authority within, therefore, when that authority can no longer be discovered outside. By this accounting, there are no objective goals in novels, only the subjective goal of seeking the law that is necessarily created by the individual. The distinctions between crime and heroism, therefore, or between madness and wisdom, become purely subjective ones in a novel, judged by the quality or complexity of the individual's consciousness. [3점]

① to establish the individual character

② to cast doubt on the identity of a criminal

③ to highlight the complex structure of social consciousness

④ to make the objective distinction between crime and heroism

⑤ to develop the inner self of a hero into a collective wisdom

17.

Rules can be thought of as formal types of game cues. They tell us the structure of the test, that is, what should be accomplished and how we should accomplish it. In this sense, _____ . Only within the rules of the game of, say, basketball or baseball do the activities of jump shooting and fielding ground balls make sense and take on value. It is precisely the artificiality created by the rules, the distinctive problem to be solved, that gives sport its special meaning. That is why getting a basketball through a hoop while not using a ladder or pitching a baseball across home plate while standing a certain distance away becomes an important human project. It appears that respecting the rules not only preserves sport but also makes room for the creation of excellence and the emergence of meaning. Engaging in acts that would be considered inconsequential in ordinary life also liberates us a bit, making it possible to explore our capabilities in a protected environment. [3점]

* inconsequential: 중요하지 않은

① rules prevent sports from developing a special meaning
② rules create a problem that is artificial yet intelligible
③ game structures can apply to other areas
④ sports become similar to real life due to rules
⑤ game cues are provided by player and spectator interaction

18. 다음 글에서 전체 흐름과 관계 없는 문장은?

While being an introvert comes with its challenges, it definitely has its advantages as well. For example, an introvert is far less likely to make a mistake in a social situation, such as inadvertently insulting another person whose opinion is not agreeable. ① An introvert would enjoy reflecting on their thoughts, and thus would be far less likely to suffer from boredom without outside stimulation. ② The only risk that you will face as an introvert is that people who do not know you may think that you are aloof or that you think you are better than them. ③ If you learn how to open up just a little bit with your opinions and thoughts, you will be able to thrive in both worlds. ④ An introvert may prefer online to in-person communication, as you do when feeling temporarily uncertain with your relationships. ⑤ You can then stay true to your personality without appearing to be antisocial.

* inadvertently: 부심코 * aloof: 냉담한

[19~20] 주어진 글 다음에 이어질 글의 순서로 가장 적절한 것을 고르시오.

19.

A carbon sink is a natural feature that absorbs or stores more carbon than it releases.

(A) Carbon sinks have been able to absorb about half of this excess CO2, and the world's oceans have done the major part of that job. They absorb about one-fourth of humans' industrial carbon emissions, doing half the work of all Earth's carbon sinks combined.

(B) Its mass of plants and other organic material absorb and store tons of carbon. However, the planet's major carbon sink is its oceans. Since the Industrial Revolution began in the eighteenth century, CO2 released during industrial processes has greatly increased the proportion of carbon in the atmosphere.

(C) The value of carbon sinks is that they can help create equilibrium in the atmosphere by removing excess CO2. One example of a carbon sink is a large forest.

* equilibrium: 평형 상태

① (A)-(C)-(B)   ② (B)-(A)-(C)   ③ (B)-(C)-(A)
④ (C)-(A)-(B)   ⑤ (C)-(B)-(A)

20.

Promoting attractive images of one's country is not new, but the conditions for trying to create soft power have changed dramatically in recent years. For one thing, nearly half the countries in the world are now democracies.

(A) Technological advances have led to a dramatic reduction in the cost of processing and transmitting information. The result is an explosion of information, and that has produced a "paradox of plenty." Plentiful information leads to scarcity of attention.

(B) In such circumstances, diplomacy aimed at public opinion can become as important to outcomes as traditional classified diplomatic communications among leaders. Information creates power, and today a much larger part of the world's population has access to that power.

(C) When people are overwhelmed with the volume

of information confronting them, they have difficulty knowing what to focus on. Attention, rather than information, becomes the scarce resource, and those who can distinguish valuable information from background clutter gain power. [3점]

* clutter: 혼란

① (A)-(C)-(B)　　　② (B)-(A)-(C)
③ (B)-(C)-(A)　　　④ (C)-(A)-(B)
⑤ (C)-(B)-(A)

[21~22] 글의 흐름으로 보아, 주어진 문장이 들어가기에 가장 적절한 곳을 고르시오.

21.

There is a considerable difference as to whether people watch a film about the Himalayas on television and become excited by the 'untouched nature' of the majestic mountain peaks, or whether they get up and go on a trek to Nepal.

Tourism takes place simultaneously in the realm of the imagination and that of the physical world. In contrast to literature or film, it leads to 'real', tangible worlds, while nevertheless remaining tied to the sphere of fantasies, dreams, wishes — and myth. It thereby allows the ritual enactment of mythological ideas. (①) Even in the latter case, they remain, at least partly, in an imaginary world. (②) They experience moments that they have already seen at home in books, brochures and films. (③) Their notions of untouched nature and friendly, innocent indigenous people will probably be confirmed. (④) But now this confirmation is anchored in a physical experience. (⑤) The myth is thus transmitted in a much more powerful way than by television, movies or books. * indigenous: 토착의

22.

There are also clinical cases that show the flip side of this coin.

Humans can tell lies with their faces. Although some are specifically trained to detect lies from facial expressions, the average person is often misled into believing false and manipulated facial emotions. One reason for this is that we are "two-faced." By this I mean that we have two different neural systems that manipulate our facial muscles. (①) One neural system is under voluntary control and the other works under involuntary control. (②) There are reported cases of individuals who have damaged the neural system that controls voluntary expressions. (③) They still have facial expressions, but are incapable of producing deceitful ones. (④) The emotion that you see is the emotion they are feeling, since they have lost the needed voluntary control to produce false facial expressions. (⑤) These people have injured the system that controls their involuntary expressions, so that the only changes in their demeanor you will see are actually willed expressions.

* demeanor: 태도, 표정

23. 다음 글의 내용을 한 문장으로 요약하고자 한다. 빈칸 (A), (B)에 들어갈 말로 가장 적절한 것은?

In some subject areas, topics build on one another in a hierarchical fashion, so that a learner must almost certainly master one topic before moving to the next. For example, an elementary school student should probably master principles of addition before moving to multiplication, because multiplication is an extension of addition. Similarly, a medical student must have expertise in human anatomy before studying surgical techniques: It's difficult to perform an appendectomy if you can't find the appendix. Vertical transfer refers to such situations: A learner acquires new knowledge or skills by building on more basic information and procedures. In other cases, knowledge of one topic may affect learning a second topic even though the first isn't a necessary condition for the second. Knowledge of French isn't essential for learning Spanish, yet knowing French can help with Spanish because many words are similar in the two languages. When knowledge of the first topic is helpful but not essential to learning the second one, lateral transfer is occurring.

* appendectomy: 맹장 수술

⬇

In vertical transfer, lower level knowledge is __(A)__ before one proceeds to a higher level; however, in the case of lateral transfer, __(B)__ knowledge can be helpful, but it is not required.

	(A)	(B)
①	essential	prior
②	practical	detailed
③	useless	relevant
④	practical	independent
⑤	essential	unbiased

[24~25] 다음 글을 읽고, 물음에 답하시오.

By the turn of the twentieth century, the permanent repertoire of musical classics dominated almost every field of concert music, from piano, song, or chamber music recitals to operas and orchestral concerts. The (a)change from a century before was enormous. In the eighteenth century, performers and listeners demanded new music all the time, and "ancient music" included anything written more than twenty years earlier. But musicians and audiences in the early 1900s (b)expected that most concert music they performed or heard would be at least a generation old, and they judged new music by the standards of the classics already enshrined in the repertoire. In essence, concert halls and opera houses had become museums for displaying the musical artworks of the past two hundred years. The repertoire varied according to the performing medium and from region to region, but the core was largely the (c)same throughout most of Europe and the Americas, including operas and operatic excerpts from Mozart through Verdi, Wagner, and Bizet; orchestral and chamber music from Haydn through the late Romantics; and keyboard music by J. S. Bach, Haydn, Mozart, Beethoven, and prominent nineteenth-century composers.

Living composers increasingly found themselves in competition with the music of the past. This is the great theme of modern music in the classical tradition, especially in the first half of the century: in competing with past composers for the attention of performers and listeners who (d)disregarded the classical masterworks, living composers sought to secure a place for themselves by offering something new and distinctive while continuing the tradition. They combined individuality and innovation with emulation of the past, seeking to write music that would be considered original and worthy of performance alongside the masterworks of (e)earlier times.

* enshrine: 소중히 하다 * excerpt: 발췌곡
* emulation: 경쟁, 모방

24. 윗글의 제목으로 가장 적절한 것은?
① Increasing the Gap Between Composers and Listeners
② Within or Beyond Classical Music Heritage
③ Classical Music: Healing the World
④ Lost in the Past: The End of Masterpieces
⑤ Classical Composition in the Nineteenth Century

146

25. 밑줄 친 (a)~(e) 중에서 문맥상 낱말의 쓰임이 적절하지 않은 것은? [3점]

① (a) ② (b) ③ (c) ④ (d) ⑤ (e)

[26~28] 다음 글을 읽고 , 물음에 답하시오.

(A)

Princess, a solid Boxer, had been given to Rita when she was ten weeks old, and Rita immediately bonded with (a)her, petting her, feeding her, teaching her basic commands, and letting her sleep on Rita's bed. The two were always together and within arm's reach. The only time they were apart was when Rita was learning to swim. Princess had a fear of water that was so extreme that she couldn't even touch the water.

* Boxer: 복서(개의 한 품종)

(B)

Upon hearing Rita's cry, her mother rushed to the railing, shouting for help, from the entrance of the store a hundred feet or so away. Princess was looking at the water and trembling in fear. (b)She stood there staring at the water — the one thing that had nearly taken her life. Her love for Rita overpowered her fear and she leapt out through the same open space in the railing and plunged into the water. Once in the water, Princess quickly found Rita and slowly dragged her to the shore to her grateful mother.

(C)

Princess' fears stemmed from her puppyhood when (c)she almost drowned twice. These early traumas made water the only thing that Princess truly feared. When (d)she came close to a body of water, she would try to pull back and seemed emotionally distressed. Would she ever be able to overcome this fear? She had a chance one late afternoon when Rita's mother took them to a shopping mall.

(D)

It was located along the edge of a lake and featured a wooden boardwalk which was built along the shore. While her mother headed to a store, Rita and Princess began to play on the boardwalk. Suddenly, a boy riding a bicycle slipped on the damp wooden surface, hitting Rita at an angle, which propelled her through an open section of the guard rail. (e)She let out a scream of pain and fear as she fell into the water. She then continued to cry for help and struggle to get out.

26. 주어진 글 (A) 에 이어질 내용을 순서에 맞게 배열한 것으로 가장 적절한 것은?

① (B)-(D)-(C)　　② (C)-(B)-(D)
③ (C)-(D)-(B)　　④ (D)-(B)-(C)
⑤ (D)-(C)-(B)

27. 밑줄 친 (a)~(e) 중에서 가리키는 대상이 나머지 넷과 다른 것은?

① (a) ② (b) ③ (c) ④ (d) ⑤ (e)

28. 윗글에 관한 내용으로 적절하지 않은 것은?

① Rita는 수영을 배울 때를 제외하고 Princess 와 항상 함께했다.
② Princess가 사고를 당하자 Rita 의 어머니는 도움을 요청했다.
③ Princess는 Rita 에 대한 사랑으로 물에 대한 두려움을 극복했다.
④ Rita의 어머니는 Rita와 Princess 를 쇼핑몰에 데려갔다.
⑤ Rita와 Princess 는 호숫가 산책로에서 놀고 있었다.

정답: 1. ① 2. ③ 3. ⑤ 4. ③ 5. ⑤ 6. ① 7. ③ 8. ③ 9. ② 10. ⑤
11. ④ 12. ① 13. ④ 14. ④ 15. ② 16. ① 17. ② 18. ④ 19. ⑤
20. ② 21. ① 22. ⑤ 23. ① 24. ② 25. ④ 26. ③ 27. ⑤ 28. ②
아래에 있는 '일등급 영어 비법 Note'는 18군데에 있다. (목
적/주장/함축/요지/주제/ 제목/어법/어휘/빈칸/제거/순서/삽
입/요약)

1. 목적 파악

직원 여러분께,

　다음 주 월요일에 Nature's Beauty Gardens에서는 매년 열리
는 'Toddler Trek' 행사를 위해 매우 중요한 고객들을 즐거운 마
음으로 초대할 것입니다. 저희는 이 행사가 걸음마를 배우는 아이
들에게 재미있고, 교육적이고, 그리고 가장 중요하게는 안전하기를
희망합니다. 부모와 아이들은 야외 활동을 즐기고 점심 도시락을
들면서 시간을 보낼 것입니다. 따라서 혹시 있을지도 모르는 위험
에 대비해 정원을 점검하는 것이 매우 중요합니다. 각 부서의 관리
자들은 모든 위험한 장비와 기계들이 안전하게 보관되어 있는지 확
실히 챙겨야 합니다. 또한, 이번 행사에 참가한 우리 고객들의 안전
을 위해서 정원용 화학물질들은 Nature's Beauty Gardens의 어
디에서도 사용되지 않을 것입니다. 이번 안전 점검에 대한 여러분
의 협조와 올해의 'Toddler Trek' 행사를 역대 최고의 행사로 만
들도록 도와주시는 것에 대해 감사드립니다.

　상무이사 Laura Alfaro 드림

　☞ 일등급 영어 비법 Note 1

※ 위 '일등급 영어 비법 Note' 박스 속에 본인이 적용한 비법을 적어보
　고 다음 카페(일등급 영어 남기선 김색)의 교재 자료실에서 "일등급
　영어 비법 Note"를 다운로드 받아 참고하세요.

2. 심경 파악

　"Jean, 규칙적으로 하는 것이 숙달의 열쇠야. 그 외의 모든 것은
시간 낭비야."라고 Jean의 피아노 선생님인 Ms. Baker는 걱정스
런 표정을 지으며 강조를 했다. 하지만, Jean은 꽤 자주 연습에 대
해 불평을 했고 가끔 연습 시간에 몰래 빠져 나갔다. Jean이 빈둥
거리는 것에 대해 걱정이 되어 Ms. Baker는 자신의 교수 방법을
바꾸기로 결심했다. "Jean, 네 계획은 네가 짤 수 있어. 하지만 나

는 네가 조교로 나를 도와주기를 원해."라고 Ms. Baker는 말했다.
그 후에, Jean은 초보자들에게 훌륭한 모범을 보이기 위해 열심히
연습을 했고 그녀의 기량은 매일 매일 믿을 수 없을 정도로 향상되
었다. Jean의 변화는 기적적이었다. Jean의 연주를 들으면서 Ms.
Baker의 얼굴에는 미소가 번졌다. Ms. Baker는 자신의 새로운 교
수 방법이 성공적이었음을 Jean의 향상에 의해 확신하게 되었다.

　① 화난 → 질투하는
　② 무관심한 → 감사하는
　③ 걱정하는 → 만족한
　④ 즐거운 → 혼란스러운
　⑤ 놀란 → 실망한

3. 주장 파악

　우리는 스스로에게 "많은 시간이 있어. 행동을 할 때가 오면 어
떻게 해서든 처리할 거야."라고 말한다. 우리는 비상사태에 대응하
는 우리의 능력을 다소 자랑스러워한다. 그래서 비상사태가 생기는
것을 막기 위해 계획을 세우고 예방조치를 취하지 않는다. 다른 사
람들이 수강하는 전통적이고 관례적인 과목들을 택하고, 가장 저
항이 적은 방향을 따라가고, '쉬운 과정들'을 선택하고, 그리고 대
세에 따르면서 학창시절을 빈둥거리며 보내기가 너무나 쉽다. "나
는 먼저 교육을 받고 스스로를 발전시킬 것이고, 그런 후에 나는 평
생의 일로 하기에 딱 맞는 것을 더 잘 알게 될 거야."라는 태도를 가
지기가 너무나 쉽다. 그리하여 우리는 주변 환경의 바람에 의해 몰
리고 전통과 관습의 물결에 의해 이리저리 내던져지면서 표류하게
된다. 결국, 대부분의 사람들은 스스로가 '폭풍 속의 어떤 항구(궁
여지책)'에 만족해야 한다는 것을 발견한다. 어떤 항구로 내몰리기
때문에 그것을 선택하는 선원들은 적기에 닻을 내릴 기회를 천 번
중에 한 번도 거의 가지지 못한다.

　☞ 일등급 영어 비법 Note 2

4. 요지 파악

　인터넷 사업가들은 구직 상품을 만들고 정기적으로 그것들을 온
라인으로 가져 온다. 지난 몇 년 이내에, 사람들이 인턴직을 발견하
거나, 개별 고용주 구직 지원서에 맞춘 온라인 수업을 끝내거나, 혹
은 정규직으로 이어질 자원봉사 일을 발견하도록 도와주는 인터넷
에 기반을 둔 새로운 사업체들이 온라인으로 들어왔다. 일에 대한
숙달은 인터넷에서 이용 가능한 빠르게 발전하는 도구들을 계속
따라 잡는 것을 의미할 것이다. 하지만 인터넷 직업 시대에서의 어

떠한 발전도 가장 기본적인 구직 기술, 즉 자기 이해의 중요성을 감소시키지는 않았다는 것에 주목해야 한다. 인터넷 시대에 있어서조차도 구직은 개인적인 직업 역량, 분야에 대한 관심, 선호하는 직장 분위기와 흥미를 확인하는 것과 함께 시작된다. 1970년에 처음 출판된 Richard Bolles의 가장잘 판매되는 구직서는 역량에 대한 자신의 목록과 직장 선호도를 그것의 중심 주제로 가지고 있었다. 이러한 자신의 목록은 어떤 인터넷 기술이 관련되더라도 오늘날에도 계속해서 모든 구직을 위한 출발점이 되고 있다.

☞ 일등급 영어 비법 Note 3

5. 주제 파악

'생물학적 방제'라는 용어는 모든 범위의 생물학적인 유기체와 생물학적 기반의 제품들을 포함하기 위해 가끔 넓은 맥락에서 사용되어 왔다. 이것은 많은 해충 문제가 천적의 도입과 성공적인 정착에 의해 영구적으로 해결이 되면서, 많은 경우에 있어서 멋지게 성공을 거두어 왔다. 이러한 도입의 성공은 특정한 유형의 생태계와/생태계나 다년생의 생태계에 있는 도입된 해충과 같은 해충 상황에는 대체로 제한적이었다. 다른 한편으로는, 이런 접근은 줄뿌림 작물이나 다른 단명하는 계통의 주요한 해충에서는 제한적인 성공과 맞닥뜨렸다. 이러한 상황에서, 문제는 흔히 효과적인 천적이 없는 것이 아니라 관리 관행과 특정한 농업 생태계 환경에 있어서 도입 시도의 성공 혹은 실패를 결정하는 요인들에 대한 공동의 연구가 없다는 것이다. 따라서 도입 프로그램은 지금까지 대체로 관련된 개별 전문가의 경험에 기초를 둔 시행착오의 문제이다.

① 농업에 있어서 주요한 해충을 확인하는 것의 어려움
② 생태계에 천적을 도입하는 것의 이점
③ 농업에 생물학적 방제 전략을 적용하는 방법
④ 생물학적 방제를 통한 해충 제거로부터 생기는 부작용
⑤ 생물학적 방제에 있어서 도입의 부분적인 성공에 대한 이유

☞ 일등급 영어 비법 Note 4

6. 제목 파악

특정한 목적으로 여전히 많이 이용되고 있는, 과학에 대한 개인주의적인 수사적 표현 형태에 따르면, 발견은 실험실에서 이루어진

다. 발견은 영감을 받은 인내, 솜씨 있는 손, 그리고 탐구적이지만 편견이 없는 정신의 산물이다. 더욱이, 발견은 자신을 변호하는데, 바꾸어 말하면, 발견은 적어도 매우 강력하고 매우 끈질기게 말하므로, 편견을 가진 사람들이 그것들을 침묵하게 할 수 없다. 그러한 믿음을 진심으로 가지는 것은 아니라고 가정하는 것은 잘못일 터이지만, 그것들이 공적인 상황에서 행동의 근거를 제공할 수 있다고 생각하는 사람은 거의 없다. 먼저 전문적인 검토자에게 자신의 주장을 검증하도록 허용하지 않은 채로 기자 회견에서 이른바 발견을 발표하는 과학자는 누구나 자동으로 명성을 좇는 사람이라는 혹평을 받는다. 과학적 의사전달의 기준은, 자연은 모호하지 않게 말하지 않으며, 지식은 학문 분야의 전문가들에게 정당성을 인정받지 않은 한 지식이 아니라는 것을 전제한다. 과학적 진실은 집단의 산물이 아닌 한 설 자리가 거의 없다. 어떤 사람의 실험실 안에서 일어나는 것은 과학적 진실 구축의 한 단계에 불과하다.

① 과학적 진실로의 길: 과학계의 인정'이다.
② 과학의 제1차적인 규칙: 처음이 최선이다.
③ 외로운 과학자가 과학적 발견을 끌어낸다.
④ 과학적 발견은 자신을 변호한다!
⑤ 사회의 편견이 과학 연구에 장애가 된다.

☞ 일등급 영어 비법 Note 5

7. 도표 파악

위의 표는 선택된 5개국의 2030년대 출생 시 기대 여명을 보여준다. ① 선택된 5개국 각각에서, 여성의 기대 여명은 남성의 기대 여명보다 더 높을 것으로 예측된다. ② 여성의 경우, 대한민국의 기대 여명은 5개국 중에서 가장 높을 것으로 예상되며, 오스트리아가 그다음일 것이다. ③ 남자의 경우는, 대한민국과 싱가포르가 5개국의 기대 여명에서 각각 첫째와 둘째의 등위를 기록할 것이다. ④ 슬로바키아의 남성과 여성이 5개국의 성별 기대 여명에서 각각 82.92년과 76.98년으로서 가장 낮은 기대 여명을 가질 것이다. ⑤ 5개국 중에서, 여성과 남성 사이의 기대 여명에서 가장 큰 차이는 6.75년이며 한국에서, 그리고 가장 작은 차이는 3.46년이며 스웨덴에서 발견될 것으로 예측된다.

8. 세부내용 파악

Richard Burton은 높은 평가를 받는 웨일스 출신의 연극 및 영화 연기자였다. 그는 1925년 남웨일스에서 가난한 광부의 12번째 아이로 태어났다. Burton은 가족 중에서 중등학교에 다닌 첫 번

째 사람이었다. 그다음 그는 옥스퍼드 대학교에 다녔으며, 나중에는 전쟁 기간에 영국 공군에 입대했다. 1947년에 군에서 제대한 후, 그는 1949년에 〈The Last Days of Dolwyn〉이라는 작품에서 영화배우로 데뷔했다. Richard Burton은 이어서 칭송되는 연극 및 영화 연기자가 되었는데, 그는 일곱 차례 아카데미 상 후보자로 지명되었지만, 오스카상(= 아카데미상)을 받지 못했다. 그는 카메라와 마이크를 압도하는 힘 있는 목소리와 영화 연기의 모든 해박한 지식을 가지고 있었던 것으로 잘 알려져 있다. 그의 마지막 영화는 George Orwell의 유명한 소설 〈1984년〉을 각색한 작품이었다.

9. 세부내용 파악

KSFF 국제 교환 프로그램

국제 교환 프로그램에 참여하는 데 관심이 있나요? Korea-Singapore Friendship Foundation(KSFF)이 고등학교 학생들을 싱가포르 내의 6개 학교에 보내 줄 것입니다. 이것은 세계적인 관점과 평생의 기억을 만드는 훌륭한 기회가 될 것입니다.

기회와 날짜

• 각 학교는 7명에서 10명의 고등학교 학생을 받을 것입니다.

• 2주: 2018년 9월 3일부터 2018년 9월 16일까지 활동

• 수업 참여와 과외 활동

• 관광지 방문

숙소

• KSFF가 참가자들이 현지 가정에 체류하도록 주선할 것입니다.

더 많은 정보는 www.ksffexchange.net에서 얻을 수 있습니다.

주의: 신청은 저희 웹 사이트에서 2018년 6월 9일까지 완료해야 합니다.

[풀이]

2018년 9월 3일부터 2018년 9월 16일까지 2주간 운영되므로, 안내문의 내용과 일치하지 않는 것은 ②이다.

[Words and Phrases]

global 세계적인 perspective 관점 extra-curricular 과외의

10. 세부내용

2018 나무 분양 행사

Greenville Community Center는 저희의 연례 '나무 분양 행사'를 통해 나무를 무료로 제공하게 되어 기쁩니다. 분양할 수 있는 나무의 제한된 숫자로 인해 분양은 가구 당 두 그루의 나무로 제한됩니다.

• 무료 나무를 신청하려면 2018년 6월 15일 금요일까지 304-315-7777로 지역 사회센터에 전화하세요.

• 신청은 전화로만 받습니다.

• 받아가는 것에 대한 설명은 2018년 6월 말까지 문자 메시지로 보낼 것입니다.

• 나무를 받아가는 날은 (날씨 상태에 따라서) 2018년 7월이나 8월의 어느 한 토요일이 될 것입니다.

여러분은 저희 웹 사이트(www.treegreenville.org)에서 나무의 나이와 크기에 관해 더 많은 정보를 얻을 수 있습니다.

11. 어법(문법성 판단)

인간은 속고 있다고 느끼는 것을 매우 싫어해서 흔히 겉보기에는 거의 말이 되지 않는 방식으로 반응한다. 인간의 마음이 계산기처럼 작동한다고 단순히 가정하는 부류의 사람들과는 대조적으로 사람들이 하는 행동을 실제로 연구하는 경제학자들인 행동경제학자들은, 사람들은 불공정한 제안을 거부하는 것이 자신에게 돈이 든다고 해도 그렇게 한다는 것을 반복해서 보여 주었다. 대표적인 실험은 최후통첩 게임이라고 불리는 과업을 이용한다. 그것은 매우 간단하다. 짝을 이루는 두 사람 중 한 사람이 얼마간의 돈, 가령 10달러를 받는다. 그러고 나서 그 사람은 자기 짝에게 그 돈의 일부를 주는 기회를 가진다. 그 짝에게는 두 가지의 선택권만 있다. 그는 주어지는 것을 받거나, 아무것도 받지 않겠다고 거절할 수 있다. 협상의 여지는 없고, 그런 이유로 그것은 최후통첩 게임이라 불린다. 대체로 어떤 일이 일어나는가? 많은 사람은 짝에게 똑같이 나눈 몫을 제안하며, 그것은 두 사람을 모두 행복하게 하고 장래에 서로를 기꺼이 신뢰하게 한다.

☞ 일등급 영어 비법 Note 6

12. 함축의미 추론

여기 한 가지 재미있는 생각이 있다. 만일 빙하가 다시 형성되기 시작한다면, 그것들은 이제는 이용할 훨씬 더 많은 물, 즉 존재하지 않아서 마지막 대륙 빙하에 물을 공급하지 못했던 Hudson만(灣), 오대호, 캐나다의 수십만 개의 호수를 가지고 있어서, 매우 훨씬 더 빠르게 커질 것이다. 그리고 그것들(의 형성)이 다시 진행하기 시작한다면 우리는 정확히 무엇을 할 것인가? 그것들을 티엔티(TNT)나 아마 핵미사일로 폭파할 것인가? 의심할 바 없이 우리는 그렇게 하겠지만, 이것을 고려해 보라. 1964년에, 북미에서 기록된 것 중 가장 커다란 지진이 2천 개의 핵폭탄에 상당하는 것인 20만 메가톤의 응집된 힘으로 알래스카를 뒤흔들었다. 거의 3천마일 떨어진 텍사스에서 물이 수영장 밖으로 철벙철벙 튀었다. 앵커리지의 어떤 거리는 20피트 가라앉았다. 그 지진은 2만 4천 제곱 마일의 황무지를 황폐시켰는데, 그 황무지의 많은 부분이 빙하로 덮여 있

었다. 그리고 이 모든 힘이 알래스카의 빙하에 어떤 영향을 미쳤는가? 아무런 영향도 미치지 못했다. (None.)

① 빙하를 파괴하려는 것은 아무런 소용이 없을 것이다
② 녹고 있는 빙하가 해수면을 상승시킬 것이다.
③ 알래스카의 황무지는 빙하에 의해 손상을 입지 않을 것이다.
④ 다시 형성되는 빙하는 북미 전체로 퍼지지 않을 것이다.
⑤ 빙하 재형성의 원인은 지진을 포함하지 않을 것이다.

☞ 일등급 영어 비법 Note 7

13. 지칭대상 파악

전에 John이 관리자 Michael의 사무실 안에 있었을 때, 전화벨이 울렸다. 즉시 Michael은 "저 지긋지긋한 전화기는 결코 벨 소리를 멈추지 않네."라고 고함을 질렀다. 그리고 나서 이어서 <u>그</u>는 그 전화기를 집어 들고, John이 기다리는 동안 15분간 통화했다. 마침내 <u>그가</u> 전화를 끊었을 때, 그는 기진맥진하고 낙담한 것처럼 보였다. 전화벨이 다시 한 번 울리자 그는 사과했다. 나중에 그는 자신이 응답하는 전화의 양 때문에 자신의 업무를 완수하는 데 많은 어려움이 있다고 고백했다. 어느 순간 John은 그에게 "당신이 그냥 전화를 받지 않는 특정한 기간을 가져보는 것을 생각해 본 적이 있나요?"라고 물었다. Michael은 어리둥절한 표정으로 <u>그를</u> 바라보면서, "사실은 없어요."라고 말했다. 이 간단한 제안은 Michael이 긴장을 풀도록 도와주었을 뿐만 아니라 더 많은 일도 또한 완수하도록 도와주었다는 것이 밝혀졌다. 많은 사람처럼, <u>그는</u> 방해받지 않는 여러 시간이 필요한 것은 아니었지만, 정말이지 얼마간은 그런 시간이 필요했다!

④는 John을, 나머지 모두 Michael을 가리킨다.

☞ 일등급 영어 비법 Note 8

14. 빈칸추론

대부분의 소매점에서 가격은 소매상에 의해 결정되지만, 이 말은 이 가격이 시간이 지나면서 시장의 힘에 조정되지 않는다는 것을 의미하는 것은 아니다. 그 어느 특정한 날에도 우리는 모든 제품에 명확한 가격표가 붙어 있다는 것을 안다. 그러나 이 가격은 날마다 또는 주마다 다를 수 있다. 도매상에게서 농부가 받는 가격은 소매상이 소비자에게 부과하는 가격보다 그날그날 훨씬 더 유동적이다. 예를 들어, 악천후가 감자의 흉작을 초래한다면, 슈퍼마켓이 감자에 대해 도매상에게 지급해야 하는 가격은 상승할 것이고, 이것은 그들이 자기 가게의 감자에 매기는 가격에 반영될 것이다. 따라서 이 가격은 더 광범위한 감자 시장에서의 수요와 공급의 상호작용을 정말로 반영하는 것이다. 그 가격이 수요와 공급에서의 지역적 변동을 반영하기 위해 슈퍼마켓에서 시간마다 바뀌지는 않지만, 그 가격은 문제의 상품의 전체적인 생산과 수요의 기저에 있는 상황을 반영하기 위해 시간이 지나면서 정말로 바뀐다.

① 수요와 공급의 원리를 반영한다
② 시간마다 바뀌지 않을 수 있다
③ 악천후로 인해 오른다
④ 시간이 지나면서 시장의 힘에 조정되지 않는다
⑤ 농부의 적극적인 역할에 의해 바뀔 수 있다

☞ 일등급 영어 비법 Note 9

15. [출제 의도] 빈칸추론

행동과의 관계를 조정하는 개인적인 특징은 자기 효능감, 즉 특정한 수준의 성과를 달성하는 자신의 능력에 대한 판단이다. 높은 자기 효능감을 가진 사람들은 평균적인 사람들이 미치는 범위를 벗어나 있을 수도 있는 도전적인 목표를 추구하는 경향이 있다. 그러므로 강한 자기 효능감을 가진 사람들은 어떤 환경의 사회적인 행위자들 대다수가 성공이 있을 법하지 않다고 여기는 일이나 목표를 시도하기 위해 문화적으로 규정된 행동 밖으로 더 기꺼이 발을 디디려 할 수도 있다. 이런 사람들에게, <u>문화는 행동에 거의 혹은 전혀 영향을 주지 않을 것이다</u>. 예를 들어 호주 사람들은 '키 큰 양귀비 증후군'을 지지하는 경향이 있다. 이 격언은 밭에서 다른 것들보다 더 자라는 어떤 '양귀비'이든 '잘리게' 된다는 것, 다시 말해 기대 이상의 성공을 거두는 사람은 누구든지 결국 실패하리라는 것을 보여 준다. 표준 이상을 실제로 성취하기 위해 이 문화적으로 규정된 행동을 벗어나는 사람들이 바로 높은 자기 효능감을 가진 호주 사람들이라는 것을 면접과 관찰은 보여 준다.

① 자기 효능감은 정의를 내리기 쉽지 않다
② 문화는 행동에 거의 혹은 전혀 영향을 주지 않을 것이다
③ 일을 시작하기 전에 목표를 설정하는 것이 중요하다
④ 높은 자기 효능감은 호주 사람들의 전형적인 특성이다
⑤ 공동체로부터의 반응을 판단하는 것은 어려울 것이다

☞ 일등급 영어 비법 Note 10

16. 빈칸추론

소설의 이론가들은 공통으로 그 장르를 문화적 권위의 전통적인 원천에 대한 대체물로 개인적 특성을 확립하기 위해 18세기 말과 19세기에 두드러졌던 전기의 형식으로 규정한다. 소설은 "형식을 제공함으로써" 주인공들의 내면화된 삶에서 "삶의 숨겨진 전체를 드러내어 구성하고자 한다."라고 Georg Lukács는 주장한다. 따라서 소설의 전형적인 줄거리는 그 권위를 외부에서 더는 찾을 수 없을 때 일어나는, 주인공이 내부에서 하는 권위 탐구이다. 이 설명에 의하면 소설에 객관적 목표는 없으며, 반드시 개인에 의해 만들어지는 법칙을 찾는 주관적 목표만 있을 뿐이다. 따라서 범죄와 영웅주의, 혹은 광기와 지혜의 차이는 소설에서는 전적으로 주관적인 것이 되고, 개인적 의식의 특성이나 복잡성에 의해 판단된다.
① 개인적 특성을 확립하기
② 범인의 신원에 대해 의심하기
③ 사회적 의식의 복잡한 구조를 강조하기
④ 범죄와 영웅주의를 객관적으로 구별하기
⑤ 주인공의 내적 자아를 집단적 지혜로 발전시켜나가기

☞ 일등급 영어 비법 Note 11

17. 빈칸추론

규칙은 공식적인 유형의 경기 신호라 생각할 수 있다. 규칙은 시험의 구조, 즉 무엇이 달성되어야 하고, 그것을 어떻게 달성해야 하는지를 우리에게 알려준다. 이 점에서 규칙은 인위적이지만 이해할 수 있는 문제를 만들어 낸다. 예컨대 농구나 야구 경기의 규칙 내에서만 오로지 점프 슈팅과 땅볼을 잡아서 처리하는 행위가 의미가 통하고 가치를 지닌다. 스포츠에 특별한 의미를 부여하는 것은, 바

로 규칙이 만들어 낸 인위성, 즉 해결되어야 하는 독특한 문제이다. 그것이 사다리를 사용하지 않고서 농구공을 링으로 통과시키거나, 특정한 거리를 두고 선 채로 본루로 야구공을 던지는 것이 인간의 중요한 활동인 이유이다. 규칙을 존중하는 것은 스포츠를 보존할 뿐만 아니라 탁월성 창출과 의미 발생의 여지도 또한 만들어 내는 것처럼 보인다. 평범한 삶에서 중요하지 않다고 여겨질 수 있을 행위에 참여하는 것은 또한 우리를 약간 해방해, 보호된 환경에서 우리의 능력을 탐구할 수 있게 해준다.
① 규칙은 스포츠가 특별한 의미를 발전시키는 것을 막는다
② 규칙은 인위적이지만 이해할 수 있는 문제를 만들어 낸다
③ 게임 구조는 다른 영역에 적용될 수 있다.
④ 스포츠는 규칙 때문에 실제 생활과 비슷하게 된다
⑤ 경기 신호는 선수와 관객의 상호 작용에 의해 제공된다

☞ 일등급 영어 비법 Note 12

18. 문장 제거

내성적인 사람이라는 것에는 그 자체의 어려움이 있지만, 또한 분명히 이점도 있다. 예를 들어, 내성적인 사람은, 찬성할 수 없는 의견을 가진 다른 사람을 무심코 모욕하는 것과 같은, 사교 상황에서의 실수를 할 가능성이 훨씬 더 작다. 내성적인 사람은 자신의 생각을 즐겨 성찰할 것이고, 이리하여 외부 자극이 없어도 지루함에 시달릴 가능성이 훨씬 더 작을 것이다. 내성적인 사람으로서 여러분이 직면할 유일한 위험은, 여러분을 모르는 사람들은 여러분이 쌀쌀하다거나 여러분이 자신을 그들보다 더 낮다고 생각한다고 여길 수 있다는 것이다. 여러분이 자신의 의견 및 사고와 관련하여 약간만 마음을 터놓는 법을 배운다면, 여러분은 양쪽 세계 모두에서 잘 지낼 수 있을 것이다. (내성적인 사람은 여러분이 여러분의 관계에 관해 일시적으로 불확실하다고 느낄 때 하는 것처럼 직접 대면히는 의시소통보다 온라인으로 히는 의시소통을 더 좋아할 수도 있다.) 그러면 여러분은 비사교적으로 보이지 않으면서 자신의 개성에 계속 충실할 수 있다.

☞ 일등급 영어 비법 Note 13

19. 순서배열

카본 싱크(이산화탄소 흡수계)는 배출하는 양보다 더 많은 탄소를 흡수하거나 저장하는 천연 지형이다. (C) 카본 싱크의 가치는 초과한 이산화탄소를 제거함으로써 대기 안의 평형 상태를 만드는 데 도움을 줄 수 있다는 것이다. 카본 싱크의 한 예는 거대한 숲이다. (B) 그 안의 수많은 식물 및 다른 유기 물질은 많은 양의 탄소를 흡수하고 저장한다. 하지만, 지구의 주요 카본 싱크는 바다이다. 산업 혁명이 18세기에 시작된 이후로, 산업 공정 중에 배출된 이산화탄소는 대기의 탄소 비율을 크게 증가시켰다. (A) 카본 싱크는 이러한 초과한 이산화탄소 중 거의 절반을 흡수할 수 있었고 지구의 바다가 그 일의 주된 역할을 해 왔다. 바다는 인간의 산업으로 인한 탄소 배출물의 대략 4분의 1을 흡수하여, 지구의 모든 카본 싱크를 합친 것이 하는 일의 절반을 한다.

☞ 일등급 영어 비법 Note 14

20. 순서배열

자기 나라의 매력적인 이미지를 홍보하는 것이 새로운 것은 아니지만, 소프트파워를 창출하려는 노력을 위한 환경은 최근 몇 년 동안에 크게 바뀌었다. 한 예로 전 세계 국가의 거의 절반이 현재 민주 국가이다. (B) 그러한 상황에서는 대중의 의견을 목표로 한 외교가 지도자들 사이의 전통적인 비밀 외교 소통만큼이나 결과에 중요할 수 있다. 정보는 권력을 창출하는데, 오늘날에는 세계 인구의 훨씬 더 많은 부분이 그 권력에 접근할 수 있다. (A) 기술적인 발전은 정보의 처리와 전달 비용의 극적인 감소를 가져왔다. 그 결과로 정보가 폭발적으로 증가하게 되었고, 그로 인해 '풍요의 역설'이 생겨났다. 풍요로운 정보는 주의력 부족을 초래한다. (C) 자신들이 직면해 있는 정보의 양에 압도당할 때, 사람들은 무엇에 초점을 두어야 할지 알기 어렵다. 정보가 아니라 주의력이 부족 자원이 되고, 배후의 혼란으로부터 가치 있는 정보를 식별해 낼 수 있는 사람이 권력을 얻는다.

☞ 일등급 영어 비법 Note 15

21. 문장삽입

관광은 상상의 영역 그리고 물리적인 세계의 영역에서 동시에 일어난다. 문학 또는 영화와는 달리, 관광은 '실제적인', 감지할 수 있는 세계로 이어지는데, 반면에 그럼에도 불구하고 환상, 꿈, 소망 — 그리고 신화의 영역과 여전히 관련되어 있다. 그렇기 때문에 관광은 신화적인 개념을 의식으로 시행할 수 있게 한다. 사람들이 텔레비전에서 히말라야산맥에 대한 영화를 시청하고 장엄한 산봉우리의 '손대지 않은 자연'에 흥분하게 되는지, 또는 사람들이 일어나서 네팔로 긴 여행을 하는지에 관해서는 상당한 차이가 있다. 심지어 후자의 경우에도, 사람들은 적어도 부분적으로는 상상 속의 세계에 머물러 있다. 그들은 집에서 책, 안내 책자 그리고 영화에서 이미 보았던 순간을 경험한다. 손대지 않은 자연과 친절하고 순진한 토착민에 대한 그들의 개념은 아마도 확고해질 것이다. 하지만 이제 이 확고함은 물리적인 경험에 단단히 기반을 두고 있다. 따라서 신화는 텔레비전, 영화, 또는 책에 의한 것보다 훨씬 더 강력한 방식으로 전달된다.

☞ 일등급 영어 비법 Note 16

22. 문장삽입

사람은 얼굴로 거짓말을 할 수 있다. 비록 어떤 사람들은 얼굴 표정으로부터 거짓말을 탐지하도록 특별히 훈련되어 있지만, 보통 사람은 흔히 거짓되고 조작된 얼굴에 나타난 감정을 믿도록 현혹된다. 이것의 한 가지 이유는 우리가 '두 얼굴이기' 때문이다. 이 말로써 내가 의미하는 것은 얼굴 근육을 조종하는 두 가지 서로 다른 신경 체계가 우리에게 있다는 것이다. 하나의 신경 체계는 자발적인 통제 하에 있고 다른 하나는 비자발적인 통제 하에서 작동한다. 자발적인 표현을 통제하는 신경 체계가 손상된 사람들의 보고된 사례들이 있다. 그들은 여전히 얼굴 표정은 가지고 있지만, 속이는 얼굴 표정을 지을 수는 없다. 그들은 거짓의 얼굴 표정을 짓기 위해 필요한 자발적인 통제를 잃었으므로, 여러분이 보는 감정은 그들이 느끼고 있는 감정이다. 그 동전의 반대쪽 면을 보여 주는 임상 사례도 있다. 이 사람들은 자신의 비자발적 표현을 통제하는 시스템을 다쳤으며, 그래서 여러분이 보는 그들의 유일한 표정의 변화는 실제로 자발적인 표정일 것이다.

---

23. 요약문 빈칸

일부 과목 영역에서는, 주제들이 서로 계층적 방식으로 형성되므로, 학습자가 다음 주제로 넘어가기 전에 한 주제를 거의 확실히 통달해야 한다. 예를 들어, 곱셈은 덧셈의 확장이므로 초등학생은 아마도 곱셈으로 옮겨가기 전에 덧셈의 원리를 통달해야 할 것이다. 마찬가지로, 의대생은 수술의 기법을 공부하기 전에 인간 해부학에 대한 전문 지식을 갖고 있어야만 한다. 충수를 찾을 수 없다면 맹장 수술을 하기는 어려운 것이다. 수직적 전이는 그러한 상황을 가리킨다. 학습자는 더 기본적인 정보와 절차를 바탕으로 하여 새로운 지식이나 기술을 습득한다. 다른 경우에는, 첫 번째 주제가 두 번째 주제에 필수적인 조건이 아니라 하더라도, 한 주제에 대한 지식이 두 번째 주제를 배우는 데 영향을 줄 수 있다. 프랑스어에 대한 지식은 스페인어를 배우는 데 필수적이지는 않지만, 두 언어에서 비슷한 단어가 많기 때문에 프랑스어를 아는 것이 스페인어에 도움을 줄 수 있다. 첫 번째 주제에 대한 지식이 두 번째 주제를 배우는 데 도움이 되지만 필수적이지는 않을 때, 횡적 전이가 일어난다.

→ 수직적 전이에서는, 더 높은 수준으로 진행하기 전에 더 낮은 수준의 지식이 필수적이다. 하지만 횡적 전이의 경우에는 사전 지식이 도움이 될 수 있으나 그것이 필요한 것은 아니다.

① 필수적인 - 사전의
② 현실적인 - 자세한
③ 쓸모없는 - 관련된
④ 현실적인 - 독립적인
⑤ 필수적인 - 선입견 없는

[24~25] 장문(제목 파악 & 어휘의미 추론)

20세기로 바뀔 무렵, 음악 고전 작품의 영구적인 레퍼토리가, 피아노, 성악, 실내악 연주에서부터 오페라와 오케스트라의 연주회에 이르기까지 콘서트 음악의 거의 모든 분야를 지배했다. 한 세기 이전으로부터의 변화는 엄청났다. 18세기에, 연주자들과 청중들은 항상 새로운 음악을 요구했는데, '고대 음악'에는 작곡된 지 20년이 넘은 음악은 무엇이든 포함되었다. 그러나 1900년대 초반의 음악가들과 청중들은 자신들이 연주하거나 듣는 대부분의 콘서트 음악이 최소한 나온 지 삼십 년은 될 것이라고 기대했으며, 그들은 새로운 음악을 이미 레퍼토리에 소중히 간직된 클래식 음악의 기준으로 평가했다. 본질적으로, 콘서트홀과 오페라 하우스는 지난 200년 동안의 음악 작품들을 보여 주기 위한 박물관이 되어 버렸다. 연주 매체와 지역에 따라 레퍼토리가 다양했지만, 그 핵심은 유럽과 아메리카의 대부분의 지역에서, 모차르트에서 베르디, 바그너, 비제에 이르는 오페라와 오페라 발췌곡, 하이든에서 후기 낭만파 음악가에 이르는 오케스트라 음악과 실내 음악, 그리고 J. S. 바흐, 하이든, 모차르트, 베토벤, 그리고 저명한 19세기 작곡가들이 작곡한 건반 음악을 포함하여, 대체로 같았다. 살아있는 작곡가들은 점차로 자신이 과거의 음악과 경쟁하고 있다는 것을 알게 되었다. 이것은, 특히 세기의 전반부에는, 고전 음악의 전통 안에서 현대 음악의 큰 주제였다. 즉, 고전 음악의 걸작들을 (d) 무시했던(→ 애호했던) 연주자와 청중의 관심을 얻기 위해서 과거의 작곡가들과 경쟁하면서, 살아있는 작곡가들은 전통을 이어가면서 뭔가 새롭고 독특한 것을 제공함으로써 자신들의 자리를 확보하려고 노력했다. 그들은 개성과 혁신을 과거의 모방과 결합하여, 이전 시대의 걸작들과 나란히 독창적이고 공연할 가치가 있는 것으로 여겨질 음악을 작곡하려고 노력했다.

24. 제목 파악

② 고전 음악의 유산 안에 머무르느냐 혹은 벗어나느냐?
① 작곡가와 청중 사이의 거리를 늘리기
③ 클래식 음악: 세상을 치유함
④ 과거에서 길을 잃다: 걸작의 종말
⑤ 19세기의 고전 악곡

25. (d)의 disregarded(무시했다)는 글의 논리상 어색하고, loved(애호했다)와 유사한 의미의 말이 적절하다.

[26~28] 장문(순서배열 & 지칭대상 & 세부내용)

(A) 튼튼한 복서 종의 개 Princess는 생후 10주가 되었을 때 Rita에게 주어졌고, Rita는 곧바로 (a) 그 개와 유대를 형성해서, 그 개를 어루만지고, 먹이를 주고, 기본적인 명령을 가르치고, Rita의 침대에서 잠들게 했다. 그 둘은 항상 함께 손이 닿는 곳에 있었다. 그들이 떨어져 있는 유일한 시간은 Rita가 수영을 배우고 있을 때였다. Princess는 물에 발을 댈 수조차 없을 정도로 극심한 물에 대한 두려움을 가지고 있었다.

(C) Princess의 두려움은 (c) 그 개가 거의 두 번이나 익사할 뻔했던 강아지 시절에서 비롯되었다. 이러한 어린 시절의 정신적 외상은 물을 Princess가 정말로 두려워하는 유일한 것으로 만들었다. (d) 그 개는 물이 있는 지역에 가까이 갔을 때, 물러나려고 기를 썼고 정서적으로 고통스러워 보였다. 그 개가 이 두려움을 과연 극복할 수 있게 될까? 그 개는 Rita의 어머니가 그들을 쇼핑몰에 데려간 어느 늦은 오후에 기회가 있었다.

(D) 그것은 호수의 가장자리를 따라 위치했는데, 주된 특징은 호숫가를 따라 만들어 놓은 나무판자로 된 산책로였다. 그녀의 어머니가 가게로 향하는 동안 Rita와 Princess는 나무판자 산책로에서 놀기 시작했다. 갑자기 자전거를 타고 있던 소년이 눅눅한 나무 표면에 미끄러져 Rita에게 비스듬히 부딪쳤고, 이 때문에 그녀는 난간의 열린 부분을 통해 밀려 나갔다. (e) 그녀는 물속으로 떨어지면서 고통과 두려움에 찬 비명을 질렀다. 그러고 나서 그녀는 계속해서 도와 달라고 울부짖으며 밖으로 나가려고 몸부림쳤다.

(B) Rita의 울음소리를 듣자마자, 그녀의 어머니는 도와 달라고 외치며 백 피트 정도 떨어진 가게 입구에서 난간으로 달려갔다. Princess는 물을 보며 두려움에 떨고 있었다. (b) 그 개는 자신이 이전에 거의 목숨을 잃을 뻔했던 물을 응시하며 그곳에 서 있었다. Rita에 대한 사랑은 그 개의 두려움을 압도했고, 그 개는 난간의 같은 열린 공간으로 뛰어넘어 물속으로 뛰어들었다. 일단 물속에 들어가자 Princess는 재빨리 Rita를 찾아 그녀를 호숫가로 천천히 끌어내 고마워하는 그녀의 어머니에게로 끌고 갔다.

27. 지칭대상 파악
(e)는 Rita를, 나머지는 모두 Princess를 가리킨다

1. 다음 글의 목적으로 가장 적절한 것은?

Dear Ms. Diane Edwards,

I am a teacher working at East End High School. I have read from your notice that the East End Seaport Museum is now offering a special program, the 2017 Bug Lighthouse Experience. The program would be a great opportunity for our students to have fun and experience something new. I estimate that 50 students and teachers from our school would like to participate in it. Would you please let me know if it is possible to make a group reservation for the program for Saturday, November 18? We don't want to miss this great opportunity. I look forward to hearing from you soon.

Best regards,

Joseph Loach

① 단체 관람 시 유의 사항을 안내하려고
② 교내 행사에 초청할 강사 추천을 부탁하려고
③ 프로그램 단체 예약이 가능한지를 문의하려고
④ 새로운 체험 학습 프로그램을 소개하려고
⑤ 견학 예정 인원수의 변경을 요청하려고

2. 다음 글에 드러난 'I'의 심경 변화로 가장 적절한 것은?

The start of the boat tour was far from what I had expected. None of the wildlife I saw was exotic. I could only see dull gray rocks. It was also so hot and humid that I could not enjoy the tour fully. However, as the boat slid into the Bay Park Canal, all of a sudden my mother shouted, "Look at the mangroves!" A whole new world came into sight. The mangrove forest alongside the canal thrilled me as we entered its cool shade. I was fascinated by the beautiful leaves and flowers of the mangroves. But best of all, I was charmed by the native birds, monkeys, and lizards moving among the branches. "What a wonderful adventure!" I exclaimed.

* mangrove: 맹그로브(강가나 늪지에서 자라는 열대 나무)

① ashamed → relaxed
② disappointed → excited
③ delighted → confused
④ pleased → lonely
⑤ scared → relieved

3. 다음 글에서 필자가 주장하는 바로 가장 적절한 것은?

At the 2015 *Fortune* Most Powerful Women Summit, Ginni Rometty offered this advice: "When did you ever learn the most in your life? What experience? I guarantee you'll tell me it was a time you felt at risk." To become a better leader, you have to step out of your comfort zone. You have to challenge the conventional ways of doing things and search for opportunities to innovate. Exercising leadership not only requires you to challenge the organizational status quo but also requires you to challenge your internal status quo. You have to challenge yourself. You have to venture beyond the boundaries of your current experience and explore new territory. Those are the places where there are opportunities to improve, innovate, experiment, and grow. Growth is always at the edges, just outside the boundaries of where you are right now.

* status quo: 현재 상태

30일 안에 끝내는 입문급 영어

① 지도자는 실현 가능한 목표를 설정해야 한다.
② 지도자는 새로운 제도를 적극적으로 도입해야 한다.
③ 지도자는 조직의 현재 상태를 철저히 분석해야 한다.
④ 지도자는 현재의 자신을 넘어서는 도전을 해야 한다.
⑤ 지도자는 기존의 방식과 새로운 방식을 조화시켜야 한다.

4. 다음 글의 요지로 가장 적절한 것은?

One exercise in teamwork I do at a company retreat is to put the group in a circle. At one particular retreat, there were eight people in the circle, and I slowly handed tennis balls to one person to start throwing around the circle. If N equals the number of people in the circle, then the maximum number of balls you can have in motion is N minus 1. Why? Because it's almost impossible to throw and catch at the same time. The purpose of the exercise is to demonstrate the importance of an individual's action. People are much more concerned about catching the ball than throwing it. What this demonstrates is that it's equally important to the success of the exercise that the person you're throwing to catches the ball as that you are able to catch the ball. If you're less concerned about how you deliver information than with how you receive it, you'll ultimately fail at delegation. You have to be equally skilled at both.

* delegation: 위임

① 구성원 간의 공통된 목표 의식이 협업의 필수 조건이다.
② 정확한 정보 이해는 신속한 업무 수행을 가능하게 한다.
③ 자유로운 의사소통 문화는 직무 만족도 향상에 기여한다.
④ 여가 활동을 함께하는 것도 협업의 효율성을 증가시킨다.
⑤ 협업에서는 정보를 전달하는 방식에도 능숙할 필요가 있다.

5. 다음 글의 주제로 가장 적절한 것은?

Sensory-specific satiety is defined as a decrease in appetite, or the subjective liking for the food that is consumed, with little change in the hedonics of uneaten food. As a result of sensory-specific satiety, when people consume a variety of foods, they tend to overeat. A greater variety of food leads people to eat more than they would otherwise. So, being full and feeling sated are separate matters. The recovery of appetite or the motivation to eat is apparent to anyone who has consumed a large meal and is quite full, and does not require additional energy or nutrients to meet their daily needs, but decides to consume additional calories after seeing the dessert cart. Small changes in the sensory properties of foods are sufficient to increase food intake. For example, subjects who were presented with different shapes of pasta showed increased hedonic ratings and increased energy consumption relative to subjects eating only a single shape of pasta.

* satiety: 포만(감) * hedonics: 쾌락 * sated: 충분히 만족한

① necessity of consuming a varied diet in daily life
② reasons for people's rejection of unfamiliar foods
③ changes in people's preference for basic food items
④ impact of food variety on the amount of food people consume
⑤ importance of maintaining food diversity to prevent overeating

6. 다음 글의 제목으로 가장 적절한 것은?

Individual authors and photographers have rights to their intellectual property during their lifetimes, and their heirs have rights for 70 years after the creator's death, so any publication less than 125 years old has to be checked for its copyright status. The duration of copyright protection has increased steadily over the years; the life-plus-70-years standard was set by the Copyright Term Extension Act of 1998, which increased the 50-year limit established by the 1976 Copyright Act. Supporters of such legislation like to defend these increases with tales of starving writers and their impoverished descendants, but in reality the beneficiaries are more likely to be transnational publishing companies. And note that copyright laws serve a dual purpose. In addition to protecting the rights of authors so as to encourage the publication of new creative works, copyright is also supposed to place reasonable time limits on those rights so that outdated works may be incorporated into new creative efforts. Therefore, the extended copyright protection frustrates new creative endeavors such as including poetry and song lyrics on Internet sites.

* heir: 상속인 ** legislation: 법률, 입법

① The Untold Origin of Copyright Protection
② Creativity Leaps with Longer Copyright Protection!
③ More Is Not Enough: No Limits to Copyright Coverage
④ Who Smiles at Copyright Protection, Writers or Publishers?
⑤ Does Extended Copyright Truly Enhance Protection and Creation?

7. 다음 도표의 내용과 일치하지 않는 것은?

UK Sales of Ethical Produce in 2010 and 2015

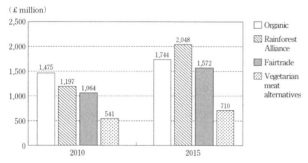

The above graph shows the sales of four types of ethical produce in the UK in 2010 and 2015. ① In 2015, the sales of each of the four types of ethical produce showed an increase from the sales of its corresponding type in 2010. ② Among the four types of ethical produce, the sales of Organic ranked the highest in 2010 but ranked the second highest in 2015. ③ Among the four types of ethical produce, Rainforest Alliance recorded the second highest sales in 2010 and recorded the highest sales in 2015. ④ The sales of Fairtrade in 2015 were twice as high as those in 2010. ⑤ In both 2010 and 2015, the sales of Vegetarian meat alternatives were the lowest among the four types of ethical produce.

8. Jim Marshall 에 관한 다음 글의 내용과 일치하지 않는 것은?

The late photographer Jim Marshall is regarded as one of the most celebrated photographers of the 20th century. He holds the distinction of being the first and only photographer to be presented with the Grammy Trustees Award. He started as a professional photographer in 1959. He was given unrivaled access to rock's biggest artists, including the Rolling Stones, Bob Dylan, and Ray Charles. He was the only photographer granted backstage access for the Beatles' final full concert and also shot the Rolling Stones on their historic 1972 tour. He formed special bonds with the artists he worked with and those relationships helped him capture some of his most vivid and iconic imagery. Over a 50-year career, the photographs he took appeared on more than 500 album covers. He was passionate about his work up until the end. "I have no kids," he used to say. "My photographs are my children."

① Grammy Trustees Award 가 수여된 최초이자 유일한 사진작가이다.
② 1959년에 직업 사진작가로 일하기 시작했다.
③ Rolling Stones 의 역사적인 1972년 투어에서 그들을 촬영했다.
④ 함께 작업한 예술가들과 특별한 유대 관계를 맺지 않았다.
⑤ 500개가 넘는 앨범 커버에 그가 촬영한 사진들이 실렸다.

9. 2018 CVL Volleyball Camp 에 관한 다음 안내문의 내용과 일치하지 않는 것은?

2018 CVL Volleyball Camp

The College Volleyball League (CVL) is hosting a camp for high school students from January 23 to 27.

Training Program

After a brief skills test, participants will be trained based on their levels.

- Basic Level: serving, tossing, and spiking
- Advanced Level: individual plays and team strategies

Daily Schedule

- 9 a.m.-11 a.m.: one-on-one skills training
- 1 p.m.-4 p.m.: practice game sessions

Note

- Participation fee is $100.
- Participants will receive a volleyball and a camp T-shirt.
- College volleyball players will visit to offer advice to participants on the final day of the camp.

For more information, visit our website at www. CVL.org.

① 고등학생을 대상으로 한다.
② 참가자들은 수준에 따라 훈련을 받을 것이다.
③ 오전에 연습 경기를 실시한다.
④ 참가자들은 배구공과 캠프 티셔츠를 받을 것이다.
⑤ 마지막 날에 대학 배구 선수들이 방문할 것이다.

10. Eugene Community Charity Fun Hike 에 관한 다음 안내문의 내용과 일치하는 것은?

Eugene Community Charity Fun Hike

All donations this year go toward purchasing new books for the children's library!

- Date: Saturday, December 2, 2017
- Place: Peterson National Park
- Registration & Safety Instruction: 9:00 a.m.-9:30 a.m.
- Start Time: 10:00 a.m.

How to Participate

- Each participant should set a goal for donation by choosing only one of the following courses:
- Course A: 2 miles ($20)
- Course B: 3 miles ($30)
- Course C: 5 miles ($50 or more)
- Participants should make their donations before the start.

What to Bring

- Participants should bring comfortable shoes and sunscreen.
- Lunch is not provided, so please bring your own refreshments.

Participants who complete their hike will receive a medal. For more information, please call 234-567 -1234.

① 올해의 기부금 전액은 어린이 도서관 공사비로 사용된다.
② 안전 교육은 오전 10시에 시작한다.
③ 각 참가자는 두 개의 코스를 선택할 수 있다.
④ 점심 식사가 제공된다.
⑤ 하이킹을 완료한 참가자들은 메달을 받을 것이다.

11. 다음 글의 밑줄 친 부분 중, 어법상 틀린 것은?

Psychologists who study giving behavior ① have noticed that some people give substantial amounts to one or two charities, while others give small amounts to many charities. Those who donate to one or two charities seek evidence about what the charity is doing and ② what it is really having a positive impact. If the evidence indicates that the charity is really helping others, they make a substantial donation. Those who give small amounts to many charities are not so interested in whether what they are ③ doing helps others — psychologists call them warm glow givers. Knowing that they are giving makes ④ them feel good, regardless of the impact of their donation. In many cases the donation is so small — $10 or less — that if they stopped ⑤ <u>to think</u>, they would realize that the cost of processing the donation is likely to exceed any benefit it brings to the charity. [3점]

12. 다음 글의 밑줄 친 부분 중, 문맥상 낱말의 쓰임이 적절하지 않은 것은?

Some prominent journalists say that archaeologists should work with treasure hunters because treasure hunters have accumulated valuable historical artifacts that can reveal much about the past. But archaeologists are not asked to cooperate with tomb robbers, who also have valuable historical artifacts. The quest for profit and the search for knowledge cannot coexist in archaeology because of the ① <u>time</u> factor. Rather incredibly, one archaeologist employed by a treasure hunting firm said that as long as archaeologists are given six months to study shipwrecked artifacts before they are sold, no historical knowledge is ② <u>found</u>! On the contrary, archaeologists and assistants from the INA (Institute of Nautical Archaeology) needed more than a decade of year-round conservation before they could even ③ <u>catalog</u> all the finds from an eleventh-century AD wreck they had excavated. Then, to interpret those finds, they had to ④ <u>learn</u> Russian, Bulgarian, and Romanian, without which they would never have learned the true nature of the site. Could a "commercial archaeologist" have ⑤ <u>waited</u> more than a decade or so before selling the finds?

* prominent: 저명한 * excavate: 발굴하다

13. 밑줄 친 부분이 가리키는 대상이 나머지 넷과 다른 것은?

Scott Adams, the creator of Dilbert, one of the most successful comic strips of all time, says that two personal letters dramatically changed his life. One night ① <u>he</u> was watching a PBS-TV program about cartooning, when he decided to write to the host of the show, Jack Cassady, to ask for his advice about becoming a cartoonist. Much to ② <u>his</u> surprise, he heard back from Cassady within a few weeks in the form of a handwritten letter. The letter advised Adams not to be discouraged if he received early rejections. Adams got inspired and submitted some cartoons, but ③ <u>he</u> was quickly rejected. Not following Cassady's advice, ④ <u>he</u> became discouraged, put his materials away, and decided to forget cartooning as a career. About fifteen months later, he was surprised to receive yet another letter from Cassady, especially since he hadn't thanked ⑤ <u>him</u> for his original advice. He acted again on Cassady's encouragement, but this time he stuck with it and obviously hit it big.

[14~17] 다음 빈칸에 들어갈 말로 가장 적절한 것을 고르시오.

14. [3점]

Apocalypse Now, a film produced and directed by Francis Ford Coppola, gained widespread popularity, and for good reason. The film is an adaptation of Joseph Conrad's novel *Heart of Darkness,* which is set in the African Congo at the end of the 19th century. Unlike the original novel, *Apocalypse Now* is set in Vietnam and Cambodia during the Vietnam War. The setting, time period, dialogue and other incidental details are changed but the fundamental narrative and themes of *Apocalypse Now* are the same as those of *Heart of Darkness*. Both describe a physical journey, reflecting the central character's mental and spiritual journey, down a river to confront the deranged Kurtz character, who represents the worst aspects of civilisation. By giving *Apocalypse Now* a setting that was contemporary at the time of its release, audiences were able to experience and identify with its themes more easily than they would have if the film had been _____.

* deranged: 제정신이 아닌

① a literal adaptation of the novel

② a source of inspiration for the novel

③ a faithful depiction of the Vietnam War

④ a vivid dramatisation of a psychological journey

⑤ a critical interpretation of contemporary civilisation

15.

How many of the lunches that you ate over the last week can you recall? Do you remember what you ate today? I hope so. Yesterday? I bet it takes a moment's effort. And what about the day before yesterday? What about a week ago? It's not so much that your memory of last week's lunch has disappeared; if provided with the right cue, like where you ate it, or whom you ate it with, you would likely recall what had been on your plate. Rather, it's difficult to remember last week's lunch because your brain has filed it away with all the other lunches you've ever eaten as *just another lunch*. When we try to recall something from a category that includes as many instances as "lunch" or "wine," many memories compete for our attention. The memory of last Wednesday's lunch isn't necessarily gone; it's that you lack _____. But a wine that talks: That's unique. It's a memory without rivals. [3점]

① the channel to let it flow into the pool of ordinary memories

② the right hook to pull it out of a sea of lunchtime memories

③ the glue to attach it to just another lunch memory

④ the memory capacity to keep a box of sleeping memories

⑤ the sufficient number of competitors in a battle for attention

16.

In the less developed world, the percentage of the population involved in agriculture is declining, but at the same time, those remaining in agriculture are not benefiting from technological advances. The typical scenario in the less developed world is one in which a very few commercial agriculturalists are technologically advanced while the vast majority are incapable of competing. Indeed, this vast majority _____ because of larger global causes. As an example, in Kenya, farmers are actively encouraged to grow export crops such as tea and coffee at the expense of basic food production. The result is that a staple crop, such as maize, is not being produced in a sufficient amount. The essential argument here is that the capitalist mode of production is affecting peasant production in the less developed world in such a way as to limit the production of staple foods, thus causing a food problem. [3점]

* staple: 주요한 * maize : 옥수수 * peasant: 소농(小農)

① have lost control over their own production

② have turned to technology for food production

③ have challenged the capitalist mode of production

④ have reduced their involvement in growing cash crops

⑤ have regained their competitiveness in the world market

17.

Over the past 60 years, as mechanical processes have replicated behaviors and talents we thought were unique to humans, we've had to change our minds about what sets us apart. As we invent more species of AI, we will be forced to surrender more of what is supposedly unique about humans. Each step of surrender — we are not the only mind that can play chess, fly a plane, make music, or invent a mathematical law — will be painful and sad. We'll spend the next three decades — indeed, perhaps the next century — in a permanent identity crisis, continually asking ourselves what humans are good for. If we aren't unique toolmakers, or artists, or moral ethicists, then what, if anything, makes us special? In the grandest irony of all, the greatest benefit of an everyday, utilitarian AI will not be increased productivity or an economics of abundance or a new way of doing science — although all those will happen. The greatest benefit of the arrival of artificial intelligence is that _____ . [3점]

* replicate: 복제하다

① AIs will help define humanity
② humans could also be like AIs
③ humans will be liberated from hard labor
④ AIs could lead us in resolving moral dilemmas
⑤ AIs could compensate for a decline in human intelligence

18. 다음 글에서 전체 흐름과 관계 없는 문장은?

In the context of SNS, media literacy has been argued to be especially important "in order to make the users aware of their rights when using SNS tools, and also help them acquire or reinforce human rights values and develop the behaviour necessary to respect other people's rights and freedoms". ① With regard to peer-to-peer risks such as bullying, this last element is of particular importance. ② This relates to a basic principle that children are taught in the offline world as well: 'do not do to others what you would not want others to do to you'. ③ Children's SNS activities should be encouraged when we help them accumulate knowledge. ④ This should also be a golden rule with regard to SNS, but for children and young people it is much more difficult to estimate the consequences and potential serious impact of their actions in this environment. ⑤ Hence, raising awareness of children from a very early age about the particular characteristics of SNS and the potential long-term impact of a seemingly trivial act is crucial.

19.

Most consumer magazines depend on subscriptions and advertising. Subscriptions account for almost 90 percent of total magazine circulation. Single-copy, or newsstand, sales account for the rest.

(A) For example, the *Columbia Journalism Review* is marketed toward professional journalists and its few advertisements are news organizations, book publishers, and others. A few magazines, like *Consumer Reports*, work toward objectivity and therefore contain no advertising.

(B) However, single-copy sales are important: they bring in more revenue per magazine, because subscription prices are typically at least 50 percent less than the price of buying single issues.

* revenue: 수입

(C) Further, potential readers explore a new magazine by buying a single issue; all those insert cards with subscription offers are included in magazines to encourage you to subscribe. Some magazines are distributed only by subscription. Professional or trade magazines are specialized magazines and are often published by professional associations. They usually feature highly targeted advertising.

① (A)-(C)-(B)　　② (B)-(A)-(C)
③ (B)-(C)-(A)　　④ (C)-(A)-(B)
⑤ (C)-(B)-(A)

20.

> To modern man disease is a biological phenomenon that concerns him only as an individual and has no moral implications. When he contracts influenza, he never attributes this event to his behavior toward the tax collector or his mother-in-law.

(A) Sometimes they may not strike the guilty person himself, but rather one of his relatives or tribesmen, to whom responsibility is extended. Disease, action that might produce disease, and recovery from disease are, therefore, of vital concern to the whole primitive community.

(B) Disease, as a sanction against social misbehavior, becomes one of the most important pillars of order in such societies. It takes over, in many cases, the role played by policemen, judges, and priests in modern society.

(C) Among primitives, because of their supernaturalistic theories, the prevailing moral point of view gives a deeper meaning to disease. The gods who send disease are usually angered by the moral offences of the individual. [3점]

* sanction : 제재

① (A)-(C)-(B)　　② (B)-(A)-(C)
③ (B)-(C)-(A)　　④ (C)-(A)-(B)
⑤ (C)-(B)-(A)

[21~22] 글의 흐름으로 보아 , 주어진 문장이 들어가기에 가장 적절한 곳을 고르시오.

21.

> Experiments show that rats display an immediate liking for salt the first time they experience a salt deficiency.

Both humans and rats have evolved taste preferences for sweet foods, which provide rich sources of calories. A study of food preferences among the Hadza hunter-gatherers of Tanzania found that honey was the most highly preferred food item, an item that has the highest caloric value. (①) Human newborn infants also show a strong preference for sweet liquids. (②) Both humans and rats dislike *bitter* and *sour* foods, which tend to contain toxins. (③) They also adaptively adjust their eating behavior in response to deficits in water, calories, and salt. (④) They likewise increase their intake of sweets and water when their energy and fluids become depleted. (⑤) These appear to be specific evolved mechanisms, designed to deal with the adaptive problem of food selection, and coordinate consumption patterns with physical needs.

* deficiency: 결핍　* deplete: 고갈시키다

22.

> It is postulated that such contamination may result from airborne transport from remote power plants or municipal incinerators.

An incident in Japan in the 1950s alerted the world to the potential problems of organic mercury in fish. Factories were discharging mercury into the waters of Minamata Bay, which also harbored a commercial fishing industry. Mercury was being bioaccumulated in the fish tissue and severe mercury poisoning occurred in many people who consumed the fish. (①)The disabling neurological symptoms were subsequently called Minamata disease. (②) Control over direct discharge of mercury from industrial operations is clearly needed for prevention. (③) However, it is now recognized that traces of mercury can appear in lakes far removed from any such industrial discharge. (④) Strictly controlled emission standards for such sources are needed to minimize this problem. (⑤) Fish advisories have been issued for many lakes in the United States; these recommend limits on the number of times per month particular species of fish should be consumed.

* postulate: 가정하다　* incinerator: 소각로

23. 다음 글의 내용을 한 문장으로 요약하고자 한다. 빈칸 (A), (B)에 들어갈 말로 가장 적절한 것은?

Time spent on on-line interaction with members of one's own, preselected community leaves less time available for actual encounters with a wide variety of people. If physicists, for example, were to concentrate on exchanging email and electronic preprints with other physicists around the world working in the same specialized subject area, they would likely devote less time, and be less receptive to new ways of looking at the world. Facilitating the voluntary construction of highly homogeneous social networks of scientific communication therefore allows individuals to filter the potentially overwhelming flow of information. But the result may be the tendency to overfilter it, thus eliminating the diversity of the knowledge circulating and diminishing the frequency of radically new ideas. In this regard, even a journey through the stacks of a real library can be more fruitful than a trip through today's distributed virtual archives, because it seems difficult to use the available "search engines" to emulate efficiently the mixture of predictable and surprising discoveries that typically result from a physical shelf-search of an extensive library collection.

* homogeneous: 동종의 * emulate: 따라 하다

⬇

Focusing on on-line interaction with people who are engaged in the same specialized area can ___(A)___ potential sources of information and thus make it less probable for ___(B)___ findings to happen.

	(A)		(B)
①	limit	……	unexpected
②	limit	……	distorted
③	diversify	……	misleading
④	diversify	……	accidental
⑤	provide	……	novel

[24~25] 다음 글을 읽고 , 물음에 답하시오.

In one sense, every character you create will be yourself. You've never murdered, but your murderer's rage will be drawn from memories of your own extreme anger. Your love scenes will contain hints of your own past kisses and sweet moments. That scene in which your octogenarian feels humiliated will draw on your experience of humiliation in the eighth grade, even though the circumstances are totally different and you're not even consciously thinking about your middle-school years. Our characters' emotions, after all, draw on our own emotions. Sometimes, however, you will want to use your life more directly in your fiction, dramatizing actual incidents. Charles Dickens used his desperate experience as a child laborer in Victorian England to write *David Copperfield*. Should you create a protagonist based directly on yourself? The problem with this — and it is a very large problem — is that almost no one can view himself _____ on the page. As the writer, you're too close to your own complicated makeup. It can thus be easier and more effective to use a situation or incident from your life but make it happen to a character who is not you. In fact, that's what authors largely have done. You can still, of course, incorporate aspects of yourself: your love of Beethoven, your quick temper, your soccer injuries. But by applying your own experience to a different protagonist, you can take advantage of your insider knowledge of the situation, and yet gain an objectivity and control that the original intense situation, by definition, did not have.

* octogenarian: 80 대의 사람 * protagonist: 주인공

24. 윗글의 제목으로 가장 적절한 것은?

① Simplicity: The Essence of Great Novels

② Protagonists: A Key to Understanding Novels

③ Keep Your Memories Away from Novel Writing!

④ Character Traits Borrowed from People You Know
⑤ A Better Way to Use Yourself in Character Creation

25. 윗글의 빈칸에 들어갈 말로 가장 적절한 것은? [3점]
① objectively ② intuitively ③ devotedly
④ emotionally ⑤ favorably

[26~28] 다음 글을 읽고 , 물음에 답하시오.

(A)

It was the first day of the new semester. Steve and Dave were excited that they would be back at school again. They rode their bicycles to school together that morning, as they usually did. Dave had math on the first floor, and Steve was on the second with history. On his way to the classroom, Steve's teacher came up to him to ask if (a) he wanted to run for student president. Steve thought for a moment and answered, "Sure, it'll be a great experience."

(B)

Steve won the election. Upon hearing the result, Dave went over to Steve and congratulated (b) him, shaking his hand. Steve could still see the disappointment burning in his eyes. It wasn't until later that evening, on the way home, that Dave said apologetically, "I'm so sorry, Steve! This election hasn't damaged our friendship, has it?" "Of course not, Dave. We're friends as always!" Steve responded with a smile. As Steve arrived home, his dad was proudly waiting for him and said, "Congratulations on the win! How did Dave take it?" Steve replied, "We're fine now, best friends for life!" (c) His dad laughed, "Sounds like you won two battles today!"

(C)

After class, Steve spotted Dave in the hallway and ran to him excitedly, "I've got good news! I'm going for student president and I think mine

will be the only nomination." Dave cleared his throat and replied with surprise, "Actually, I've just registered my name, too!" (d) He continued sharply, "Well, best of luck! But don't think you'll win the election, Steve." Dave walked quickly away and from that moment on, there was an uncomfortable air of tension between the two friends. Steve tried to be friendly toward Dave, but he just didn't seem to care.

(D)

When the election day came, Steve found that his bicycle had a flat tire, so he started to run to school. Just as he reached the end of the street, Dave's dad, who was driving Dave to school, pulled over to give him a ride. The dead silence in the car made the drive painful. Noticing the bad atmosphere, Dave's dad said, "You know, only one of you can win. You have known each other since birth. Don't let this election ruin your friendship. Try to be happy for each other!" His words hit Dave hard. Looking at Steve, Dave felt the need to apologize to (e) him later that day.

26. 주어진 글 (A)에 이어질 내용을 순서에 맞게 배열한 것으로 가장 적절한 것은?
① (B)-(D)-(C) ② (C)-(B)-(D) ③ (C)-(D)-(B)
④ (D)-(B)-(C) ⑤ (D)-(C)-(B)

27. 밑줄 친 (a)~(e) 중에서 가리키는 대상이 나머지 넷과 다른 것은?
① (a) ② (b) ③ (c) ④ (d) ⑤ (e)

28. 윗글에 관한 내용으로 적절하지 않은 것은?
① 개학 날 아침에 Steve와 Dave는 함께 등교했다.
② Steve는 학생회장으로 당선되었다.
③ Steve는 Dave에게 선거 출마 사실을 숨겼다.
④ Dave의 아버지는 학교로 뛰어가던 Steve를 차에 태워 주었다.
⑤ Dave의 아버지는 선거로 인해 우정을 잃지 말라고 충고했다.

정답: 1 ③ 2 ② 3 ④ 4 ⑤ 5 ④ 6 ⑤ 7 ④ 8 ④ 9 ③ 10 ⑤ 11. ②
12. ② 13. ⑤ 14. ① 15. ② 16. ① 17. ① 18. ③ 19. ③ 20. ④
21. ④ 22. ④ 23. ① 24. ⑤ 25. ① 26. ③ 27. ④ 28. ③
아래에 있는 '일등급 영어 비법 Note'는 18곳에 있다.
(목적/주장//요지/주제/제목/어법/어휘/지칭/빈칸/제거/순서/
삽입/요약)

1. 목적 파악

Diane Edwards씨 귀하,

저는 East End 고등학교에서 근무하는 교사입니다. 저는 귀하의 게시물로부터 East End 항구 박물관이 현재 '2017 Bug 등대 체험'이라는 특별한 프로그램을 제공하고 있다는 내용을 읽었습니다. 그 프로그램은 우리 학생들이 즐거운 시간을 보내며 새로운 것을 경험할 수 있는 훌륭한 기회가 될 것입니다. 저의 추산으로는 우리 학교의 학생과 교사 50명이 그 프로그램에 참여하고 싶어 합니다. 11월 18일 토요일에 그 프로그램에 대한 단체 예약을 하는 것이 가능한지 알려 주시겠습니까? 이 좋은 기회를 놓치고 싶지 않습니다. 곧 귀하로부터 소식을 듣기를 고대하겠습니다.

안녕히 계십시오.

Joseph Loach 드림

☞ 일등급 영어 비법 Note 1

※ 위 '일등급 영어 비법 Note' 박스 속에 본인이 적용한 비법을 적어보고 다음 카페(일등급 영어 남기선 검색)의 교재 자료실에서 "일등급 영어 비법 Note"를 다운로드 받아 참고하세요.

2. 심경 파악

보트 여행의 시작은 내가 기대했었던 것과는 거리가 멀었다. 눈에 보이는 야생 생물 중 아무것도 이국적이지 않았다. 칙칙한 잿빛의 바위들만 보였다. 또한 너무 덥고 습도도 높아서 그 여행을 완전히 즐길 수가 없었다. 그러나 보트가 Bay Park 수로로 미끄러져 들어가자, 갑자기 어머니께서 외치셨다. "맹그로브 좀 봐!" 완전히 새로운 세계가 시야에 들어왔다. 수로를 따라 우거진 맹그로브 숲의 시원한 그늘로 들어가자 그 광경은 나를 전율하게 했다. 나는 맹그로브의 아름다운 잎과 꽃에 마음이 사로잡혔다. 그러나 무엇보다도 나는 나뭇가지 사이에서 움직이는 토종의 새, 원숭이 및 도마뱀들에게 매혹되었다. "정말 멋진 모험이야!" 하고 나는 외쳤다.

① 부끄러워하는 → 긴장이 풀린
② 실망한 → 흥분한
③ 기쁜 → 어리둥절한
④ 즐거운 → 외로운
⑤ 두려운 → 안도하는

3. 주장 파악

'2015년 포천지 선정 가장 영향력이 큰 여성들의 회담'에서 Ginni Rometty는 다음과 같은 조언을 했다. "여러분의 인생에서 언제 가장 많은 것을 배웠습니까? 어떤 경험이었습니까? 장담하건대 여러분은 저에게, 그것이 여러분이 위험에 처해 있다고 느꼈을 때였다고 말할 것입니다." 더 훌륭한 지도자가 되기 위해서는, 자신의 쾌적대를 벗어나야 한다. 일을 하는 기존 방식에 이의를 제기하고 혁신할 수 있는 기회를 찾아야 한다. 지도력을 발휘하는 일은 여러분에게 조직상의 현재 상태에 도전할 것을 요구할 뿐만 아니라, 여러분의 내적인 현재 상태에 대해서도 도전할 것을 요구한다. 자신에게 도전해야 한다. 위험을 무릅쓰고 현재 경험의 한계를 넘어가서 새로운 영역을 탐사해야 한다. 그곳은 개선하고 혁신하며 실험하고 성장할 수 있는 기회가 있는 장소이다. 성장은 항상 가장지리, 곧 현재 여러분이 처한 곳의 한계 바로 바깥에 있다.

☞ 일등급 영어 비법 Note 2

4. 요지 파악

회사 휴양 시설에서 내가 실시하는 협업 분야의 훈련 한 가지는 그 집단을 원형으로 둘러 세우는 일이다. 어느 특정 휴양 시설에서는, 여덟 명이 원을 그리고 둘러섰는데, 나는 천천히 한 사람에게 테니스공을 건네주어 원을 따라 던지기 시작하게 했다. N이 원을 그리고 둘러선 사람들의 수와 같다고 하면, 여러분이 움직이게 할 수 있는 공의 최대 수는 N-1이다. 왜 그럴까? 던져 주면서 동시에 받는 것은 거의 불가능하기 때문이다. 그 훈련의 목적은 개인의 행동의 중요성을 보여 주는 것이다. 사람들은 공을 던져 주는 것보다는 잡는 데 더 관심이 있다. 이것이 보여주는 것은, 여러분이 공을 던져 주는 대상인 사람이 공을 잡는 것이, 여러분이 공을 잡을 수 있는 것만큼 그 훈련에 똑같이 중요하다는 것이다. 만약 여러분이, 자신이 정보를 어떻게 받는가보다 자신이 정보를 어떻게 전달하는가에 관심을 더 적게 가진다면, 여러분은 결국 (임무의) 위임에 실패할 것이다. 두 가지 모두에 똑같이 능숙해야 한다.

☞ 일등급 영어 비법 Note 3

5. 주제 파악

감각 특정적 포만이란 먹지 않은 음식이 주는 쾌락에는 변화가 거의 없는 가운데 식욕, 즉 먹고 있는 음식에 대한 주관적 애호가 감소하는 것으로 정의된다. 감각 특정적 포만의 결과로, 사람들은 다양한 종류의 음식을 먹을 때, 과식하는 경향이 있다. 더 다양한 종류의 음식은 사람으로 하여금 그렇지 않을 경우에 먹는 것보다 더 많이 먹게 한다. 그러므로 배가 부르다는 것과 충분히 만족감을 느낀다는 것은 별개의 문제다. 식욕, 즉 먹고자 하는 욕구가 회복된다는 것은, 많은 양의 식사를 하고 나서 배가 아주 불러서, 매일의 요구를 충족시킬 추가적인 에너지나 영양소가 필요하지는 않지만, 디저트 카트를 보고 나서 추가적인 칼로리를 더 섭취하기로 결심하는 사람이면 누구에게나 분명하다. 음식의 감각적 특성의 작은 변화라도 음식의 섭취를 증가시키기에 충분하다. 예컨대 서로 다른 모양의 파스타가 제공된 피실험자들은, 단 한 가지 형태의 파스타만을 먹는 피실험자들과 비교하여, 증가된 쾌락 평점과 증가된 에너지 섭취를 보였다.

① 일상생활에서 다양한 음식을 먹을 필요성
② 사람들이 익숙하지 않은 음식을 거부하는 이유
③ 기본적인 식품에 대한 사람들의 선호의 변화
④ 음식의 다양성이 사람들이 섭취하는 음식의 양에 미치는 영향
⑤ 과식을 막기 위해 음식의 다양성을 유지하는 것의 중요성

☞ 일등급 영어 비법 Note 4

6. 제목 파악

개인 작가와 사진작가는 평생 동안 자신들의 지적 재산에 대한 권리를 갖고, 그들의 상속인은 창작자가 사망한 후 70년 동안 권리를 갖게 되어, 125년이 넘지 않는 출판물이라면 어떤 것이든 판권 상태를 확인해 보아야 한다. 판권 보호를 위한 지속 기간은 수년에 걸쳐 꾸준히 늘어나서 1998년의 판권 기간 연장법에 의해 평생 동안에 추가해서 70년이라는 기준이 정해졌는데, 이는 1976년의 판권법이 설정한 50년이라는 기한을 늘린 것이었다. 그런 입법을 지지하는 사람들은 굶주리는 작가와 그들의 빈곤한 후손들의 이야

기를 들어 이렇게 늘어난 것에 대해 옹호하는 것을 좋아하지만, 실제로 수혜자는 다국적 출판사가 될 가능성이 더 많다. 그리고 판권 법률들은 이중의 목적에 기여한다는 점에 주목하라. 새로운 창의적인 작품의 출판을 촉진하기 위해 작가의 권리를 보호하는 것 외에 판권은 또한 시대에 뒤진 작품이 새로운 창의적인 노력 속에 편입되도록 그런 권리에 적당한 기한을 두어야 한다는 것이다. 따라서 연장된 판권 보호는 인터넷 사이트에 시와 노래 가사를 함께 넣는 것과 같은 새로운 창의적인 노력을 좌절시킨다.

① 판권 보호의 밝혀지지 않은 기원
② 더 길어진 판권 보호와 함께 창의성은 도약한다!
③ 더 많다고 해서 충분한 것이 아니다: 판권 적용의 범위에는 제약이 없다.
④ 판권 보호에 누가 웃는가, 작가인가 아니면 출판업자인가?
⑤ 연장된 판권이 진정으로 보호와 창작을 강화하는가?

☞ 일등급 영어 비법 Note 5

7. 도표 파악

위 그래프는 2010년과 2015년에 영국에서 네 가지 유형의 윤리적 농산물의 판매를 보여 준다. 2015년에 네 가지 유형의 윤리적 농산물 각각의 판매는 2010년의 각각에 해당하는 유형의 판매보다 증가했음을 보여 주었다. 네 가지 유형의 윤리적 농산물 중에서 유기농의 판매는 2010년에 가장 높은 위치를 차지했지만, 2015년에는 두 번째로 높은 위치를 차지했다. 네 가지 유형의 윤리적 농산물 중에서 열대우림 연합은 2010년에 두 번째로 많은 판매를 기록했고, 2015년에는 가장 많은 판매를 기록했다. 2015년에 공정무역의 판매는 2010년의 판매보다 두 배 더 많았다. 2010년과 2015년 두 해 모두 채식주의자 고기 대용품 판매는 네 가지 유형의 윤리적 농산물 중에서 가장 적었다.

8. 세부내용 파악

작고한 사진작가 Jim Marshall은 20세기의 가장 유명한 사진작가 중 한 명으로 여겨진다. 그는 Grammy Trustees Award를 수여받은 최초이자 유일한 사진작가라는 명예를 지니고 있다. 그는 1959년에 직업 사진작가로 일하기 시작했다. 그는 필적할 만한 사람이 없을 정도로 Rolling Stones, Bob Dylan, Ray Charles를 포함해서 록 음악의 가장 인기 있는 예술가들에게 접근할 수 있었다. 그는 Beatles의 마지막 콘서트 전체를 무대 뒤에서 접근할 수 있도록 허락을 받은 유일한 사진작가였고, 그는 또한 Rolling

Stones의 역사적인 1972년 투어에서 그들을 촬영했다. 그는 함께 작업한 예술가들과 특별한 유대 관계를 맺었고, 그런 관계로 인해 그는 자신의 가장 생생하고 상징적인 이미지의 일부를 포착하는 데 도움을 받았다. 50년의 경력에 걸쳐 그가 촬영한 사진들이 500개가 넘는 앨범 커버에 실렸다. 그는 마지막까지 자신의 일에 대해 열정적이었다. 그는 "저에게는 아이가 없습니다. 제 사진이 제 아이일 뿐입니다."라고 말하곤 했다.

9. 세부내용 파악

2018 CVL 배구 캠프

대학 배구 연맹(CVL)이 1월 23일부터 27일까지 고등학생을 위한 캠프를 개최합니다.

훈련 프로그램

간단한 기술 테스트 후에 참가자들은 자신들의 수준에 따라 훈련을 받게 됩니다.

· 초급 수준: 서브, 토스, 스파이크
· 고급 수준: 개별 플레이와 팀 전략

일정표

· 오전 9시~오전 11시: 1대1 기술 훈련
· 오후 1시~오후 4시: 연습 경기 시간

주요 사항

· 참가비는 100달러입니다.
· 참가자는 배구공과 캠프 티셔츠를 받게 될 것입니다.
· 캠프 마지막 날 대학 배구 선수들이 방문하여 참가자에게 조언을 제공할 예정입니다.

더 많은 정보를 원하시면 저희 웹사이트인 www.CVL.org를 방문해 주시기 바랍니다.

10. 세부내용 파악

Eugene 커뮤니티 자선 펀 하이킹

올해의 기부금 전액은 어린이 도서관을 위한 새로운 책 구매에 사용됩니다!

· 날짜: 2017년 12월 2일, 토요일
· 장소:: Peterson 국립공원
· 등록 및 안전 교육: 오전 9시~오전 9시 30분
· 출발 시간: 오전 10시

참가 방법

· 각 참가자는 아래의 코스 중 하나만을 선택하여 기부 목표를 정해야 합니다:
- A 코스: 2마일(20달러)
- B 코스: 3마일(30달러)
- C 코스: 5마일(50달러 이상)
· 참가자는 출발 전에 자신의 기부금을 내야 합니다.

가져올 것

· 참가자는 편안한 신발과 자외선 차단제를 가져와야 합니다.
· 점심은 제공되지 않으므로, 각자의 간단한 간식을 가져오시기 바랍니다.

하이킹을 완료하는 참가자는 메달을 받게 될 것입니다.
더 많은 정보를 원하시면 234-567-1234로 전화하시기 바랍니다.

11. 어법(문법성 판단)

기부하는 행위를 연구하는 심리학자들은 어떤 사람들은 한두 자선단체에 상당한 액수를 기부하는 반면에, 어떤 사람들은 많은 자선단체에 적은 액수를 기부한다는 것을 알아차렸다. 한두 자선단체에 기부를 하는 사람들은 그 자선단체가 무슨 일을 하고 있는가와 그것이 실제로 긍정적인 영향을 끼치고 있는가에 관한 증거를 찾는다. 자선단체가 정말로 다른 사람들을 도와주고 있다는 것을 증거가 보여줄 경우 그들은 상당한 기부금을 낸다. 많은 자선단체에 적은 액수를 내는 사람들은 그들이 하고 있는 일이 다른 사람들을 돕는지에는 그렇게 많은 관심을 갖지 않는다. 심리학자들은 그들을 따뜻한 불빛 기부자라고 부른다. 그들이 내는 기부가 끼치는 영향에 관계없이, 자신들이 기부를 하고 있다는 것을 아는 것이 그들로 하여금 기분 좋게 만든다. 많은 경우 기부금은 10달러 이하의 매우 적은 금액이어서, 그들이 곰곰이 생각해 보면, 기부금을 처리하는 비용이 그것이 자선단체에 가져다주는 모든 이점을 넘어서기 쉽다는 것을 깨달을 것이다.

→ ② 문맥상 '~인지'의 의미가 되어야 하므로 what을 whether로 고쳐야 한다(what의 뒤에 나오는 문장구조는 불완전한 문장이어야 하는데, 여기서는 완전한 문장이므로 어법상 올바르지 않게 된다).

☞ 일등급 영어 비법 Note 6

12. 어휘의미 추론

일부 저명한 언론인은 보물 사냥꾼이 과거에 대해 많은 것을 드러낼 수 있는 가치 있는 역사적 유물을 축적해 왔기 때문에 고고학자는 보물 사냥꾼과 협업해야 한다고 말한다. 그러나 고고학자는 도굴꾼이 가치 있는 역사적 유물을 또한 가지고 있긴 하지만, 도굴꾼과 협력하도록 요구받지는 않는다. 이윤 추구와 지식 탐구는 시간적 요인이라는 이유로 고고학에서 공존할 수 없다. 상당히 믿기 어렵지만, 보물 탐사 기업에 의해 고용된 한 고고학자는 난파선의

유물이 판매되기 전에 그것들을 연구할 수 있도록 고고학자에게 6
개월이 주어지기만 하면, 어떠한 역사적 지식도 발견되지(→ 사라
지지) 않는다고 말했다! 그와는 반대로, 해양고고학 연구소의 고고
학자들과 조수들은 그들이 발굴한 서기 11세기 난파선의 모든 발
굴물의 목록을 만들 수가 있기까지 10여 년의 기간 내내 보존이 필
요했다. 그러고 나서, 그러한 발굴물을 해석하기 위해서 그들은 러
시아어, 불가리아어, 그리고 루마니아어를 배워야만 했고, 그렇게
하지 않았다면 그들은 유적지의 실체를 결코 알지 못했을 것이다.
'상업적인 고고학자'가 발굴물을 팔기도 전에 10여 년 정도의 기간
을 기다릴 수 있었겠는가?

②의 found는 글의 논리상 어색하여 lost와 유사한 의미의 단
어로 고쳐야 한다.

☞ 일등급 영어 비법 Note 7

13. 지칭대상 파악

역대 가장 성공적인 연재만화의 하나인 'Dilbert'의 창작자
Scott Adams는 두 통의 개인적인 편지가 극적으로 자신의 인생
을 바꾸었다고 말한다. 어느 날 밤, 그는 만화 제작에 대한 PBS-TV
의 프로그램을 시청하던 중, 그 쇼의 사회자인 Jack Cassady에게
편지를 써서 만화가가 되는 데 대해 그의 조언을 구하기로 했다. 그
가 매우 놀랍게도, 그는 손 편지의 형태로 몇 주 안에 Cassady로
부터 답장을 받았다. 편지에서 Cassady는 Adams에게 초기에 거
절을 당하더라도 낙심하지 말라고 조언했다. Adams는 격려를 받
아 몇 편의 만화를 제출했지만, 그는 금방 거절당했다. Cassady
의 조언을 따르지 않고, 그는 낙심했으며, 자신의 자료들을 치우고,
만화 제작을 직업으로 삼는 것을 잊기로 했다. 약 15개월 후, 그는
Cassady로부터 또 한 통의 편지를 받고는 놀랐는데, 특히나 그가
첫 번째 조언에 대해 그에게 감사를 표하지도 않았기 때문이었다.
그는 Cassady의 격려에 따라 다시 행동하였고, 이번에는 그것을
계속하였으며 명백히 크게 성공하였다.

⑤는 Cassady를 나머지는 Scott Adams를 가리킨다.

☞ 일등급 영어 비법 Note 8

14. 빈칸 파악

Francis Ford Coppola가 제작하고 감독한 영화인 Apocalypse
Now는 폭넓은 인기를 얻었는데, 그럴 만한 이유가 있었다. 그 영
화는 19세기 말 아프리카의 콩고를 배경으로 한 Joseph Conrad
의 소설 Heart of Darkness를 각색한 것이다. 원작 소설과는 달
리 Apocalypse Now는 베트남 전쟁 당시의 베트남과 캄보디아
를 배경으로 한다. 배경, 시기, 대화, 그리고 다른 부수적 세부 사
항은 바뀌어 있지만, Apocalypse Now의 기본적인 줄거리와 주
제는 Heart of Darkness의 그것들과 같다. 둘 다 문명의 최악의
측면을 나타내는 제정신이 아닌 Kurtz라는 인물을 대면하기 위해
강을 따라 내려가는 물리적 여정을 묘사하는데, 주인공의 정신적
그리고 영적인 여정을 나타낸다. Apocalypse Now에 그것이 개
봉될 당시와 같은 시대적 배경을 제공함으로써, 관객들은 영화가
소설을 원문에 충실하게 각색한 것이었다면 그들이 그랬을 것보다
더 쉽게 그것의 주제를 경험하고 그것과 동질감을 느낄 수 있었다.

① 소설을 원문에 충실하게 각색한 것
② 그 소설을 위한 영감의 원천
③ 베트남 전쟁에 관한 충실한 묘사
④ 심리적 여정을 생생하게 극화한 것
⑤ 같은 시대의 문명에 대한 비판적 해석

☞ 일등급 영어 비법 Note 9

15. 빈칸 파악

여러분은 지난주 동안 먹은 점심 중 얼마나 많이 기억해 낼 수
있는가? 여러분은 오늘 먹은 것을 기억하는가? 나는 그러길 바란
다. 어제는? 틀림없이 (기억해 내는 데) 잠깐의 노력이 필요할 것이
다. 그리고 그저께는 어떤가? 한 주 전은 어떤가? 지난주의 점심에
대한 여러분의 기억이 사라졌다는 것은 아닌데, 만약 어디서 그것
을 먹었는지, 혹은 그것을 누구와 함께 먹었는지와 같은 적절한 단
서가 제공된다면, 여러분은 접시에 무엇이 담겨 있었는지를 기억해
낼 가능성이 크다. 오히려, 여러분의 뇌가 여러분이 먹은 적이 있
는 모든 다른 점심을 '그렇고 그런 평범한 점심'으로 정리해 놓았기
때문에 지난주의 점심을 기억하는 것이 어렵다. 우리가 '점심'이나
'와인'과 같은 많은 사례를 포함하는 범주로부터 어떤 것을 기억해
내려고 할 때, 많은 기억이 우리의 주목을 받으려고 경쟁한다. 지난
수요일 점심에 대한 기억이 꼭 사라진 것은 아닌데, 여러분에게는
점심시간의 기억이라는 바다 밖으로 그것(지난 수요일 점심)을 끄집
어 낼 수 있는 적절한 낚싯바늘이 없는 것이다. 하지만 말하는 와인,

그것은 유일무이하다. 그것은 경쟁자가 없는 기억이다.
① 평범한 기억의 못으로 그것이 흘러 들어가게 하는 경로
② 점심시간의 기억이라는 바다 밖으로 그것(지난 수요일 점심)을 끄집어 낼 수 있는 적절한 낚싯바늘
③ 그것을 그렇고 그런 평범한 점심 기억에 덧붙이는 접착제
④ 한 통의 수면 기억을 유지할 수 있는 기억 능력
⑤ 주목을 받기 위한 싸움에서 충분한 수의 경쟁자들

☞ 일등급 영어 비법 Note 10

16. 빈칸 파악

저개발 세계에서, 농업에 종사하는 인구 비율은 감소하고 있지만, 동시에 계속 농업에 종사하는 사람들은 기술 발전의 혜택을 입지 못하고 있다. 저개발 세계에서 쓰이는 전형적인 시나리오는 아주 소수의 상업적 농업 경영인들이 기술적으로 발전해 있는 반면에 대다수는 경쟁할 수 없다는 것이다. 사실, 이 대다수는 더 큰 세계적인 원인으로 인해 자신들의 생산에 대한 통제력을 잃게 되었다. 한 예로서, Kenya에서, 농부들은 기초식품 생산을 희생해가면서 차와 커피와 같은 수출 작물을 재배하도록 적극적으로 독려된다. 결과적으로 옥수수와 같은 주요 작물은 충분한 양으로 생산되지 못하고 있다. 여기에서 본질적인 논점은 자본주의적 생산 방식이 주요 식품의 생산을 제한하는 방식으로 저개발 세계 소작농의 생산에 영향을 끼쳐 식량 문제를 일으키고 있다는 것이다.
① 자신들의 생산에 대한 통제력을 잃게 되었다.
② 식품 생산을 위해 기술에 의존하게 되었다.
③ 자본주의적 생산 방식에 도전하게 되었다.
④ 수익 작물을 재배하는 일을 줄였다.
⑤ 세계 시장에서 자신들의 경쟁력을 되찾았다.

☞ 일등급 영어 비법 Note 11

17. 빈칸 파악

지난 60년 동안, 기계식 공정이 우리가 생각하기에 인간에게만 있는 행동과 재능을 복제해왔기 때문에, 우리는 우리를 다르게 만드는 것에 관한 우리의 생각을 바꿔야만 했다. 더 많은 종의 AI(인공지능)를 발명하면서, 우리는 아마도 인간에게만 있는 것 중 더 많은 것을 내줘야만 할 것이다. 매번 내주는 일(우리가 체스를 둘 줄 알거나, 비행기를 날릴 줄 알거나, 음악을 만들거나, 아니면 수학 법칙을 발명할 줄 아는 유일한 존재가 아니라는 것)은 고통스럽고 슬플 것이다. 우리는 앞으로 올 30년(사실, 아마도 앞으로 올 한 세기)을 영속적인 정체성 위기 속에서 보내며, 계속 우리 자신에게 인간이 무엇에 소용이 있는지를 질문하게 될 것이다. 우리가 유일한 도구 제작자나 예술가, 혹은 도덕 윤리학자가 아니라면, 도대체 무엇이 우리를 특별하게 만드는가? 가장 아이러니하게도, 일상적이고 실용적인 AI의 가장 큰 이점은, 비록 그 모든 것이 일어날 것이지만, 향상된 생산성이나 풍요의 경제학, 혹은 과학을 행하는 새로운 방식이 아닐 것이다. 인공 지능의 도래가 주는 가장 큰 이점은 AI가 인간성을 정의하는 데 도움을 줄 것이라는 것이다.
① AI가 인간성을 정의하는 데 도움을 줄 것이라는
② 인간도 AI와 같을 수도 있다는
③ 인간이 노역으로부터 해방될 것이라는
④ AI가 도덕적 딜레마의 해결로 우리를 인도할 수 있다는
⑤ AI가 인간 지능의 쇠퇴를 보상할 수 있다는

☞ 일등급 영어 비법 Note 12

18. 문장제거

SNS 상황에서, 'SNS 도구들을 사용할 때 사용자들이 자신들의 권리를 의식하게 하도록 하기 위해, 그리고 또한 그들이 인권이라는 가치를 배우거나 강화하고 타인의 권리와 자유를 존중하기 위해 필요한 태도를 기르도록 돕기 위해' 미디어 정보 해독력이 특히 중요하다고 주장되어왔다. 약자 괴롭히기와 같은 사용자 간 위험과 관련하여, 이 마지막 요소는 특별히 중요하다. 이것은 아이들에게 오프라인 세계에서도 가르치는 기본 원칙인 '남들이 여러분에게 하지 않았으면 하는 일을 남들에게 하지 말라'와 관계가 있다. (우리가 아이들이 지식을 축적하는 것을 도울 때 아이들의 SNS 활동은 권장되어야 한다.) 이것은 SNS의 관련해서도 황금률이어야 하지만, 아이들과 젊은이들이 이 환경에서의 자신들의 행동 결과와 잠재적인 중대한 영향을 추정하는 것은 훨씬 더 어렵다. 이런 이유로, SNS의 특수한 특성과 겉보기에는 사소한 행동의 잠재적인 장기적인 영향에 대한 아이들의 의식을 아주 어린 나이부터 높이는 것이 필수적이다.

19. 순서 배열

대부분의 소비자 잡지는 구독과 광고에 의존한다. 구독은 전체 잡지 판매 부수의 거의 90퍼센트를 차지한다. 낱권 다시 말해 가판대 판매가 나머지를 차지한다. (B) 하지만, 낱권 판매가 중요한데, 왜냐하면 구독 가격이 보통 낱권을 살 때 가격보다 최소 50퍼센트는 더 싸서, 낱권 판매가 잡지 한 권당 더 많은 수익을 가져오기 때문이다. (C) 게다가, 잠재적 독자들은 낱권의 잡지를 구매함으로써 새로운 잡지를 탐색한다. 구독 안내가 있는 그 모든 삽입 광고 카드는 여러분의 구독을 독려하기 위해 잡지에 들어가 있다. 어떤 잡지는 오로지 구독에 의해서만 유통된다. 전문가용 잡지 다시 말해 업계지는 특성화된 잡지이며 흔히 전문가 협회에 의해 출판된다. 그것들은 보통 매우 표적화된 광고를 특징으로 한다. (A) 예를 들어, Columbia Journalism Review는 전문 언론인들을 대상으로 마케팅을 하며 그 잡지의 몇 안 되는 광고는 뉴스 기관, 출판사 등이다. Consumer Reports와 같은 몇몇 잡지는 객관성을 지향하고 따라서 광고를 싣지 않는다.

20. 순서 배열

현대인에게 질병은 개인으로만 관련 있는 생물학적 현상이고 어떤 도덕적 함의를 지니지 않는다. 인플루엔자에 걸릴 때, 그는 이 사건을 세금 징수원이나 자신의 장모에 대한 자신의 행동 탓으로 결코 보지 않는다. (C) 원시인들 사이에서는, 그들의 초자연적인 생각 때문에, 지배적인 도덕적 관점이 질병에 대해 더 깊은 의미를 제공한다. 질병을 보내는 신들은 일반적으로 개인의 도덕적 범죄에 의해 분노한다. (A) 때때로 그들은 죄가 있는 사람 그 자신이 아니라, 오히려 (죄의) 책임이 확장되는 그의 친척이나 부족민 중의 한 명을 공격할지도 모른다. 따라서 질병, 질병을 일으켰을지도 모르는 행동, 그리고 질병으로부터의 회복은 전체 원시 사회에 매우 중요하다. (B) 사회적 부정행위에 대한 제재로서의 질병은 그와 같은 사회에서 질서의 가장 중요한 부분 중의 하나가 되었다. 많은 경우에 그것은 현대 사회의 경찰관, 재판관, 그리고 사제가 행하는 역할을 떠안는다.

21. 문장 삽입

사람과 쥐 모두 '단' 음식에 대한 맛의 선호를 진화시켜 왔는데, 이것(단 음식)은 풍부한 열량의 원천을 제공한다. 탄자니아의 Hadza 수렵 채집인 사이의 음식 선호에 관한 연구는 가장 높은 열량 값을 가진 식품인 꿀이 가장 많이 선호되는 식품이었음을 발견했다. 인간의 갓난아기 또한 단 음료에 대한 강한 선호를 보인다. 사람과 쥐 모두 '쓰고 신' 음식을 싫어하는데, 이것(쓰고 신 음식)은 독소를 포함하는 경향이 있다. 그들은 또한 자신의 섭식 행동을 물, 열량, 소금의 부족에 대응하여 적절히 조정한다. 실험에서는 쥐가 소금 결핍을 처음 경험할 때 소금에 대한 즉각적인 선호를 보이는 것으로 나타난다. 그것들은 마찬가지로 에너지와 체액이 고갈되면 단것과 물 섭취를 늘린다. 이것들은 음식 선택의 적응적 문제를 다루고 음식 섭취 방식을 신체적 욕구와 조화시키도록 고안된, 특정한 진화된 기제처럼 보인다.

22. 문장 삽입

1950년대에 일본에서 한 사건이 물고기에 들어 있는 유기 수은의 잠재적 문제에 대해 전 세계에 경종을 울렸다. 공장들이 Minamata 만의 수역에 수은을 방출하고 있었는데, 그 곳은 또한 상업적 어업이 이루어지는 곳이었다. 물고기의 몸 조직 속에 수은이 생체 내에 축적되고 있었으며 그 물고기를 먹은 많은 사람들에게 심한 수은 중독이 발생했다. 이 장애를 초래하는 신경학적 증상은 나중에 Minamata병으로 불렸다. 예방을 위해서 산업 활동으로부터 나오는 수은을 직접적으로 방출하는 것에 대한 통제가 절실하게 필요하다. 하지만 이제는 그런 어떤 산업적인 방출로부터 멀리 떨어진 호수에서도 소량의 수은이 나타날 수 있다는 것이 인식되고 있다. 그러한 오염이 멀리 떨어진 발전소 혹은 지방자치단체의 소각로로부터 공기를 통해 전파된 결과로 발생할 수 있다는 것이 가정된다. 이 문제를 최소화하기 위해서 그러한 오염원에 대한 엄격하게 통제된 배출 기준이 요구된다. 미국의 많은 호수들에 대해 물고기에 대한 권고안이 발표되었는데, 이것들은 한 달에 특정 종의 물고기를 먹어야 할 횟수에 대한 제한을 권고한다.

☞ 일등급 영어 비법 Note 17

```



```

23. 요약문 빈칸

자신의 미리 정해진 공동체의 구성원들과 온라인 상호작용을 하는 데 소비되는 시간으로 인해 폭넓은 다양한 사람들과의 실제적인 만남을 위해 쓸 수 있는 시간이 더 줄어들게 된다. 예를 들어, 물리학자들이 같은 전문화된 주제 분야에서 연구하는 전 세계의 다른 물리학자들과 이메일과 전자 예고(豫稿)를 주고받는 일에 집중한다면, 그들은 세상을 보는 새로운 방식에 더 적은 시간을 쏟고 그것을 덜 받아들이려고 할 가능성이 크다. 따라서 과학 학술 커뮤니케이션에 있어서 고도로 동질적인 사회적 네트워크를 자발적으로 구축하는 것을 촉진하는 것은 개인들로 하여금 잠재적으로 압도적인 정보의 흐름을 걸러낼 수 있게 한다. 하지만 그 결과는 그것을 과도하게 걸러내는 경향이 될 수 있고, 그래서 순환하는 지식의 다양성을 없애고 근본적으로 새로운 생각이 나타나는 빈도를 줄일 수 있다. 이러한 면에서, 심지어 실제 도서관의 서가를 훑고 다니는 것마저도 오늘 배포된 가상의 기록 보관소를 뒤지는 것보다 더 유익할 수 있는데, 왜냐하면 도서관의 방대한 장서가 있는 실제 서가에서 찾다가 흔히 달성할 수 있는 예측 가능한 발견과 놀라운 발견들이 섞여 있는 것을 효과적으로 따라 하기 위해 이용 가능한 '검색 엔진'을 사용하는 것이 어려워 보이기 때문이다.

→ 동일한 전문 분야에 종사하고 있는 사람들과 온라인 상호작용에 집중하는 것은 가능한 정보원을 제한할 수 있으며, 그래서 예기치 않은 발견이 이루어질 가능성을 더 줄어들게 할 수 있다.

① 제한할 – 예기치 않은   ② 제한할 – 왜곡된
③ 다양화할 – 오도하는   ④ 다양화할 – 우연한
⑤ 제공할 – 새로운

☞ 일등급 영어 비법 Note 18

```



```

[24~25] 장문(제목파악 & 빈칸추론)

어떤 의미에서 여러분이 만들어 내는 모든 등장인물은 여러분 자신이 될 것이다. 여러분이 결코 살인을 한 적이 없었지만, 여러분 자신의 극단적인 분노에 대한 기억으로부터 살인자의 격노가 도출될 것이다. 여러분이 만들어낸 사랑의 장면은 여러분 자신의 과거의 키스와 달콤한 순간들에 대한 단서들을 포함할 것이다. 비록 그 상황이 완전히 다르고 여러분은 중학교 시절에 대해서 의식적으로 생각하지도 않고 있다고 하더라도, 여러분이 만들어낸 장면에서 80대의 사람이 느끼는 굴욕감은 여러분이 중학교 2학년 때 느꼈던 굴욕의 경험에서 이끌어낸 것일 것이다. 어쨌든, 우리가 만들어 낸 등장인물들의 감정은 우리 자신의 감정에서 이끌어낸 것이다. 하지만 때로 여러분은 실제 사건들을 각색하여, 여러분의 인생을 여러분의 소설에 더 직접적으로 사용하기를 원할 것이다. Charles Dickens는 David Copperfield를 쓰기 위해 빅토리아 시대 영국에서 미성년 노동자로서의 자신의 절망적인 경험을 사용했다. 여러분 자신을 직접적으로 바탕으로 하는 주인공을 만들어내야 할까? 이것의 문제점은—그리고 그것은 매우 큰 문제점이다—거의 어느 누구도 페이지에서 자기 자신을 객관적으로 볼 수 없다는 것이다. 작가로서 여러분은 여러분 자신의 복잡한 구성에 너무나 가까이 있다. 그래서 여러분 인생의 상황이나 사건을 사용하되 그것을 여러분 자신이 아닌 등장인물에게 일어나게 하는 것이 더 쉽고 더 효과적일 수 있다. 사실은, 그것이 작가들이 주로 해 온 것이다. 물론 여러분은 여전히 여러분 자신의 측면들, 즉 베토벤에 대한 사랑, 급한 성격, 축구에서 입은 부상과 같은 것들을 포함시킬 수 있다. 하지만 여러분 자신의 경험을 다른 주인공에게 적용함으로써, 여러분은 그 상황에 대한 내부자로서의 지식을 이용하지만, 그러면서도 원래의 극심한 상황에서는 당연히 존재하지 않았던 객관성과 통제를 얻을 수 있다.

24. 제목 파악

① 단순성: 위대한 소설의 필수 요소
② 주인공: 소설을 이해하는 데 있어서의 요체
③ 여러분의 기억들을 소설을 쓰는 것으로부터 멀리 떨어지게 하라!
④ 여러분이 알고 있는 사람들로부디 빌려온 등장인물의 특성
⑤ 등장인물 창조에 있어서 여러분 자신을 사용하는 더 좋은 방법

25. 빈칸추론

① 객관적으로 ② 직관적으로 ③ 헌신적으로
④ 감정적으로 ⑤ 호의적으로

[26-28] 장문(순서배열 & 지칭대상 & 세부내용 파악)

(A) 새 학기의 첫날이었다. Steve와 Dave는 다시 학교에 가게 되어 흥분해 있었다. 그날 아침 그들은 대체로 그랬던 것처럼 자전거를 타고 함께 등교했다. Dave는 수학 수업이 일층에서 있었고 Steve는 이층에서 역사 수업이 있었다. 교실로 가는 도중에 Steve의 선생님이 그에게 다가와 <u>그가</u> 학생회장에 출마하기를 원하는지 물었다. Steve는 잠시 생각하다가 "그럼요, 그것은 큰 경험이 될 겁니다."라고 대답했다.

(C) 수업이 끝난 후에 Steve는 복도에서 Dave를 발견하고는 그에게 신나게 달려가 말했다. "좋은 소식이 있어! 내가 학생회장에 출마할 건데 내 생각으로는 나만 추천을 받을 것 같아." Dave는 목청을 가다듬고 놀라면서 응답했다. "실은, 나도 방금 내 이름을 등록했어." <u>그는</u> 계속해서 또렷하게 말했다. "그래, 행운을 빌어! 그러나 네가 선거에서 이길 거라고 생각하지 마, Steve." Dave는 재빨리 떠났고 그 순간 이후로 계속해서 두 친구 사이에는 불편한 긴장의 기색이 있었다. Steve는 Dave에게 다정하게 대하려고 했지만 그는 전혀 관심을 쓰는 것처럼 보이지 않았다.

(D) 선거일이 다가 왔을 때, Steve는 자신의 자전거가 펑크가 난 것을 발견했고 그래서 학교로 뛰어가기 시작했다. 그가 막 도로의 끝에 이르렀을 때 Dave를 학교로 태워다 주고 있던 Dave의 아버지가 그를 태워주기 위해 차를 길옆에 세웠다. 차속의 죽음과 같은 정적으로 인해 차를 타고 가기가 고통스러웠다. 좋지 않은 분위기를 알아차리고 Dave의 아버지가 말했다. "너희도 알겠지만 너희 중 단지 한 명만 이길 수 있단다. 너희는 태어날 때부터 서로 알고 지냈잖아. 이 선거로 인해 너희의 우정이 깨지게 하지 말거라. 서로에 대해 기쁘게 생각하도록 해 보렴." 그의 말은 Dave에게 큰 충격을 주었다. Steve를 보면서 Dave는 그날 늦게 <u>그에게</u> 사과를 해야 할 필요를 느꼈다.

(B) Steve는 선거에서 이겼다. 결과를 듣자마자 Dave는 Steve에게 가서 악수를 하면서 <u>그에게</u> 축하를 했다. Steve는 여전히 그의 눈에서 실망감이 불타고 있는 것을 볼 수 있었다. 그날 저녁 늦게 집으로 가는 길에서야 비로소 Dave는 사과를 하면서 "정말 미안해, Steve! 이번 선거가 우리의 우정을 해친 건 아니지, 그렇지?"라고 말했다. "물론 아니지, Dave. 우린 언제나처럼 친구야!" Steve는 미소로 대답했다. Steve가 집에 도착했을 때 그의 아버지는 자랑스럽게 그를 기다리다가 말했다. "이긴 것을 축하해! Dave는 그것을 어떻게 받아들였니?" Steve는 "우린 평생을 함께 할 최고의 친구니까 이제 괜찮아요!"라고 응답했다. <u>그의</u> 아버지는 웃으면서 "넌 오늘 두 번의 싸움에서 이긴 것처럼 들리는구나!"라고 말했다.

27. 지칭대상 파악
(d)는 Dave를, 나머지는 모두 Steve를 가리킨다.

Day 25~27

1. 다음 글의 목적으로 가장 적절한 것은?

Dear Teachers,

We are pleased to introduce our company's recently launched emergency training program for teachers. Our CPR class is the most common option for a school. We make it easy for teachers to participate in CPR training at a time to suit your school's schedule. Our class offers you full life-saving expertise that you can then use to deliver vital support in emergencies. With the proper training, you will be able to perform CPR quickly and effectively and improve a sufferer's chances of survival. To learn more about our CPR course offerings, please visit our website at www.bestCPR.com.

* CPR(cardiopulmonary resuscitation) 심폐소생술

① 효과적인 긴급 구조 요령을 설명하려고
② 심폐소생술 강좌를 교사에게 홍보하려고
③ 학교의 긴급 구조 교육 일정을 공지하려고
④ 심폐소생술 강좌의 담당 강사를 모집하려고
⑤ 심폐소생술 수강 교사의 만족도를 조사하려고

2. 다음 글에 드러난 Lindsay의 심경 변화로 가장 적절한 것은?

A tear rolled down Lindsay's cheek. She thought she had put her favorite toy, Blue Bunny, in her bag before school this morning. She had 'show and tell' in class today, and she was anxious. Her teacher, Mrs. Cline, might be angry that she had forgotten to bring it. She quickly searched the classroom and checked her bag one more time. Her precious Blue Bunny was a gift from her father, who worked overseas. It was nowhere to be found. Just then, Mrs. Cline appeared in the doorway. "Mrs. Cline!" Lindsay cried. "I can't find my toy to show in class today. I'm sorry!" Mrs. Cline smiled gently. She was holding the toy. "Oh, Mrs. Cline! Thank you. I thought I had lost Blue Bunny!" Lindsay felt calm and comforted now that she had her toy again.

① excited → confused   ② jealous → relaxed
③ worried → relieved   ④ pleased → stressed
⑤ joyful → upset

3. 다음 글에서 필자가 주장하는 바로 가장 적절한 것은?

Once you start to see praise for what it is — and what it does — these constant little valuative outbursts from adults start to produce the same effect as fingernails being dragged down a blackboard. You begin to root for a child to give his teachers or parents a taste of their own treacle by turning around to them and saying (in the same saccharine tone of voice), "Good praising!" Still, it's not an easy habit to break. It can seem strange, at least at first, to stop praising; it can feel as though you're being chilly or withholding something. But that, it soon becomes clear, suggests that *we praise more because we need to say it than because children need to hear it*. Whenever that's true, it's time to rethink what we're doing. What kids do need is unconditional support, love with no strings attached. That's not just different from praise — it's the *opposite* of praise.

* treacle: 당밀, 달콤한 것

30일 만에 끝내는 영어 단어

① 아이들을 칭찬하는 습관을 그만두어야 한다.
② 아이들의 눈높이에 맞는 조언을 해 주어야 한다.
③ 아이들의 행동에 대한 무조건적인 지지를 삼가야 한다.
④ 아이들에게 타인을 칭찬하는 습관을 길러 주어야 한다.
⑤ 아이들에게 감정을 솔직하게 표현하는 방법을 가르쳐야 한다.

4. 다음 글의 요지로 가장 적절한 것은?

People sometimes make downward social comparisons — comparing themselves to inferior or worse-off others — to feel better about themselves. This is self-enhancement at work. But what happens when the only available comparison target we have is superior or better off than we are? Can self-enhancement motives still be served in such situations? Yes, they can, as captured by the self-evaluation maintenance model. According to this theory, we shift between two processes — reflection and comparison — in a way that lets us maintain favorable self-views. In areas that are *not* especially relevant to our self-definition, we engage in *reflection*, whereby we flatter ourselves by association with others' accomplishments. Suppose you care very little about your own athletic skills, but when your friend scores the winning goal during a critical soccer match, you beam with pride, experience a boost to your self-esteem, and take delight in her victory celebrations as if, by association, it were your victory too.

* flatter : 치켜세우다, 아첨하다

① 타인과의 비교를 통해 자신에 대한 객관적 평가를 할 수 있다.
② 자기 분야와 관련 없는 사람들의 성공도 축하해 줄 필요가 있다.
③ 성취도가 낮은 사람들과의 비교는 자기발전에 도움이 되지 않는다.
④ 사람들은 성취도가 높은 사람과 자신을 비교하지 않는 경향이 있다.
⑤ 타인의 성취를 자신과 연결하여 긍정적인 자아상을 유지할 수 있다.

5. 다음 글의 주제로 가장 적절한 것은?

Some psychologists believe that insight is the result of a restructuring of a problem after a period of non-progress where the person is believed to be too focused on past experience and get stuck. A new manner to represent the problem is suddenly discovered, leading to a different path to a solution heretofore unpredicted. It has been claimed that no specific knowledge, or experience is required to attain insight in the problem situation. As a matter of fact, one should break away from experience and let the mind wander freely. Nevertheless, experimental studies have shown that insight is actually the result of ordinary analytical thinking. The restructuring of a problem can be caused by unsuccessful attempts in solving the problem, leading to new information being brought in while the person is thinking. The new information can contribute to a completely different perspective in finding a solution, thus producing the Aha! Experience.

* heretofore: 지금까지

① disadvantages of experience in creative thinking
② significance of analytical thinking in gaining insight
③ contribution of insight in forming a new perspective
④ necessity of separating insight from analytical thinking
⑤ difficulty of acquiring in-depth knowledge from experience

6. 다음 글의 제목으로 가장 적절한 것은?

When consumers lack adequate information to make informed choices, governments frequently step in to require that firms provide information. In the United States, we are all familiar with the mandatory nutritional information placed on food products. The Securities and Exchange Commission that monitors American stock markets forces firms to meet certain reporting requirements before their stock can be listed on exchanges such as the New York Stock Exchange. Such reporting helps ensure that private investors have reliable information on which to base their investment decisions. Often, however, these regulations do not work adequately, as the Enron scandal in 2001 clearly illustrates. The oil trading company Enron had cooked its books to overstate its profitability in its mandated reports. One outcome of Enron's subsequent financial collapse was the introduction of new regulations designed to improve the reliability of the information that companies must provide to the public.

* mandatory 의무적인 * subsequent (결과로서) 일어나는

① Financial Advice for Better Market Profitability
② The Emergence of New Business Opportunities
③ Ethical Stock Investment for Reliable Businesses
④ Disclosing Truth: The Push for Market Credibility
⑤ Inflated Figures: The Driving Force for Investment

7. 다음 도표의 내용과 일치하지 않는 것은?

Number of Multipurpose Industrial Robots
per 10,000 Employees in 2011

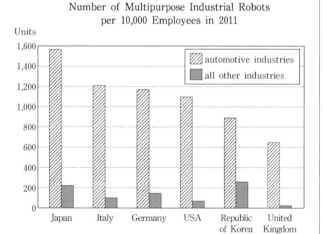

The above graph shows the number of multipurpose industrial robots per 10,000 employees in 2011 for six selected countries. ① All of the six countries have more multipurpose industrial robots per 10,000 employees in automotive industries than in all other industries. ② Among the countries in the graph, Japan has the largest number of multipurpose industrial robots per 10,000 employees in automotive industries. ③ While the Republic of Korea has the smallest number of multipurpose industrial robots per 10,000 employees in automotive industries, it has the largest number in all other industries. ④ Both the USA and the United Kingdom have more than 600 units of multipurpose industrial robots per 10,000 employees in automotive industries but have fewer than 200 units in all other industries. ⑤ Among the six countries in the graph, Japan, Italy, and Germany are the top three countries for the number of multipurpose industrial robots per 10,000 employees in automotive industries.

8. brown tree snake에 관한 다음 글의 내용과 일치하지 않는 것은?

The brown tree snake has a large head with sticking-out eyes. The head is distinct from the narrow neck. Its body usually has a light brown background with a series of darker markings or bands on it. The snake is about 38 centimeters when it comes out of its egg, and usually reaches 1 to 2 meters long. This snake is infamous for causing the extinction of the majority of native bird species in Guam. Shortly after World War II, the brown tree snake was accidentally brought into Guam from its native range in the South Pacific, probably as an unwanted passenger on a ship or plane. It is not hunted or eaten by any other animals in Guam and is therefore at the top of its food chain, which has led the snake to increase dramatically in number.

① 큰 머리와 돌출된 눈을 가지고 있다.
② 일반적으로 몸 바탕색은 연한 갈색이다.
③ 알에서 나올 때 약 38센티미터이다.
④ 제2차 세계 대전 이전에 Guam으로 우연히 유입되었다.
⑤ Guam에서 먹이 사슬의 최상위에 있다.

9. Barrow High School Charity Collection Week에 관한 다음 안내문의 내용과 일치하지 않는 것은?

Barrow High School Charity Collection Week

Next week, we will be holding our school charity collection to help local students. We welcome donations of your gently-used items.

What to donate:

Clothes, bags, books, and small electronics

* *No cash donations will be accepted.*

How to donate:

Put all items into a box and write your name on it. Leave your box at the collection point in our school gym.

When to donate:

From September 18 to September 22 (during normal school hours)

Please try to remember to show your goodwill and support! For more information, contact the school office at 0093-1234-5678.

---

① 지역 학생들을 돕기 위한 것이다.
② 의류, 가방, 책, 소형 전자 기기를 기부 받는다.
③ 현금을 기부 받는다.
④ 기부할 모든 물품은 상자에 넣어야 한다.
⑤ 9월 18일부터 기부를 받는다.

10. Best Booth Contest에 관한 다음 안내문의 내용과 일치하는 것은?

– Gold Rose Flower Festival –
Best Booth Contest

The Best Booth Contest is one of the main events of the Gold Rose Flower Festival. Participation in the contest is free of charge, and the best-looking booths will be chosen as winners. Please come and join in the fun!

Judging Standards

• Use of this year's "Fantasy" theme
• Design originality
• Votes received by visitors

Prizes

• First place: $200
• Second place: $100
• Third place: $50

Contest Schedule

• Judging: October 20-21 (Friday & Saturday) from 9:00 a.m. to 4:00 p.m.
• Award ceremony: October 21 (Saturday) at 5:00 p.m.

Contest Registration

To register your booth, please email the festival manager at mholden@bbcgrff.org.

---

① 참가비가 있다.
② 심사 기준 중에 디자인 독창성 항목이 있다.
③ 1등 상금은 2등 상금의 세 배이다.
④ 시상식은 10월 20일 금요일 오후 5시에 열린다.
⑤ 이메일로는 부스 등록을 받지 않는다.

11. 다음 글의 밑줄 친 부분 중, 어법상 틀린 것은?

The lack of real, direct experience in and with nature has caused many children to regard the natural world as mere abstraction, that fantastic, beautifully filmed place ① filled with endangered rainforests and polar bears in peril. This overstated, often fictionalized version of nature is no more real — and yet no less real — to them than the everyday nature right outside their doors, ② waits to be discovered in a child's way, at a child's pace. Consider the University of Cambridge study which found that a group of eight-year-old children was able to identify ③ substantially more characters from animations than common wildlife species. One wonders whether our children's inherent capacity to recognize, classify, and order information about their environment — abilities once essential to our very survival — is slowly devolving to facilitate life in ④ their increasingly virtualized world. It's all part of ⑤ what Robert Pyle first called "the extinction of experience."

* peril: 위험 * devolve : 퇴화하다

12. (A), (B), (C)의 각 네모 안에서 문맥에 맞는 낱말로 가장 적절한 것은? [3점]

Why does the "pure" acting of the movies not seem unnatural to the audience, who, after all, are accustomed in real life to people whose expression is more or less indistinct? Most people's perception in these matters is not very sharp. They are not in the habit of observing closely the play of features of their fellow men — either in real life or at the movies. They are (A) [disappointed / satisfied] with grasping the meaning of what they see. Thus, they often take in the overemphasized expression of film actors more easily than any that is too naturalistic. And as far as lovers of art are concerned, they do not look at the movies for imitations of nature but for art. They know that (B) [artistic / real] representation is always explaining, refining, and making clear the object depicted. Things that in real life are imperfectly realized, merely hinted at, and entangled with other things appear in a work of art complete, entire, and (C) [free / inseparable] from irrelevant matters. This is also true of acting in film.

* entangle : 얽히게 하다

(A)	(B)	(C)
① disappointed	artistic	free
② disappointed	real	free
③ satisfied	artistic	inseparable
④ satisfied	real	inseparable
⑤ satisfied	artistic	free

13. 밑줄 친 부분이 가리키는 대상이 나머지 넷과 다른 것은?

Most of us probably parent the way we were parented. Louise, a mother who attended my seminars, shared how ① <u>her mother</u> dealt with sibling fighting. Louise said her mother's infamous threat was always, "If you kids don't stop fighting, ② <u>I</u>'m going to knock your three heads together!" Louise and her siblings were always puzzled about the specifics of how their mother would actually accomplish such a task, which, thankfully, ③ <u>she</u> never attempted. But what drove her mother to make this empty threat? Extreme annoyance with the sibling arguments, probably. No doubt, Louise's mother had learned this threatening tactic from ④ <u>her</u> own mother, and, in the absence of any other parenting tools she knew of, she said it to her own children, regardless of whether it worked. If Louise had not learned the effective parenting skills taught in the seminars, ⑤ <u>she</u> would probably be using similarly ineffective threatening techniques with her own children today!

*sibling: 형제(의), 자매(의)

[14~17] 다음 빈칸에 들어갈 말로 가장 적절한 것을 고르시오.

14.

One unspoken truth about creativity — it isn't about wild talent so much as it is about _____. To find a few ideas that work, you need to try a lot that don't. It's a pure numbers game. Geniuses don't necessarily have a higher success rate than other creators; they simply do more — and they do a range of different things. They have more successes *and* more failures. That goes for teams and companies too. It's impossible to generate a lot of good ideas without also generating a lot of bad ideas. The thing about creativity is that at the outset, you can't tell which ideas will succeed and which will fail. So the only thing you can do is try to fail faster so that you can move onto the next idea.

* at the outset : 처음에

① sensitivity
② superiority
③ imagination
④ productivity
⑤ achievement

15.

Let me spend a moment on the idea of adjusting to another person's mental orientation. What I mean is this. At any moment, a person has a _____. The person notices this rather than that, and she has feelings and makes judgements about one rather than another aspect of events. If she is hungry, for example, she may notice that a shop is selling groceries; her friend may notice only that it sells newspapers. If she is short of money, she may resent that the fruit is overpriced; meanwhile her friend may feel tempted by some juicy peaches. In one sense the two friends are experiencing the same shop and its contents, but they are having quite different experiences of that shop. A more extreme case arises when one person comprehends things in a peculiar and individual way, for instance, in mistaking the shop for a cinema. [3점]

① desire to make better choices
② point of view similar to that of others
③ personal preference on where to shop
④ particular take on what is happening
⑤ tendency to stick to traditions

16.

Externalization is the foundation from which many narrative conversations are built. This requires a particular shift in the use of language. Often externalizing conversations involve tracing the influence of the problem in a child's life over time and how the problem has disempowered the child by limiting his ability to see things in a different light. The counsellor helps the child to change by deconstructing old stories and reconstructing preferred stories about himself and his life. To help the child to develop a new story, the counsellor and child search for times when the problem has not influenced the child or the child's life and focus on the different ways the child thought, felt and behaved. These _____ help the child create a new and preferred story. As a new and preferred story begins to emerge, it is important to assist the child to hold on to, or stay connected to, the new

story. [3점]

① exceptions to the problem story
② distances from the alternative story
③ problems that originate from the counsellor
④ efforts to combine old and new experiences
⑤ methods of linking the child's stories to another's

17.

The narratives that people create to understand their landscapes come to be viewed as marketable entities and a source of income for residents. Landscapes with a strong place identity have an advantage in marketing to tourists, as it is relatively easy to compartmentalize and market their narratives. Such places may have disadvantages as well, however. If place identity is tied to a particular industry, local residents may feel strongly attached to the definitions of place that stem from involvement in that industry, and they may _____ in favor of one based on a tourism industry. People rooted in landscape may feel strong connections to other community members and may resent the invasion of outsiders who they believe are different and challenge their common identity. Finally, local residents may feel that this process reduces their identities to mere commercial transactions, and they may believe they sacrifice what is unique and special about their place. [3점]

* entity: 실재 * compartmentalize: 구획하다

* transaction: 거래

① resist losing that identity
② stop persisting with the old tie
③ tolerate the shift of that industry
④ alienate themselves from that place
⑤ refuse the advantage of that industry

18. 다음 글에서 전체 흐름과 관계 없는 문장은?

One of the hallmarks of evaluating the quality of a black tea is by assessing how tightly the leaves are rolled. Generally, higher-graded teas are teas with leaves that are tightly and uniformly rolled. ① Lower-graded teas, on the other hand, are teas with leaves that are loosely and inconsistently rolled. ② With that said, the tightness of the roll has more to do with the steepability of a leaf than it does with the taste of a tea. ③ The rolling of leaves is done by machine or, sometimes, by hand to break the cell walls of the leaves and release essential oils. ④ Therefore, one should not evaluate the tea's drinkability or taste merely because its leaves are not tightly rolled. ⑤ It is common to find that people prefer the taste of looser rolled black teas over more expensive or more highly graded black teas that have been tightly rolled.

* hallmark: 특징, 특질 * steepability : (차를) 우려낼 수 있음

[19~20] 주어진 글 다음에 이어질 글의 순서로 가장 적절한 것을 고르시오.

19.

It has been said that eye movements are windows into the mind, because where people look reveals what environmental information they are attending to. However, there is more to attention than just moving the eyes to look at objects.

(A) You may have had this experience if you have been reading a book and then suddenly become aware that although you were moving your eyes across the page and "reading" the words, you had no idea what you had just read.

(B) Even though you were *looking* at the words, you apparently were not *paying attention*. There is a mental aspect of attention that involves processing that can occur independently of eye movements.

(C) We can pay attention to things that are not directly in our line of vision, as evidenced by the basketball player who dribbles down court while paying attention to a teammate off to the side,

just before she throws a perfect pass without looking. We can also look directly at something without paying attention to it.

① (A)-(C)-(B) ② (B)-(A)-(C) ③ (B)-(C)-(A)
④ (C)-(A)-(B) ⑤ (C)-(B)-(A)

20.

Today the term artist is used to refer to a broad range of creative individuals across the globe from both past and present. This rather general usage erroneously suggests that the concept or word "artist" existed in original contexts.

(A) Inventions, ideas, and discoveries have been credited to the persons who originated them. This view is also at the core of the definition of an "artist." Artists are perceived to establish a strong bond with their art to the point of combining into one "entity."

(B) In contrast to the diversity it is applied to, the meaning of this term continues to be mostly based on Western views and values. Since the fifteenth century, this tradition has been concerned with recognizing individual achievements.

(C) Art history has reinforced this oneness: A painting by Pablo Picasso is called "a Picasso." This union between artists and their work has determined the essential qualities of an artist: originality, authorship, and authenticity. [3점]

* authenticity: 진정함, 확실성

① (A)-(C)-(B) ② (B)-(A)-(C) ③ (B)-(C)-(A)
④ (C)-(A)-(B) ⑤ (C)-(B)-(A)

21.

> But the examination of the accuracy of information obtained in this manner is not a simple matter.

The one area in which the Internet could be considered an aid to thinking is the rapid acquisition of new information. (①) But this is more fictional than real. (②) Yes, the simple act of typing a few words into a search engine will virtually instantaneously produce links related to the topic at hand. (③) What one often gets is no more than abstract summaries of lengthy articles. (④) As a consequence, I suspect that the number of downloads of any given scientific paper has little relevance to the number of times the entire article has been read from beginning to end. (⑤) My advice is that if you want to do some serious thinking, then you'd better disconnect the Internet, phone, and television set and try spending twenty-four hours in absolute solitude.

22. [3점]

> But it is no light matter to quickly and correctly pen a long and complicated composition.

There are many instances of rapid work on the part of the great composers; and their facility and quickness of composition causes great wonder and admiration. (①) But our admiration is often misdirected. (②) When we hear of some of the speedy writing of great works by Mozart or Mendelssohn, we might think that this speed was of the composing power as well as of pen, but, in fact, such was seldom the case. (③) These great musicians generally did their composition mentally without reference to pen or piano, and simply postponed the unpleasant manual labor of committing their music to paper until it became absolutely necessary. (④) Then they got credit for incredible rapidity of composition.

(⑤) One has only to copy a piece of music or to try to put into notes some piece of music previously memorized, to realize this.

23. 다음 글의 내용을 한 문장으로 요약하고자 한다. 빈칸 (A), (B)에 들어갈 말로 가장 적절한 것은?

> The weakness of local networks lies in their self-containment, for they lack input as well as outreach. In a classic study of urban politics, Herbert Gans found that neighborhoods with the highest levels of solidarity often were unable to block unfavorable policies and programs for lack of ties to possible allies elsewhere in the city. It was for this reason that Gans referred to them as "urban villagers." As the opposite of local networks, cosmopolitan networks offer little solidarity and have little capacity to comfort and sustain members. But members benefit from a constant flow of new information and from the great reach of their influence, even if it tends to be somewhat lacking in strength. Local networks tend to be small. In contrast, cosmopolitan networks can be huge. Thus, while the "urban villagers" lacked ties even to their local city government, cosmopolitan network ties often lead into the White House.
>
>   * ally: 동맹국, 협력자

⬇

> Unlike the "urban villagers," whose ___(A)___ ties to the outside restrict them within their boundaries, cosmopolitan networks ___(B)___ from exposure to new information and a more extensive range of relationships.

    (A)   (B)

① loose --- profit

② loose --- stem

③ loose --- withdraw

④ close --- profit

⑤ close --- stem

An ecosystem that is altered or damaged in some way will be out of balance with the biome for that area. For example, if the local biome is forest, but the trees have been removed from one area, then the ecosystem is out of balance. The natural tendency is for plant species to move into that area, bringing the ecosystem back towards the biome state. The spread of a species into a new area is called colonisation. It can happen naturally only if there are ecologically healthy ecosystems nearby to provide plant seeds. Once the vegetation has started to recover, insects, birds and other animals will travel into the newly regenerated area.

These processes of ecological colonisation can be supported by environmental _____. For example, we are currently seeing important changes in the way agriculture is carried out in Britain. Rather than just maximising food production, farming is becoming more environmentally friendly, with the support of financial subsidies. This new approach increases biological diversity by conserving hedges and the wildflowers, insects, birds and other animals that live on the land. A proportion of agricultural land is left completely uncultivated so that species can gradually colonise it. This provides a habitat for a wider range of species. Leaving some farmland as set-aside is also a way to decrease overall production when that is economically desirable. Note that set-aside land is more permanent than fallow land, which is usually left for only a year. Colonisation is a slow process, taking place over years or even decades.

* biome: 생물군계 * subsidy : 보조(금) * fallow: 휴경

24. 윗글의 제목으로 가장 적절한 것은?

① Giving Land Back to Nature for Ecological Balance

② Colonisation: Mother Nature's Shame or Pride?

③ Broken Ecosystems: Mankind's Misconduct

④ Is Set-Aside Land Economically Desirable?

⑤ The Paradox of Eco-Friendly Farming

25. 윗글의 빈칸에 들어갈 말로 가장 적절한 것은? [3점]

① assessment　　② competition

③ constancy　　④ forces

⑤ management

[26~28] 다음 글을 읽고, 물음에 답하시오.

(A)

An important lesson to remember is that we should try to see the positives in life even while we are stuck in the middle of trouble. Riccardo, who was named after his father, an immigrant from Mexico, learned this lesson at a young age. Although the family called him Ricky, his father had his own nickname for him: Good-for-Nothing. Why did the elder Riccardo call (a) him that? Because Ricky hated fishing.

(B)

The nation came to know Ricky as the most complete player of his generation, and he was voted into the Hall of Fame. And his father, the elder Riccardo, what did he think about it? Though he had wanted all of his sons to join the family business, he was finally proud of Ricky and respected his accomplishments. Ricky held onto hope in one of the most difficult moments of (b) his life and achieved greatness.

(C)

Since these jobs were not fishing, his father saw no value in them. Young Ricky hated fishing. Everything would be fine if it were not fishing, he thought to himself. Soon, Ricky began to follow his older brother who used to play sandlot ball.

For Ricky, playing baseball with (c) <u>him</u> was a way to forget his hardship. Fortunately, Ricky was very good at it, and was treated like a hero among his playmates. When Ricky was sixteen, he decided to drop out of school to become a baseball player. And by the time he was through with baseball, (d) <u>he</u> had become a legend.

* sandlot ball: 동네야구

(D)

His father saw this very negatively, because he was a fisherman. He loved the fishing business. So did all of his sons, except for Good-for-Nothing Ricky. The boy did not like being on the boat, and the smell of fish made him sick. Instead, Ricky — who was not afraid of hard work — delivered newspapers, shined shoes, worked in the office, and even repaired nets. (e) <u>His</u> income went to the family. Even so, his father was strongly dissatisfied with him and still always said that he was good for nothing.

26. 주어진 글 (A)에 이어질 내용을 순서에 맞게 배열한 것으로 가장 적절한 것은?

① (B)-(D)-(C)　　② (C)-(B)-(D)

③ (C)-(D)-(B)　　④ (D)-(B)-(C)

⑤ (D)-(C)-(B)

27. 밑줄 친 (a)~(e) 중에서 가리키는 대상이 나머지 넷과 다른 것은?

① (a)　② (b)　③ (c)　④ (d)　⑤ (e)

28. 윗글의 Ricky에 관한 내용으로 적절하지 않은 것은?

① 아버지의 이름을 따서 Riccardo라고 이름 지어졌다.

② 야구 선수로 성공했지만 아버지가 자랑스러워하지 않았다.

③ 야구 선수가 되기 위해 학교를 그만두기로 결심했다.

④ 아버지의 직업이 어부였다.

⑤ 힘든 일을 두려워하지 않았다.

정답: 1. ② 2. ③ 3. ① 4. ⑤ 5. ② 6. ④ 7. ③ 8. ④ 9. ③ 10. ②
11. ② 12. ⑤ 13. ⑤ 14. ④ 15. ④ 16. ① 17. ① 18. ③ 19. ④
20. ② 21. ③ 22. ⑤ 23. ① 24. ① 25. ⑤ 26. ⑤ 27. ③ 28. ②
아래에 있는 '일등급 영어 비법 Note'는 18곳에 있다.
(목적/주장//요지/주제/제목/어법/어휘/지칭/빈칸/제거/순서/
삽입/요약)

1. 목적 파악

선생님들께,

우리는 우리 회사가 최근 출시한 교사들을 위한 위급 상황 대비 훈련 프로그램을 소개하게 되어 기쁩니다. 우리의 CPR(심폐소생술)수업은 학교에 가장 일반적인 옵션입니다. 우리는 선생님들이 여러분 학교의 일정에 딱 맞는 시간에 CPR 훈련에 참여하는 것을 쉽게 해드립니다. 우리 수업은 위급 상황에서 필수적인 도움을 제공하기위해 쓸 수 있는 완전한 생명 구호 기술을 여러분에게 제공해드립니다. 적절한 훈련을 통해, 여러분은 CPR을 빠르고 효과적으로 실행할 수 있고, 환자의 생존 가능성을 향상시킬 것입니다. 우리의 CPR코스 제안에 관해 더 많을 것을 알고 싶다면, 우리 웹사이트 www.thebestCPRedu.com을 방문해주세요.

☞ 일등급 영어 비법 Note 1

※ 위 '일등급 영어 비법 Note' 박스 속에 본인이 적용한 비법을 적어보고 다음 카페(일등급 영어 남기선 검색)의 교재 자료실에서 "일등급 영어 비법 Note"를 다운로드 받아 참고하세요.

2. 심경 파악

눈물이 Lindsay의 볼을 따라 흘러내렸다. 그녀는 오늘 아침 학교에 오기 전, 그녀의 가방 안에 그녀가 가장 좋아하는 인형 Blue Bunny를 넣었다고 생각했다. 그녀는 오늘 '보여주고 이야기 해주기'시간이 있었고, 그래서 걱정이 되었다. 그녀의 선생님 Cline양이 그녀가 잊고 가져오지 않은 것 때문에 화를 낼지도 몰랐다. 그녀는 빨리 교실을 찾아보았고, 가방을 다시 한 번 확인했다. 그녀의 소중한 Blue Bunny는 해외에서 일하시는 아빠에게 받은 선물이었다. 그 인형은 어디에서도 찾을 수 없었다. 바로 그 때, Cline양이 교실 현관에 나타나셨다. "Cline선생님!" Lindsay가 외쳤다. "오늘 수업에서 보여줄 인형을 못 찾겠어요. 죄송해요." Cline양은 조용히 미

소를 지었다. 그녀가 그 인형을 들고 있었다. "오, Cline선생님! 감사해요. 제가 Blue Bunny를 잃어버렸다고 생각했어요." Lindsay는 그녀의 인형을 다시 찾게 되어 마음이 편안해졌다.

① 흥분된 → 어리둥절한
② 질투하는 → 편안한
③ 걱정하는 → 안도하는
④ 기쁜 → 압박을 받는
⑤ 즐거운 → 성난

3. 주장 파악

일단 당신이 칭찬이 무엇인지—그리고 칭찬이 무엇을 하는지—에 대해 보기 시작한다면, 어른들로부터 지속적으로 쏟아져 나오는 이러한 평가(칭찬)는 손톱이 칠판위에 긁힐 때 나오는 소리가 갖는 (소름 돋는)효과와 같은 효과를 내기 시작한다. 당신은 한 아이가 선생님들이나 부모에게 몸을 돌려 "좋은 칭찬!"이라고 말함으로써, 그들 자신만의 달콤한 것에 대한 취향을 선생님들이나 부모에게 주도록 응원하기 시작한다. 그러나, 그것은 끊기 쉽지 않은 습관이다. 적어도 처음에는, 칭찬을 멈추는 게 이상해 보일 수 있다; 그것은 마치 당신이 쌀쌀맞고, 뭔가를 억누르고 있는 것처럼 느껴질 수 있다. 그러나, 그것은 아이들이 칭찬을 들을 필요가 있기 때문이 아니라 우리가 칭찬을 할 필요가 있기 때문이라는 사실을 암시한다는 것이 곧 분명해진다. 그것이 사실일 땐 언제나, 우리가 하고 있는 것에 대해 다시 생각해볼 때이다. 우리 아이들이 정말로 필요로 하는 것은 무조건적 지지, 어떤 조건도 달지 않은 사랑이다. 그것은 단지 칭찬과 다른 것이 아니라 칭찬과 정반대의 것이다.

☞ 일등급 영어 비법 Note 2

4. 요지 파악

사람들은 때때로 자신에 대해 더 좋게 느끼기 위해 하향 사회 비교—자신을 더 열등하거나 더 가난한 타인들과 비교하는 것—를 한다. 이것은 직장에서 '자기 고양'이다. 그러나 우리가 가진 이용 가능한 유일한 비교 대상이 우리보다 우등하거나 더 부유할 땐 무슨 일이 일어날까? '자기 고양'의 동기가 이런 상황에서도 계속 제공될 수 있을까? 맞다. 그런 상황들도 '자기 평가 유지 모형'에 의해 포착된 것처럼 그럴 수 있다. 이 이론에 따르면, 우리는 두 과정—반영과 비교—사이에서 우리가 긍정적인 자아상을 유지하게 해주는 방식으로 움직인다. 특별히 우리의 자기 인식과는 무관한 영역들에서, 우리는 반영에 관여하고, 그로 인해 우리는 타인들의 업적들

30일 만에 끝내는 일등급 영어 오답

과의 관계를 통해 우리는 우리 자신을 치켜세운다. 만약 당신이 당신 자신의 운동 기량에 관심이 거의 없지만, 당신의 친구가 중요한 축구 시합동안 결승골을 득점한다면, 관계를 통해 마치 그것이 당신은 승리이기도 한 것처럼, 당신은 자부심으로 빛나고, 자존감의 급증을 경험하며, 그 승리의 찬사 속에서 기쁨을 얻는다.

☞ 일등급 영어 비법 Note 3

```

```

5. 주제 파악

일부 심리학자들은 통찰력이란 그 사람이 과거의 경험에 지나치게 집중하고 있고, 사로잡혀 있다고 여겨지는 답보상태의 시기를 지낸 후 문제를 재구성한 결과라고 믿는다. 문제를 나타내는 새로운 방식은 갑자기 발견된다. 그리고 지금까지는 예측된 적 없는 해결책으로 가는 다른 경로를 제시해준다. 문제 상황에서 통찰력을 얻기 위해서는 어떤 구체적 지식이나 경험이 요구되지 않는다는 주장이 있어왔다. 사실, 사람은 경험으로부터 뛰쳐나와야 하고, 마음이 자유로이 배회하도록 내버려둬야만 한다. 그럼에도 불구하고, 실험적 연구들은 통찰력이 실은 평범한 분석적 사고의 결과물이라는 사실을 보여줘 왔다. 문제의 재구성은 문제 해결시 성공적이지 못했던 시도들에 의해 야기될 수 있고, 그 사람이 생각하는 동안 새로운 정보가 유입되도록 이끌어준다. 그 새로운 정보는 해결책을 찾을 때 완전히 다른 관점에 기여할 수 있고, 그 결과 "아하!" 체험을 만들어 낸다.

① 창의적인 사고에서 경험의 약점
② 통찰력 획득에 있어 분석적 사고의 중요성
③ 새로운 시각을 형성하는 데 대한 통찰력의 기여
④ 통찰력을 분석적 사고에서 분리하는 것의 필요성
⑤ 경험으로부터 심층적인 지식을 획득하는 것의 어려움

☞ 일등급 영어 비법 Note 4

```

```

6. 제목 파악

소비자들이 정보에 근거한 선택을 하기 위한 적절한 정보가 부족할 때, 정부들은 기업들이 정보를 제공하도록 요구하기 위해 자주 개입한다. 미국에서는, 우리 모두 식료품위에 표시된 의무 영양 정보에 익숙하다. 미국 주식 시장을 감시하는 증권거래위원회는 기업들이 뉴욕증권거래소와 같은 거래소에 상장될 수 있기 전에 어떤 보고 의무들을 반드시 충족하도록 시킨다. 이러한 보고는 개인 투자자들이 그들의 투자 결정에 근거를 둘 수 있는 믿을만한 정보를 확보하도록 도와준다. 그러나 종종, 2001년 엔론 스캔들이 분명히 보여주듯이 이러한 규제들이 적절히 작동하지 않기도 한다. 석유 거래 회사인 엔론은 자신들의 의무 보고서에서 수익성을 과장하기 위해 기업의 회계장부를 조작했다. 이어진 엔론의 재정 파산에 따른 한 결과는 기업이 대중에게 제공해야만 하는 정보의 신빙성을 개선시키도록 구상된 새로운 규제들의 도입이었다.

① 더 나은 시장의 수익성을 위한 재정적 조언
② 새로운 사업 기회의 출현
③ 신뢰할만한 기업들을 위한 윤리적인 주식 투자
④ 진실을 밝히기: 시장의 신뢰성을 위한 독려
⑤ 과장된 수치: 투자를 위한 추진력

☞ 일등급 영어 비법 Note 5

```

```

7. 도표 파악

위 그래프는 6개 선별 국가에서 근로자 10,000명당 다목적 산업용 로봇의 수를 보여준다. ① 6개국 모두 기타 산업분야보다는 자동차 산업분야에서 근로자 10,000명당 다목적 산업용 로봇을 더 많이 가지고 있다. ② 그래프에 나오는 국가들 중, 일본은 자동차 산업에서 가장 큰 수의 근로자 10,000명당 다목적 산업용 로봇을 가지고 있다. ③비록 한국은 자동차 산업 분야에서는 가장 적은 수의 근로자 10,000명당 다목적 산업용 로봇을 가지고 있지만, 기타 산업 분야에서는 가장 큰 수를 가지고 있다. ④ 미국과 영국은 둘 다 자동차 산업 분야에서는 근로자 10,000명당 다목적 산업용 로봇을 600개가 넘게 가지고 있지만, 기타 산업 분야에서는 200개미만을 가지고 있다.⑤ 그래프에 잇는 6개 국가 중에서, 일본, 이태리, 독일은 자동차 산업 분야에서 근로자 10,000명당 다목적 산업용 로봇 수에 있어서 상위 3개 국가 이다.

8. 세부내용 파악

호주 갈색 나무 뱀은 돌출된 눈과 큰 머리를 가지고 있다. 머리는 좁은 목과 두렷이 구별된다. 몸은 일반적으로 연한 갈색 바탕에 일련의 더 짙은 색 점이나 띠를 지닌다. 이 뱀은 알에서 나왔을 때 길이가 약 38센티미터이고, 일반적으로 길이가 1에서 2미터까지 자란다. 이 뱀은 괌에 서식하던 토착 조류 대부분의 멸종에 원인이 된 것으로 악명이 높다. 2차 세계대전 직후, 호주 갈색 나무 뱀은, 아마도 선박이나 항공기의 원치 않는 승객으로, 남태평양 서식지로부터 괌에 우연히 유입되었다. 괌에서 이 뱀은 어떤 다른 동물들에 의해서도 사냥되거나 먹이로 희생되지 않으며 그래서 먹이 사슬의 최상위에 있고, 이 사실이 이 뱀을 개체 수에 있어서 급격히 증가시켜왔다.

9. 세부내용 파악
Barrow 고등학교 자선 모금 주간

다음 주, 우리는 지역 학생들을 돕기 위한 우리학교 자선 모금 행사를 개최할 예정입니다. 우리는 여러분의 상태좋은 중고 물품의 기부를 환영합니다.

무엇을 기부할까
옷가지, 가방류, 책들, 그리고 소형 전자 제품들
*현금 기부는 받지 않습니다.
어떻게 기부할까?
모든 물품은 상자에 넣고 상자 위에 여러분 이름을 써 주세요.
여러분 상자를 학교 실내 체육관내 수거 지점에 놓아두세요.
언제 기부할까?
9월18일부터 9월22일까지(수업이 진행되는 시간동안)

여러분의 선의와 후원을 보여주는 걸 꼭 기억하세요! 더 많은 정보는 학교 행정실 0093-1234-5679로 연락주세요.

10. 세부내용 파악
-황금 장미꽃 축제-
베스트 부스 경연 대회

베스트 부스 경연은 황금 장미꽃 축제의 주 행사 중 하나입니다. 경연 대회 참가는 무료이며, 가장 멋지게 보이는 부스가 수상자로 선발될 것입니다. 오셔서 즐거운 행사에 참가해보세요!
심사 기준
-올해의 주제 "환상" 사용 여부
-디자인 독창성
-방문객들에 의한 투표
상금
-1등상: $200
-2등상: $100
-3등상: $50

11. 어법(문법성 판단)
자연 속에서 그리고 자연과 함께하는 실제적이고 직접적인 경험의 부족은 많은 아이들이 자연적인 세계를 단지 추상적인 개념, 즉

멸종 위기의 열대 우림과 위험에 처한 북극곰으로 가득한 그렇게 환상적인, 아름답게 영화화된 장소로 여기게 해 왔다. 이렇게 과장되고 자주 허구화된 형태의 자연은 바로 문밖에서 아이들의 방식과 속도로 발견되기를 기다리는 일상의 자연보다 그들에게 더 현실적이지 않지만, 덜 현실적이지도 않다. 여덟 살 난 한 집단의 아이들이 흔한 야생의 종보다 애니메이션 캐릭터를 상당히 더 많이 구별해낼 수 있다는 것을 발견한 케임브리지 대학의 연구를 고려해 보라. 사람들은 우리 아이들이 자신들의 환경에 대한 정보를 인식하고, 분류하며, 체계화 할 내재적 능력, 즉 한때 바로 우리의 생존에 필수적이었던 능력이 서서히 퇴화하여 점점 더 가상화된 세계에서의 삶을 용이하게 하고 있는지 궁금해 한다. 그것은 모두 Robert Pyle이 처음으로 '경험의 소멸'이라고 불렀던 것의 일부이다.

②는 바로 그 앞의 명사구(the everyday nature right outside their doors)를 수식하는 현재분사 waiting으로 바꾸어야 한다. 즉, 동사(waits)가 필요한 것이 아니다.

☞ 일등급 영어 비법 Note 6

12. 어휘의미 추론
어쨌든 실제 현실에서는 표현이 다소 불분명한 사람들에 익숙한 관객들에게 왜 영화의 '순전한' 연기가 부자연스럽게 보이지 않는가? 이러한 문제에 대한 대부분의 사람들의 인식이 그다지 날카롭지는 않다. 그들은 실제 삶에서든 영화에서든 다른 사람의 이목구비의 움직임을 자세히 관찰하는 습관을 지니고 있지 않다. 그들은 자신들이 보는 것의 의미를 이해하는 것으로 (A)[실망해/만족해]한다. 따라서 그들은 너무 자연스러운(사실적인) 그 어떤 것보다 영화배우들의 지나치게 강조된 표현을 흔히 더 쉽게 받아들인다. 그리고 예술 애호가들에 곤한 한, 그들은 영화에서 자연의 모방을 찾는 것이 아니라 예술을 찾는다. 그들은 (B)[예술적/ 실제적] 표현이 항상 묘사되는 사물을 설명하고, 다듬고, 명확하게 만들고 있다는 것을 안다. 현실에서는 불완전하게 인식되고, 그저 암시되기만 하며, 다른 것들과 뒤엉킨 것들이 예술 작품에서는 완전하고, 온전하며 무관한 문제들로부터 (C)[자유로운/불가분인] 것처럼 보인다. 영화의 연기도 그러하다.

☞ 일등급 영어 비법 Note 7

13. 지칭대상 파악

우리들 대부분은 아마도 우리가 양육된 방식으로 자녀를 양육할 것이다. Louise는 나의 세미나에 참석한 어머니였는데, ①자신의 어머니가 어떻게 형제자매간의 싸움을 다루었는지에 관한 내용을 사람들에게 들려주었다. 자기 어머니의 악명 높은 협박은 항상 "너희 이 녀석들 싸움을 그만두지 않으면, ②난 너희 세 명의 머리를 한꺼번에 충돌시킬 거다!"였다고 Louise는 말했다. Louise와 그녀의 형제자매들은 어머니가 실제로 그 일을 어떻게 달성할 것인지 그 상세한 내용에 대해 항상 궁금했는데, 다행스럽게도 ③그녀는 한 번도 그 일을 시도한 적이 없었다. 하지만 무엇 때문에 그녀의 어머니는 이런 무의미한 협박을 하게 되었을까? 아마도 형제자매간의 말다툼에 극도로 짜증이 나서 그랬을 것이다. 틀림없이 Louise의 어머니는 이런 협박의 전략을 ④그녀 자신의 어머니로부터 배웠을 것이고, 알고 있는 어떤 다른 자녀 양육의 수단이 없었던 상황에서, 그것이 효과가 있건 없건 간에 상관없이, 그것을 자기 자녀에게 말했을 것이다. Louise가 세미나에서 가르쳐주는 효과적인 자녀 양육의 기술을 배우지 않았다면, ⑤그녀는 오늘날 자신의 자녀들에게 아마도 비슷하게 효과적이지 못한 협박 기법을 사용하고 있을 것이다!

⑤는 Louise를, 나머지는 Louise의 어머니를 가리킨다.

☞ 일등급 영어 비법 Note 8

14. 빈칸추론

창의성에 관해 알려지지 않은 사실 중 하나는, 그것이 아주 특이한 재능에 관한 것이라기보다는 생산성에 관한 것이라는 점이다. 쓸모 있는 몇몇 아이디어를 발견하기 위해서 여러분은 그렇지 못한 많은 것들을 시도할 필요가 있다. 그것은 순전히 숫자 게임이다. 천재들이 반드시 다른 창조자들보다 성공률이 더 높은 것이 아니라, 그들은 그저 더 많이 하는 것에 불과하고, 또 여러 가지 다양한 것들을 한다. 그들은 더 많은 성공을 하고 실제로 더 많은 실패를 한다. 그것은 팀과 회사에도 해당된다. 나쁜 아이디어를 많이 만들어 내지 않으면서도 좋은 아이디어를 많이 만들어 내는 것은 불가능하다. 창의성에 관한 중요한 것은, 처음에는 당신이 어떤 아이디어가 성공하고 어떤 아이디어가 실패할 것인지를 알 수 없다는 것이다. 그래서 여러분이 할 수 있는 유일한 것은 다음 아이디어로 이동할 수 있도록 더 빨리 실패하려고 하는 것이다.

① 감성 ② 우월성 ③ 상상력 ④ 생산성 ⑤ 성취

☞ 일등급 영어 비법 Note 9

15. 빈칸추론

다른 사람의 정신적인 성향에 맞춘다는 생각에 잠시 시간을 내어보자. 내가 의미하는 것은 이것이다. 어떤 순간이든, 사람은 일어나고 있는 것에 대해 특별한 의견을 갖고 있다. 그 사람은 저것보다 이것을 주목하고, 그녀는 (그녀 나름의) 느낌이 있어서 발생한 일들의 다른 면 보다는 한 가지 면에 대해 판단을 내린다. 만일 그녀가 배고프면, 예를 들어 그녀는 한 가게가 식료품을 팔고 있다는 것에 주목할 수도 있다. 그녀의 친구는 그 가게가 신문을 판다는 것만을 주목할 수도 있지만, 만일 그녀가 돈이 부족하면, 그녀는 그 과일이 비싸다고 화를 낼 수도 있다. 반면에 그녀의 친구는 과즙이 풍성한 복숭아들을 보고 유혹을 받을 수도 있지만, 어떤 의미에서 그 두 친구는 같은 가게와 그 가게에서 파는 물건들을 경험하고 있으나, 그들은 그 가게에 대해서 아주 다른 경험을 하고 있는 것이다. 더 극단적인 경우는 사람이 특별하고 개인적인 방식으로 사물을 이해할 때, 예를 들어 상점을 극장으로 오해하는 것 같은, 발생한다.

① 더 나은 선택을 하려는 욕망
② 다른 사람들의 관점과 유사한 관점
③ 쇼핑 장소에 관한 개인적 선호
④ 일어나고 있는 것에 대한 특별한 의견
⑤ 전통을 고수하는 경향

☞ 일등급 영어 비법 Note 10

16. 빈칸추론

객관화는 많은 이야기식 대화들이 만들어지는 토대이다. 이것은 언어사용에 있어서 특정한 변화를 필요로 한다. 종종 객관화하는 대화들은 아이의 인생에서 발생한 문제의 시간의 추이에 따른 영향력을 따라가 보는 것과 그 문제가 다른 관점에서 상황을 볼 수 있는 아이의 능력을 제한함으로써 어떻게 그 아이를 약화시켰는지를 포함한다. 상담자는 옛 이야기를 해체하고 아이 자신과 아이 인생에 관해서 더 좋아하는 이야기들을 재구성함으로써 아이가 변화하도록 돕는다. 아이가 새로운 이야기를 개발하도록 돕기 위해서, 상담자와 아이는 그 문제가 아이 또는 아이의 인생에 영향을 주지 않았던 시기를 찾고 아이가 생각했고, 느꼈고, 그리고 행동했던 다른 방식들에 초점을 맞춘다. 이러한 <u>문제가 되는 이야기들에 없는 이야기들</u>이 아이가 새롭고 더 선호하는 이야기를 만들어 내도록 돕는다. 새롭고 더 선호하는 이야기가 나타나기 시작할 때, 아이가 그 새로운 이야기를 붙잡고 있거나 또는 그 새로운 이야기에 계속 연결되어 있도록 도와주는 것이 중요하다.

① 그 문제 이야기에 대한 예외들
② 대안적 이야기로부터의 거리
③ 상담사로부터 나오는 문제들
④ 옛 경험과 새 경험을 합치려는 노력
⑤ 아이의 이야기를 다른 사람의 이야기와 연결하는 방법

☞ 일등급 영어 비법 Note 11

17. 빈칸추론

사람들이 그들이 사는 경관을 이해하기 위해 만들어 내는 이야기들은 시장성이 높은 실재들이자 거주자들을 위한 소득원으로써 보여지게 된다. 강한 지역적 특성을 가진 경관들은 관광객들에게 홍보하는데 장점이 있다. 그 장소들의 이야기를 구획하고 홍보하는 것이 상대적으로 쉽기 때문에. 하지만, 그러한 장소들은 또한 단점도 있을 수 있다. 만일 지역성이 특정 산업과 결부되면, 지역 주민들은 그 산업에 관련됨으로써 나오는 지역적 특성에 강한 애착을 느낄 수도 있다. 그래서 그들은 관광산업에 기반을 둔 정체성을 선호하여 <u>그 정체성을 잃어버리는 것</u>에 저항할 수도 있다. 경관에 뿌리를 두고 있는 사람들은 다른 공동체 구성원들과 강한 유대감을 느낄 수도 있고 그래서 그들과 다르고 그들의 공통된 정체성에 도전한다고 그들이 믿는 외부인들의 침입에 분개할 수도 있다. 끝으로, 지역주민들은 이러한 과정이 그들의 정체성을 단순한 상업적 거래 정도로 떨어뜨린다고 느낄 수 있고, 그래서 그들은 그들의 장소에 대해 독특하고 특별한 무언가를 그들이 희생한다고 믿을지도 모른다.

① 그 정체성을 잃게 되는 것을 반대할

② 오래된 관계를 지속하기를 멈출
③ 그 산업의 전환을 참아낼
④ 그 장소로부터 자신들을 멀리할
⑤ 그 산업의 이익을 거부할

☞ 일등급 영어 비법 Note 12

18. 문장제거

홍차의 품질을 평가하는 특징 가운데 하나는 얼마나 단단히 잎이 말려 있는지를 평가하는 것이다. 일반적으로 더 높은 등급의 차는 잎이 단단히 그리고 균일하게 말린 차이다. ①반면에, 더 낮은 등급의 차는 잎이 엉성하고 일관성이 없이 말린 차이다. ②그렇다고는 하지만, 말림의 단단함은 차의 맛과 관련 있는 것보다 잎이 우려지는 정도와 더 많은 관련이 있다. ③잎을 마는 것은 기계가 하거나 또는, 때때로 사람 손으로 하는데 잎사귀들의 세포벽을 깨서 속에 있는 기름을 나오게 하기 위해서이다. ④따라서, 단지 찻잎이 단단히 말려 있지 않다는 이유로 그 차의 음용 가능성과 맛을 평가해서는 안된다. ⑤사람들이 단단하게 말린 더 비싸거나 더 높은 등급의 홍차보다 더 느슨하게 말린 홍차의 맛을 선호하는 것을 발견하는 것은 흔하다.

☞ 일등급 영어 비법 Note 13

19. 순서배열

사람들이 어디를 보는지는 어떤 환경적 정보에 그들이 주목하고 있는지를 드러내기 때문에, 눈의 움직임이 마음을 들여다보는 창이라고 말해져 왔다. 그러나, 물체를 보기 위해 눈을 움직이는 것이 주의집중의 전부가 아니다.

(C) 보지 않고 아주 정확한 패스를 하기 직전에, 한 쪽에 떨어져 있는 팀 동료에게 신경을 쓰면서 코트를 드리블해 내려가는 농구 선수에 의해 입증되듯이, 우리는 시선에 직접적으로 있지 않은 것들에게도 주목할 수 있다. 우리는 또한 그것에 주의 집중을 하지 않고도 무언가를 똑바로 쳐다볼 수 있다.

(A) 여러분은 책을 읽고 있다가, 눈을 움직여 페이지를 누비며 단어들을 '읽고' 있었는데도 방금 무엇을 읽었는지 전혀 기억나지 않

는다는 것을 문득 알아차린 적이 있다면 이런 경험을 해 본 것이다.

(B) 비록 여러분이 그 단어들을 '쳐다 보고' 있었지만, 여러분은 명백히 '주의를 집중'하고 있지 않았다. 눈의 움직임과 독립적으로 일어날 수 있는 처리 과정과 연관된 주의 집중의 정신적 측면이 있다.

☞ 일등급 영어 비법 Note 14

---

20. 순서배열

오늘날 예술가라는 용어는 과거와 현재로부터 전 세계적으로 광범위한 창의적인 사람들을 언급하기 위해 사용된다. 이러한 상당히 일반적인 단어의 용법은 "예술가"라는 개념 또는 단어가 별개의 맥락속에 존재했다고 잘못 말해준다.

(B) 그것이 적용되는 다양성과 대조적으로, 이 용어의 의미는 계속적으로 서구적인 관점과 가치관에 주로 기초하고 있다. 15세기 이후로, 이 전통은 개인의 성취를 인정하는 것과 관련되어 왔다.

(A) 발명, 생각, 그리고 발견은 그것들을 고안해 낸 사람들에게로 그 공로가 돌아갔다. 이러한 관점은 또한 "예술가"의 정의의 핵심 속에 존재한다. 예술가들은 하나의 "존재"로 결합되는 지점까지 그들의 예술과 강력한 유대를 형성한다고 인식된다.

(C) 예술의 역사는 이러한 하나됨을 강화시켰다. Pablo Picasso에 의한 그림은 "a Picasso"라고 불려진다. 예술가들과 그들 작품 사이의 이러한 통합은 예술가의 본질적인 특성들을 결정했다. 독창성, 저작권, 그리고 진정성

☞ 일등급 영어 비법 Note 15

---

21. 문장삽입

인터넷이 사고를 도와주는 것으로 여겨질 수 있는 한 가지 영역은 새로운 정보의 빠른 습득이다. 그러나 이조차도 현실적인 것이 아니라 환상에 더 가깝다. 그렇다. 몇몇 단어를 검색 엔진에 입력하는 단순한 행위는 다루어야 할 주제와 관련된 링크를 거의 즉각적으로 만들어 줄 것이다. 그러나 이런 방식으로 얻어지는 정보의 정확성에 대한 조사는 단순한 문제가 아니다. 우리가 흔히 얻는 것은 너무 긴 기사의 추상적인 요약에 지나지 않는다. 그 결과, 나는 어

면 특정한 과학 논문의 다운로드 횟수가 그 전체 논문이 처음부터 끝까지 읽힌 횟수와 관련성이 거의 없는 건 아닌가 하고 생각한다. 내 조언은 여러분이 어느 정도 진지한 사고를 하고 싶다면, 인터넷, 전화, 그리고 텔레비전과의 연결을 끊고 완전한 고독 속에서 24시간을 보내 봐야 한다는 것이다.

☞ 일등급 영어 비법 Note 16

---

22. 문장삽입

위대한 작곡가들에게 있어서 빠르게 작업하는 많은 사례들이 있다; 그리고 그들의 작곡의 용이함과 빠름은 커다란 경이로움과 감탄을 불러 일으킨다. 그러나 우리의 감탄은 종종 방향이 잘못되어 있다. 우리가 Mozart 또는 Mendelssohn에 의한 위대한 작품들의 신속한 작곡에 관해 들을 때, 우리는 이러한 속도가 펜으로 쓰는 힘 못지않게 작곡하는 힘이었다고 생각할지도 모른다. 그러나 사실은, 그러한 일은 좀처럼 사실이 아니다. 이 위대한 음악가들은 일반적으로 펜 또는 피아노를 사용하지 않고 정신적으로 그들의 작곡을 했다. 그리고 완벽해 질 때까지 그들 음악을 펜으로 쓰는 유쾌하지 않은 수작업을 단지 미뤘을 뿐이다. 그 후에 그들은 믿을 수 없을 정도로 빠른 작곡에 대한 공로를 인정받게 된 것이다. 그러나 길고 복잡한 악보를 빠르고 정확하게 펜으로 쓰는 것은 절대로 쉬운 일이 아니다. 사람들은 단지 음악 작품을 베껴쓰거나 이렇게 빨리 작곡하는 것을 실현하기 위해 이전에 기억된 음악 작품을 노트로 옮겨 적으려고 노력하기만 하면 된다.

☞ 일등급 영어 비법 Note 17

---

23. 요약문 빈칸

지역 관계망의 약점은 그것들의 독립성에 있다. 왜냐하면 그것들은 관계망의 도달범위 뿐만 아니라 유입도 부족하기 때문에. 도시 정책을 연구한 고전적인 연구에서, Herbert Gans는 가장 높은 수준의 결속력을 가진 지역들이 그 도시 내의 어딘가에서 가능한 협력자들과의 유대관계가 부족하기 때문에 종종 호의적이지 않은 정책과 프로그램들을 막을 수 없다는 것을 발견했다. 이런 이유로 Gans는 그들을 "도시에 살지만 촌락처럼 고립된 사람들"로 불

렀다. 지역 관계망들과 정반대로써, 범세계적인 관계망들은 거의 어떤 결속력도 제공하지 못하고 구성원들을 우로하거나 유지할 능력도 거의 없다. 그러나 구성원들은 새로운 정보의 끊임없는 흐름과 그들 영향력이 미치는 광대한 도달범위로부터 이득을 얻는다. 비록 그러한 것이 힘은 약간 부족한 경향이 많다해도, 현지 관계망들은 작기 쉽다. 이와 대조적으로, 범세계적인 관계망들은 거대할 수 있다. 그러므로 "도시의 촌사람들"이 그들의 지역 정부와도 심지어 유대관계가 부족한 반면에, 범세계적인 유대관계는 종종 미국의 백악관으로까지 이어진다.

→ 외부와의 느슨한 결속으로 인해 자신들의 영역 안에 갇히는 '도시의 촌사람들'과는 달리 범세계적인 네트워크는 새로운 정보와 더 넓은 범위의 관계에 접함으로써 이익을 얻는다.

① '느슨한 – 이익을 얻는다'이다.
② 느슨한 – 생겨난다
③ 느슨한 – 철수한다
④ 밀접한 – 이익을 얻는다
⑤ 밀접한 – 생겨난다

☞ 일등급 영어 비법 Note 18

[24-25] 장문(제목 파악 & 빈칸추론)

어떤 면에서 변경되거나 또는 손상을 입은 생태계는 그 지역의 생물군과 균형을 잃을 수 있을 것이다. 예를 들면, 만일 현지 생물군이 숲이이지만, 나무들이 한 지역에서 제거되었다면, 그러면 그 생태계는 균형을 잃은 상태인 것이다. 자연적인 경향은 식물 종들이 그 지역으로 이동해 와서, 그래서 그 생물군의 상태쪽으로 생태계를 되돌려 놓게 되는 것이다. 새로운 지역으로 하나의 종이 퍼지는 것은 군체형성이라고 불려진다. 그것은 식물의 씨앗을 제공할 수 있는 환경적으로 건강한 생태계가 근처에 있을 때에민 자연적으로 일어난다. 일단 초목이 회복되기 시작하면 곤충들, 새들 그리고 다른 동물들이 그 새롭게 재생된 지역으로 이동해 올 것이다.

생태계상에서의 생물군체의 이러한 과정들은 환경적인 관리에 의해 지지될 수 있다. 예를 들면, 우리는 현재 영국에서 농업이 시행되는 방식에서 중요한 변화들을 보고 있는 중이다. 단지 음식 생산을 극대화시키기 보다는 오히려, 농업은 더 친환경적이 되고 있다. 재정적인 보조와 함께, 이러한 새로운 접근법은 그 땅에 살고 있는 울타리 관목들과 야생화들, 곤충들, 새들 그리고 다른 동물들을 보존함으로써 생물학적 다양성을 증가시킨다. 농지의 일정 부분은 완전히 경작되지 않은 상태로 남겨있어서 여러 종들이 점차적으로 그 곳에서 군집을 이룰 수 있다. 이것은 더 넓은 범위의 종들을 위한 서식지를 제공한다. 일정 농지를 따로 떼어 놓는 것은 그러한 것이 경제적으로 바람직할 때 또한 전반적인 생산성을 감소시키는 방법이다. 그러한 따로 떼어 놓은 땅은 휴경지보다 더 지속성이 강하다는 것을 주목해라. 휴경지는 단지 일 년 동안만 농사짓지 않고 남겨져 있는 것이다. 생물군체는 느린 과정이고 수년 또는 수십 년 동안 발생한다.

24. 제목파악
① 생태 균형을 위해 땅을 자연으로 되돌려 주기
② 군체 형성: 대자연의 부끄러움인가 아니면 자랑인가?
③ 깨진 생태계: 인류의 위법 행위
④ 경작하지 않는 땅은 경제적으로 바람직한가?
⑤ 친환경적인 농사의 역설

25. 빈칸추론
① 평가 ② 경쟁 ③ 불변성 ④ 힘 ⑤ 관리

[26-28]
(A) 명심해야 할 중요한 교훈 하나는 우리가 곤경의 한가운데 갇혀 있는 경우에조차도 인생에서 긍정적인 것들을 보도록 애써야 한다는 것이다. 아버지의 이름을 따른 Riccardo는 멕시코 출신의 이민자였는데, 어린 나이에 이 교훈을 배웠다. 가족들은 그를 Ricky라고 불렀지만, 그의 아버지는 그에 대하여 '아무짝에도 쓸모없는 놈'이라 는 자기만이 부르는 별명을 가지고 있었다. 왜 아버지 Riccardo는 (a) 그를 그렇게 불렀을까? Ricky가 고기잡이를 싫어했기 때문이다.

(D) 그의 아버지는 어부였기 때문에 이것을 매우 부정적으로 생각했다. 그는 고기잡이 일을 사랑했다. 그의 아들 모두도 '아무짝에도 쓸모없는 놈' Ricky만을 제외하고는 역시 그랬다. 그 아이는 배 타는 것을 좋아하지 않았고, 생선 냄새는 그에게 구역질을 일으켰다. 그러는 대신 Ricky는 ─ 힘든 일을 두려워하지 않았으므로 ─ 신문을 배달하고, 구두를 닦고, 사무실에서 일하며, 심지어는 그물도 손질했다. (e) 그의 수입은 가족들에게로 갔다. 그래도 그의 아버지는 그에게 아주 불만이어서 여전히 그가 아무짝에도 쓸모없다고 늘 말했다.

(C) 이러한 일들은 고기잡이가 아니었으므로 그의 아버지는 그런 일에 아무런 가치도 없다고 생각했다. 어린 Ricky는 고기잡이를 싫어했다. '고기잡이만 아니라면 무엇이든 좋겠어.' 하고 그는 혼자 생각했다. 곧 Ricky는 동네야구를 하곤 했던 형을 따라다니기 시

190

작했다. Ricky에게 (c) 그와 함께 야구를 하는 것은 괴로움을 잊는 방법이었다. 다행히 Ricky는 야구를 아주 잘해서, 놀이 친구들 사이에서 영웅으로 대접받았다. Ricky는 16살이 되었을 때 야구선수가 되기 위해 학교를 중퇴하기로 결심했다. 그리고 야구를 그만두었을 때쯤에는 (d) 그는 영웅이 되어 있었다.

(B) 전 국민은 Ricky를 자기 세대의 가장 완벽한 선수라고 알게 되었으며, 그는 투표로 뽑혀 명예의 전당에 들어갔다. 그리고 그의 아버지 Riccardo는 그것에 대해 어떻게 생각했을까? 그는 비록 자기 아들들 모두가 가업에 함께 종사하기를 원했었지만, 마침내 Ricky를 자랑스럽게 여기고 그의 업적을 존중하였다. Ricky는 (b) 그의 인생의 가장 어려운 시기 중 하나에서 희망을 놓치지 않고 붙잡아 위대한 업적을 이루었다.

26. 순서배열 (D) - (C) - (B)

27. 지칭 대상 파악
(c)는 그의 형을, 나머지는 모두 Ricky를 가리킨다.

1. 다음 글의 목적으로 가장 적절한 것은?

Dear Mr. Stevens,

This is the chief editor of *Novel Flash Fiction*. As you were informed by our staff last week, your short story will be published in the December issue of *Novel Flash Fiction*. We thought hearing how you came up with your story would be meaningful to our readers. We would thus like to ask if you could give a speech about your writing process. This speech is expected to last for about an hour, and it will take place at Star Bookstore downtown. You can choose a specific date and time depending on your schedule. If you have any questions, please contact us by e-mail at editors@nff.com. We look forward to hearing how you wrote your story.

Sincerely,

Susanna Martinez

① 소설 창작 과정에 관한 강연을 요청하려고
② 강연 일정이 변경된 것에 대해 사과하려고
③ 새로 발간된 잡지의 정기 구독을 권유하려고
④ 출판물 편집에 관한 유의 사항을 안내하려고
⑤ 잘못된 기사 내용에 대해 정정을 요구하려고

2. 다음 글에 드러난 Kate의 심경으로 가장 적절한 것은?

Sipping coffee leisurely at a café, Kate was enjoying the view of the Ponte Vecchio across the Arno. As an architect and professor, she had taught about the historical significance of the bridge to her students for years. A smile crept across her face. It was her first time to actually see it in person. Though not as old as the bridges of Rome, it was absolutely a work of art. If the fleeing Nazis had destroyed it during World War II, she would have never seen it. She was happy that she could view the bridge in the twilight. Free from her daily concerns, her mind began to wander from the unforgettable views of the still Arno to all the unexpected but pleasant encounters with other tourists. The trip was a rare liberating experience. Kate felt that all her concerns had melted away.

① anxious and envious
② bored and indifferent
③ pleased and relaxed
④ confused and puzzled
⑤ disappointed and regretful

3. 다음 글에서 필자가 주장하는 바로 가장 적절한 것은?

Sure, we've all heard the advice: "Follow your passion." It's great when you hit the jackpot and find a career that melds your strengths and passions, and where there is demand in the highly competitive global marketplace of today. But if your goal is to get a job at the end of the rainbow, you must distinguish between your major, your passions, your strengths, and your career path. Your strengths are more important than your passions. Studies show that the best career choices tend to be grounded in things you're good at, more so than your interests and passions. Ideally, you want to find a convergence of your strengths and your values with a career path that is in demand. Interests can come and go. Your strengths are your core, your hard-wired assets.

*meld: 섞다 *convergence: 합류점

① 진로 계획을 세울 때 시장의 수요를 정확히 예측해야 한다.

② 직업을 선택할 때 본인의 강점을 우선적으로 고려해야 한다.

③ 자신의 분야에서 성공하기 위해서는 열정을 가져야 한다.

④ 원하는 직업을 갖기 위해서는 전공을 잘 선택해야 한다.

⑤ 취업을 준비할 때 다른 사람의 조언을 잘 들어야 한다.

4. 다음 글의 요지로 가장 적절한 것은?

Parents are quick to informfriends and relatives as soon as their infant holds her head up, reaches for objects, sits by herself, and walks alone. Parental enthusiasm for these motor accomplishments is not at all misplaced, for they are, indeed, milestones of development. With each additional skill, babies gain control over their bodies and the environment in a new way. Infants who are able to sit alone are granted an entirely different perspective on the world than are those who spend much of their day on their backs or stomachs. Coordinated reaching opens up a whole new avenue for exploration of objects, and when babies can move about, their opportunities for independent exploration and manipulation are multiplied. No longer are they restricted to their immediate locale and to objects that others place before them. As new ways of controlling the environment are achieved, motor development provides the infant with a growing sense of competence and mastery, and it contributes in important ways to the infant's perceptual and cognitive understanding of the world.

*locale: 현장, 장소

① 유아의 운동 능력 발달은 유아의 다른 발달에 기여한다.

② 부모와의 정서적 교감은 유아의 지적 호기심을 자극한다.

③ 부모의 관심은 유아의 균형 있는 신체 발달에 필수적이다.

④ 주변 환경의 변화는 유아기 운동 능력 발달을 촉진한다.

⑤ 유아는 시행착오를 통해 공간 지각 능력을 발달시킨다.

5. 다음 글의 주제로 가장 적절한 것은?

It is a strategic and tactical mistake to give an offensive position away to those who will use it to attack, criticize, and blame. Since opponents will undoubtedly attack, criticize, and blame, anyway, the advantages of being proactive, airing one's own "dirty laundry," and "telling on oneself" are too significant to ignore. Chief among these advantages is the ability to control the first messages and how a story is first framed. That leaves others having to respond to you instead of the other way around. This approach is appropriately termed "stealing thunder." When an organization steals thunder, it breaks the news about its own crisis before the crisis is discovered by the media or other interested parties. In experimental research by Arpan and Roskos-Ewoldsen, stealing thunder in a crisis situation, as opposed to allowing the information to be first disclosed by another party, resulted in substantially higher credibility ratings. As significant, the authors found that "credibility ratings associated with stealing thunder directly predicted perceptions of the crisis as less severe."

*dirty laundry: 치부, 수치스러운 일

① necessity of being cooperative in a crisis situation

② importance of taking the initiative in managing a crisis

③ problem of creating false stories to save an organization

④ significance of remaining silent in strengthening credibility

⑤ advantage of improving the corporate image through media

6. 다음 글의 제목으로 가장 적절한 것은?

If you've ever seen the bank of flashing screens at a broker's desk, you have a sense of the information overload they are up against. When deciding whether to invest in a company, for example, they may take into account the people at the helm; the current and potential size of its market; net profits; and its past, present, and future stock value, among other pieces of information. Weighing all of these factors can take up so much of your working memory that it becomes overwhelmed. Think of having piles and piles of papers, sticky notes, and spreadsheets strewn about your desk, and you get a picture of what's going on inside the brain. When information overloads working memory this way, it can make brokers — and the rest of us — scrap all the strategizing and analyses and go for emotional, or gut, decisions.

　　　　*at the helm: 실권을 가진 *strewn: 표면을 뒤덮은

① How Information Overload Can Cloud Your Judgment
② Multitasking Increases Your Working Memory!
③ How to Prevent Information Flood
④ Do Flashing Screens Reduce Information Overload?
⑤ Emotional Judgment: The Secret of Successful Brokers

7. 다음 도표의 내용과 일치하지 않는 것은?

Direct expenditures on education as a percentage of GDP for the five OECD countries with the highest percentages, by level of education: 2011

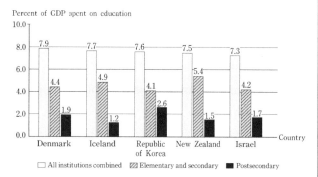

Note: All institutions combined includes expenditures that could not be reported by level of education

The above graph shows direct expenditures on education as a percentage of GDP for the five OECD countries with the highest percentages in 2011, by level of education. ① All the five countries spent over seven percent of their GDP on direct expenditures on education for all institutions combined. ② Of the five countries, Denmark spent the highest percentage of GDP for all institutions combined. ③ In terms of direct expenditures on elementary and secondary education, New Zealand spent the highest percentage of GDP among the five countries. ④ As for direct expenditures on postsecondary education, Iceland spent a higher percentage of GDP than the other four countries. ⑤ Compared with the Republic of Korea, Israel spent a lower percentage of GDP on postsecondary education.

8. Albert C. Barnes에 관한 다음 글의 내용과 일치하지 않는 것은?

Born into a working-class family in 1872, Albert C. Barnes grew up in Philadelphia. He became interested in art when he became friends with future artist William Glackens in high school. He earned a medical degree from the University of Pennsylvania and qualified as a doctor in 1892. Barnes decided not to work as a doctor, and after further study he entered the business world. In 1901, he invented the antiseptic Argyrol with a German chemist and made a fortune. Using his wealth, he began purchasing hundreds of paintings. In 1922, he established the Barnes Foundation to promote the education of fine arts. There he displayed his huge collection without detailed explanation. He died in a car accident in 1951.

　　　　*antiseptic: 소독제, 방부제

① 1872년에 태어나 Philadelphia에서 성장했다.
② University of Pennsylvania에서 의학 학위를 받았다.
③ 독일인 화학자와 함께 Argyrol을 발명하였다.
④ 미술 교육을 장려하기 위해 Barnes Foundation을 설립했다.

⑤ 자세한 설명과 함께 소장품을 전시했다.

9. Mountaintop Yodeling Contest에 관한 다음 안내문의 내용과 일치하지 않는 것은?

Mountaintop Yodeling Contest

Show off your yodeling skills with the backdrop of the beautiful Alps.

- Place: special outdoor stage set up at Mt. Billatus (2,545 m)
- Time &Date: 2:00 p.m. on June 12, 2017
- Registration(online only): until June 1 (www.yodel.net)
- Requirements
- All contestants should sing a 2-minute yodel of their choice.
- All yodels should be sung either in French or in English.
- Prizes
- 1st place: a round-trip airplane ticket to London
- 2nd place: a Swiss watch

* *The contest will be canceled if the weather is unfavorable.*

---

① Mt. Billatus에 설치된 특별 야외무대에서 열린다.
② 등록 기한은 6월 1일까지이다.
③ 프랑스어나 영어로 요들을 불러야 한다.
④ 2등 상품은 London 왕복 항공권이다.
⑤ 날씨가 좋지 않으면 취소된다.

10. Summerville Forest Trail Tour에 관한 다음 안내문의 내용과 일치하는 것은?

Summerville Forest Trail Tour

Just five miles away from the big city, you can enjoy the huge variety of plants and wildlife at Summerville Forest. We offer a trail tour every Saturday from June to September. Come and join us!

Tickets
- $10 (for 8 and older)
- $5 (for children under 8)

---

* *Snacks and water will be provided.*
Tour Schedule
- 8:30 a.m. - 9:00 a.m. Introduction to Summerville Forest
- 9:00 a.m. - 11:00 a.m. Trail Walking Tour

Reservations should be made online (www.summerville.net) at least one week in advance of your visit.

---

① 6월부터 9월까지 매주 일요일에 진행된다.
② 8세 미만 아이들은 무료로 참가할 수 있다.
③ 간식과 물이 제공된다.
④ Summerville Forest에 대한 소개가 한 시간 동안 진행된다.
⑤ 온라인 예약은 방문 하루 전까지 해야 한다.

11. 다음 글의 밑줄 친 부분 중, 어법상 틀린 것은?

Though most bees fill their days visiting flowers and collecting pollen, some bees take advantage of the hard work of others. These thieving bees sneak into the nest of an ① <u>unsuspecting</u> "normal" bee (known as the host), lay an egg near the pollen mass being gathered by the host bee for her own offspring, and then sneak back out. When the egg of the thief hatches, it kills the host's offspring and then eats the pollen meant for ② <u>its</u> victim. Sometimes called brood parasites, these bees are also referred to as cuckoo bees, because they are similar to cuckoo birds, which lay an egg in the nest of another bird and ③ <u>leaves</u> it for that bird to raise. They are more ④ <u>technically</u> called cleptoparasites. *Clepto* means "thief" in Greek, and the term *cleptoparasite* refers specifically to an organism ⑤ <u>that</u> lives off another by stealing its food. In this case the cleptoparasite feeds on the host's hard-earned pollen stores.

* brood parasite: (알을 대신 기르도록 하는) 탁란 동물

12. (A), (B), (C)의 각 네모 안에서 문맥에 맞는 낱말로 가장 적절한 것은? [3점]

Some coaches erroneously believe that mental skills training (MST) can only help perfect the performance of highly skilled competitors. As a result, they shy away from MST, (A) [denying / rationalizing] that because they are not coaching elite athletes, mental skills training is less important. It is true that mental skills become increasingly important at high levels of competition. As athletes move up the competitive ladder, they become more homogeneous in terms of physical skills. In fact, at high levels of competition, all athletes have the physical skills to be successful. Consequently, any small difference in (B) [physical / mental] factors can play a huge role in determining performance outcomes. However, we can anticipate that personal growth and performance will progress faster in young, developing athletes who are given mental skills training than in athletes not exposed to MST. In fact, the optimal time for introducing MST may be when athletes are first beginning their sport. Introducing MST (C) [early / later] in athletes' careers may lay the foundation that will help them develop to their full potential.

* homogeneous: 동질적인 * optimal: 최적의

	(A)	(B)	(C)
①	denying	physical	later
②	denying	mental	early
③	rationalizing	physical	early
④	rationalizing	physical	later
⑤	rationalizing	mental	early

13. 밑줄 친 부분이 가리키는 대상이 나머지 넷과 다른 것은?

Medicine became big business with the expansion of new, higher-cost treatments and the increased numbers of health care providers in the United States. As more health care providers entered the market, competition increased among ① them. Interestingly, the increase in competition led health care providers to recommend more services to the persons ② they served. This phenomenon reflects a unique feature in the health care industry — provider-induced demand, which allows health care providers to maintain ③ their income even as competition increases. Average consumers of health care do not know how to diagnose ④ their medical conditions and do not have a license to order services or prescribe medications. So consumers rely on the knowledge of health care providers to determine what services are needed, even though ⑤ they stand to make more money by ordering more services.

[14~17] 다음 빈칸에 들어갈 말로 가장 적절한 것을 고르시오.

14.

Interest in extremely long periods of time sets geology and astronomy apart from other sciences. Geologists think in terms of billions of years for the age of Earth and its oldest rocks — numbers that, like the national debt, are not easily comprehended. Nevertheless, the _____ are important for environmental geologists because they provide a way to measure human impacts on the natural world. For example, we would like to know the rate of natural soil formation from solid rock to determine whether topsoil erosion from agriculture is too great. Likewise, understanding how climate has changed over millions of years is vital to properly assess current global warming trends. Clues to past environmental change are well preserved in many different kinds of rocks.

① time scales of geological activity
② global patterns in species diversity
③ regional differences in time perception
④ statistical methods for climate projections
⑤ criticisms of geological period classifications

15.

Politics cannot be suppressed, whichever policy process is employed and however sensitive and respectful of differences it might be. In other words, there is no end to politics. It is wrong to think that proper institutions, knowledge, methods of consultation, or participatory mechanisms can make disagreement go away. Theories of all sorts promote the view that there are ways by which disagreement can be processed or managed so as to make it disappear. The assumption behind those theories is that disagreement is wrong and consensus is the desirable state of things. In fact, consensus rarely comes without some forms of subtle coercion and the absence of fear in expressing a disagreement is a source of genuine freedom. Debates cause disagreements to evolve, often for the better, but a positively evolving debate does not have to equal a reduction in disagreement. The suppression of disagreement should never be made into a goal in political deliberation. A defense is required against any suggestion that _____. [3점]

* consensus: 합의 * coercion: 강압

① political development results from the freedom of speech
② political disagreement is not the normal state of things
③ politics should not restrict any form of difference
④ freedom could be achieved only through tolerance
⑤ suppression could never be a desirable tool in politics

16.

To make plans for the future, the brain must have an ability to take certain elements of prior experiences and reconfigure them in a way that does not copy any actual past experience or present reality exactly. To accomplish that, the organism must go beyond the mere ability to form internal representations, the models of the world outside. It must acquire the ability to _____. We can argue that tool-making, one of the fundamental distinguishing features of primate cognition, depends on this ability, since a tool does not exist in a ready-made form in the natural environment and has to be imagined in order to be made. The neural machinery for creating and holding 'images of the future' was a necessary prerequisite for tool-making, and thus for launching human civilization. [3점]

① mirror accurate images of the world outside
② manipulate and transform these models
③ visualize the present reality as it is
④ bring the models back from memory
⑤ identify and reproduce past experiences faithfully

17.

Since life began in the oceans, most life, including freshwater life, has a chemical composition more like the ocean than fresh water. It appears that most freshwater life did not originate in fresh water, but is secondarily adapted, having passed from ocean to land and then back again to fresh water. As improbable as this may seem, the bodily fluids of aquatic animals show a strong similarity to oceans, and indeed, most studies of ion balance in freshwater physiology document the complex regulatory mechanisms by which fish, amphibians and invertebrates attempt to _____. It is these sorts of unexpected complexities and apparent contradictions that make ecology so interesting. The idea of a fish in a freshwater lake struggling to accumulate salts inside its body to mimic the ocean reminds one of the other great contradiction of the biosphere: plants are bathed in an atmosphere composed of roughly three-quarters nitrogen, yet their growth is frequently restricted by lack of nitrogen. [3점]

* amphibian: 양서류 * invertebrate: 무척추동물

① maintain an inner ocean in spite of surrounding fresh water

② attain ion balance by removing salts from inside their body

③ return to the ocean to escape from their natural enemies

④ rebuild their external environment to obtain resources

⑤ change their physiology in accord with their surroundings

18. 다음 글에서 전체 흐름과 관계 없는 문장은?

Since the concept of a teddy bear is very obviously not a genetically inherited trait, we can be confident that we are looking at a cultural trait. However, it is a cultural trait that seems to be under the guidance of another, genuinely biological trait: the cues that attract us to babies (high foreheads and small faces). ① Cute, baby-like features are inherently appealing, producing a nurturing response in most humans. ② Teddy bears that had a more baby-like appearance — however slight this may have been initially — were thus more popular with customers. ③ Teddy bear manufacturers obviously noticed which bears were selling best and so made more of these and fewer of the less popular models, to maximize their profits. ④ As a result, using animal images for commercial purposes was faced with severe criticism from animal rights activists. ⑤ In this way, the selection pressure built up by the customers resulted in the evolution of a more baby-like bear by the manufacturers.

[19~20] 주어진 글 다음에 이어질 글의 순서로 가장 적절한 것을 고르시오.

19.

It takes time to develop and launch products. Consequently, many companies know 6—12 months ahead of time that they will be launching a new product.

(A) This marketing technique is called demand creation. It involves creating a buzz about a new potentially revolutionary nutrient or training technique through publishing articles and/or books that stimulate the reader's interest. Once this is done, a new product is launched.

(B) Over a series of issues, you begin to see more articles discussing this new nutrient and potential to enhance training and/or performance. Then, after 4—6 months, a new product is coincidentally launched that contains the ingredient that has been discussed in previous issues. Books and supplement reviews have also been used as vehicles to promote the sale of fitness and nutrition products.

(C) In order to create interest in the product, companies will often launch pre-market advertising campaigns. In the nutrition industry, articles are often written discussing a new nutrient under investigation.

① (A) - (C) - (B)   ② (B) - (A) - (C)
③ (B) - (C) - (A)   ④ (C) - (A) - (B)
⑤ (C) - (B) - (A)

20.

There's a direct counterpart to pop music in the classical song, more commonly called an "art song," which does not focus on the development of melodic material.

(A) But the pop song will rarely be sung and played exactly as written; the singer is apt to embellish that vocal line to give it a "styling," just as the accompanist will fill out the piano part to make it more interesting and personal. The performers might change the original tempo and mood completely.

(B) Both the pop song and the art song tend to follow tried-and-true structural patterns. And both will be published in the same way — with a vocal line and a basic piano part written out underneath.

(C) You won't find such extremes of approach by the performers of songs by Franz Schubert or Richard Strauss. These will be performed note for note because both the vocal and piano parts have been painstakingly written down by the composer with an ear for how each relates to the other. [3점]

* embellish: 꾸미다 * tried-and-true: 유효성이 증명된

① (A) - (C) - (B) ② (B) - (A) - (C)
③ (B) - (C) - (A) ④ (C) - (A) - (B)
⑤ (C) - (B) - (A)

[21~22] 글의 흐름으로 보아, 주어진 문장이 들어가기에 가장 적절한 곳을 고르시오.

21.

> The net effect of this was that, although customers benefited, the banks lost out as their costs increased but the total number of customers stayed the same.

In mature markets, breakthroughs that lead to a major change in competitive positions and to the growth of the market are rare. (①) Because of this, competition becomes a zero sum game in which one organization can only win at the expense of others. (②) However, where the degree of competition is particularly intense a zero sum game can quickly become a negative sum game, in that everyone in the market is faced with additional costs. (③) As an example of this, when one of the major high street banks in Britain tried to gain a competitive advantage by opening on Saturday mornings, it attracted a number of new customers who found the traditional Monday-Friday bank opening hours to be a constraint. (④) However, faced with a loss of customers, the competition responded by opening on Saturdays as well. (⑤) In essence, this proved to be a negative sum game.

22.

> Human beings discovered this art thousands of years ago, and they have invented several devices to make it easier and faster.

In fiber processing the word 'spinning' means two quite different things. (①) One is the formation of individual fibers by squeezing a liquid through one or more small openings in a nozzle called a spinneret and letting it harden. (②) Spiders and silkworms have been spinning fibers in this way for millions of years, but chemists and engineers learned the procedure from them only about a century ago. (③) In the other kind of spinning — sometimes called throwing to prevent confusion with the first kind — two or more fibers are twisted together to form a thread. (④) The ancient distaff and spindle are examples that were replaced by the spinning wheel in the Middle Ages. (⑤) Later came the spinning jenny, the water frame, and Crompton's mule — spinning machines that became symbols of the Industrial Revolution. [3점]

* distaff and spindle: 실을 감는 막대와 추

23. 다음 글의 내용을 한 문장으로 요약하고자 한다. 빈칸 (A), (B)에 들어갈 말로 가장 적절한 것은?

> When considered in terms of evolutionary success, many of the seemingly irrational choices that people make do not seem so foolish after all. Most animals, including our ancestors and modern-day capuchin monkeys, lived very close to the margin of survival. Paleontologists who study early human civilizations have uncovered evidence that our ancestors faced frequent periods of drought and freezing. When you are living on the verge of starvation, a slight downturn in your food reserves makes a lot more difference than a slight upturn. Anthropologists who study people still living in hunter-gatherer societies have discovered that they regularly make choices

designed to produce not the best opportunity for obtaining a hyperabundant supply of food but, instead, the least danger of ending up with an insufficient supply. In other words, people everywhere have a strong motivation to avoid falling below the level that will feed themselves and their families. If our ancestors hadn't agonized over losses and instead had taken too many chances in going after the big gains, they'd have been more likely to lose out and never become anyone's ancestor.

* agonize: 괴로워하다, 고민하다

↓

Our ancestors gave priority to ___(A)___ minimum resources rather than pursuing maximum gains, and that was the rational choice for human ___(B)___ from an evolutionary perspective.

    (A)   (B)

① securing ······ freedom

② sharing ······ interaction

③ identifying ······ exploration

④ sharing ······ prosperity

⑤ securing ······ survival

[24~25] 다음 글을 읽고, 물음에 답하시오.

According to many sociologists, the study of what our society calls 'art' can only really progress if we drop the highly specific and ideologically loaded terminology of 'art', 'artworks' and 'artists', and replace these with the more neutral and less historically specific terms 'cultural forms', 'cultural products' and 'cultural producers'. These cultural products — be they paintings, sculptures, forms of music or whatever — should be regarded as being made by certain types of cultural producer, and as being used by particular groups of people in particular ways in specific social contexts. By using the more neutral term 'cultural products' for particular objects, and 'cultural producers' for the people who make those objects, the sociologist seeks to break with a view that she/he sees as having dominated the study of cultural forms for too long, namely trying to understand everything in terms of the category 'art'. This is a category that is too limited and context-specific to encompass all the different cultural products that people in different societies make and use. It is a term that is also too loaded to take at face value and to use naively in study of our own society. Since it is in the interests of certain social groups to define some things as 'art' and others as not, the very term 'art' itself cannot be uncritically used by the sociologist who wishes to understand how and why such labelling processes occur. Quite simply, then, in order to study cultural matters, many sociologists believe one has to _____ the terms 'art', 'artwork' and 'artist' as the basis for our analysis. Instead, these terms become important objects of analysis themselves.

24. 윗글의 제목으로 가장 적절한 것은?

① Art: A Means to Overcome a Cultural Gap

② Interpreting Culture In and Out of Context

③ Different Forms of Art in the World of Culture

④ Cultural Diversity: Cornerstones of Civilizations

⑤ Culture as a Basis of Understanding the Concept of Art

25. 윗글의 빈칸에 들어갈 말로 가장 적절한 것은? [3점]

① reject

② borrow

③ introduce

④ stress

⑤ revive

30일 만에 끝내는 일등급 영어

[26~28] 다음 글을 읽고, 물음에 답하시오.

(A)

Andrew steadied his eyes upon the black and white squares. He thought awhile before pushing his knight to an unbeatable position. Now Andrew was sure he had beaten Timothy Tandon, the winner of the 2016 National Chess Championship. Andrew, whom nobody had noticed before the tournament this year, came to progress to the final match. After enjoying this memorable victory, Andrew headed straight to the nursing home where (a) his sick grandad was staying.

(B)

It was the day of the final match. That morning Andrew had received a call from the nursing home informing him that Grandad's condition had become serious. The news played upon Andrew's mind as (b) he started to play. After several fierce battles, Andrew's concentration wavered for a moment. His mind travelled to his grandad, who was in another battle for his life. It was then that Andrew made a big mistake! The mistake was a fatal one, and it was all over. (c) He had lost.

(C)

Andrew arrived at the nursing home in a gloomy mood, but he was blessed with good news. His grandad was recovering. Andrew was greatly delighted, but (d) he could not help being disappointed in a corner of his mind. "I tried my best to fulfill your dream but I couldn't make it," Andrew said in disappointment. "That's all right," said Grandad. "The real lesson of chess is learning how to tame your mind. See, my mind has won the battle over my body. I will recover soon and see you become champion one day in perfect health." Andrew was relieved and smiled with joy.

(D)

When Andrew reached the nursing home, Grandad was sitting up in bed. "You won the semi-final?" (e) he asked, offering up a weak smile. Andrew nodded his head. Indeed, Andrew's grandad was his chess master. As a kid, Andrew liked to observe Grandad play chess and often predicted his moves even before he began to move the pieces. "Andrew," said Grandad, inspired by his grandson's superb victory, "you are now all set to fulfill my dream. Tomorrow you will surely win the National Chess Championship."

26. 주어진 글 (A)에 이어질 내용을 순서에 맞게 배열한 것으로 가장 적절한 것은?
① (B) - (D) - (C) ② (C) - (B) - (D)
③ (C) - (D) - (B) ④ (D) - (B) - (C)
⑤ (D) - (C) - (B)

27. 밑줄 친 (a)~(e) 중에서 가리키는 대상이 나머지 넷과 다른 것은?
① (a) ② (b) ③ (c) ④ (d) ⑤ (e)

28. 윗글의 Andrew에 관한 내용으로 적절하지 않은 것은?
① 2016 National Chess Championship 우승자에게 승리를 거두었다.
② 할아버지의 병세에 관한 전화를 받고 결승전에서 큰 실수를 했다.
③ 결승전에서 패배한 사실을 할아버지에게 알리지 않았다.
④ 할아버지로부터 체스가 주는 교훈에 관하여 들었다.
⑤ 어렸을 때 할아버지의 체스 게임을 즐겨 봤다.

정답: 1. ① 2. ③ 3. ② 4. ① 5. ② 6. ① 7. ④ 8. ⑤ 9. ④ 10. ③
11. ③ 12. ⑤ 13. ④ 14. ① 15. ② 16. ② 17. ① 18. ④ 19. ⑤
20. ② 21. ⑤ 22. ④ 23. ⑤ 24. ⑤ 25. ① 26. ④ 27. ⑤ 28. ③
아래에 있는 '일등급 영어 비법 Note'는 18곳에 있다. (목적/
주장//요지/주제/제목/어법/어휘/지칭/빈칸/제거/순서/삽입/
요약)

1. 목적 파악

Stevens씨께

저는 'Novel Flash Fiction'의 편집장입니다. 지난주에 저희 직원이 알려드린 것처럼 귀하의 단편소설은 'Novel Flash Fiction'의 12월 호에 게재될 것입니다. 저희는 귀하가 어떻게 귀하의 소설을 구상하게 되었는지 듣는 것이 저희 독자들에게 의미가 있을 것이라고 생각했습니다. 그래서 저희는 귀하가 창작 과정에 대해 강연을 해 주실수 있는지 여쭤보고 싶습니다. 이 강연은 약 한 시간 동안 진행될 예정이고 시내에 있는 Star 서점에서 열릴 것입니다. 귀하의 일정에 따라 구체적인 날짜와 시간을 선택하실 수 있습니다. 질문이 있으시면, 이메일을 editors@nff.com으로 보내 저희에게 연락해 주십시오. 귀하가 귀하의 이야기를 어떻게 쓰게 되었는지 듣게 될 날을 고대하고 있겠습니다.

Susanna Martinez 드림

☞ 일등급 영어 비법 Note 1

※ 위 '일등급 영어 비법 Note' 박스 속에 본인이 적용한 비법을 적어보고 다음 카페(일등급 영어 남기선 검색)의 교재 자료실에서 "일등급 영어 비법 Note"를 다운로드 받아 참고하세요.

2. 심경 파악

카페에서 느긋하게 커피를 조금씩 마시며, Kate는 Arno강을 가로지르는 Ponte Vecchio의 모습을 즐기고 있었다. 건축가이자 교수로서 그녀는 수년간 자신의 학생들에게 그 다리의 역사적인 중요성에 대해 가르쳤다. 미소가 그녀의 얼굴을 천천히 가로질러 지나갔다. 그녀가 그것을 실제로 직접 본 것은 이것이 처음이었다. 비록 로마의 다리들처럼 오래되지는 않았지만, 그것은 완전히 예술 작품이었다. 제2차 세계대전 동안에 도망가던 나치 병사들이 그것을 파괴했더라면 그녀는 그것을 결코 볼 수 없었을 것이다. 그녀는 황혼녘에 그 다리를 볼 수 있어서 기뻤다. 일상적인 걱정에서 자유로워진 그녀의 마음은 조용한 Arno강의 잊을 수 없는 모습으로부터 다른 관광객들과의 그 모든 예기치 않았지만 즐거운 만남으로 이동해가기 시작했다. 그 여행은 마음을 해방시켜 주는 보기 드문 경험이었다. Kate는 자신의 모든 걱정이 다 녹아 없어진 것을 느꼈다.

① 불안하고 부러워하는   ② 따분하고 무관심한

③ 즐겁고 느긋한   ④ 혼란스럽고 어리둥절한

⑤ 실망스럽고 유감스러운

3. 주장 파악

틀림없이 우리 모두는 "당신의 열정을 따르라."라는 조언을 들어왔다. 여러분이 대박을 터뜨리고 여러분의 강점과 열정을 섞어 주는 직업을 발견할 때, 그리고 오늘날의 아주 경쟁적인 국제 시장에서 수요가 있는 경우에는 그것이 훌륭하다. 그러나 여러분의 목표가 무지개의 끝에 있는(이루고 싶어도 이루기 어려운) 일자리를 얻는 것이라면, 여러분은 여러분의 전공, 열정, 강점, 그리고 진로를 구분해야만 한다. 여러분의 강점이 여러분의 열정보다 더 중요하다. 연구는 가장 좋은 직업 선택은 여러분이 잘하는 것에 기초를 두는 경향이 있는데, 여러분의 흥미와 열정(에 기초를 두는 것)보다 더 그러하다 것을 보여준다. 이상적으로는, 수요가 있는 진로에서 여러분의 강점과 가치관의 합류점을 발견하기를 원하는 것이다. 흥미는 왔다가 가버릴 수 있다. 여러분의 강점은 여러분의 핵심이고, 여러분의 하드웨어에 내장된(본래 갖추고 있는) 자산이다.

☞ 일등급 영어 비법 Note 2

4. 요지 파악

부모는 자신들의 유아가 머리를 떠받치고, 물건을 집으러 손을 뻗고, 스스로 앉고, 혼자서 걷자마자 친구와 친척들에게 재빨리 알린다. 이러한 운동기능의 성취에 내한 부모의 열성은 전혀 잘못된 것이 아닌데, 왜냐하면 그것들은 실제로 발달의 중요한 단계들이기 때문이다. 각각의 추가적인 기술로 아이들은 새로운 방식으로 자신들의 신체와 환경에 대한 통제력을 얻는다. 혼자서 앉을 수 있는 유아는 하루의 많은 부분을 눕거나 엎드려 보내는 유아들에 비해 세상에 대한 완전히 다른 시각을 부여받게 된다. 근육의 공동 작용에 의한 뻗치기는 사물의 탐구에 대한 온전히 새로운 길을 열어 주며, 아기들이 돌아다닐 수 있을 때 독립적인 탐구와 조작을 위한 기회는 크게 증가 된다. 그들은 이제 더 이상 자신들에게 가까운 장소와 다른 사람들이 그들의 앞에 놓아 두는 물건들에만 제한되어 있지 않다. 환경을 조절하는 새로운 방식이 성취되면서, 운동 능력의 발달은 유아에게 능력과 숙달에 대한 증가하는 인식을 제공하고 그것은 세상에 대한 유아의 지각 및 인지적 이해에 중요한 방식으로 기여한다.

☞ 일등급 영어 비법 Note 3

5. 주제 파악

공격하고, 비판하고, 비난하기 위해 공격의 위치를 이용할 사람에게 그것을 넘겨주는 것은 전략과 전술상의 실수이다. 상대는 어쨌든 분명히 공격하고, 비판하고, 비난할 것이기 때문에, 상황을 앞서서 주도하고, 자기 자신의 '치부'를 발표하고, 그리고 '스스로를 고자질하는 것'의 장점은 무시하기에는 너무나 중요하다. 이러한 장점들 중에서 주된 것은 최초의 메시지와 이야기가 처음 표현되는 방식을 조절하는 능력이다. 그것은 다른 사람들이 반대로 하는 대신에 여러분에게 반응을 해야만 하게 만든다. 이런 접근법은 '선수를 치는 것'으로 적절하게 일컬어진다. 어떤 조직체가 선수를 칠 때, 그것은 자신의 위기가 매체나 다른 이해관계자들에 의해 발견되기 전에 그것에 대한 소식을 알린다. Arpan과 Roskos-Ewoldsen에 의한 실험적인 연구에서 위기 상황에서 선수를 치는 것은, 정보가 먼저 다른 당사자에 의해 폭로되도록 허용하는 것과는 정반대로, 대체로 더 높은 신뢰성 평가라는 결과를 초래했다. 마찬가지로 중요하게 그 저자들은 '선수를 치는 것과 관련된 신뢰성 평가는 곧장 위기에 대한 인식을 덜 심각한 것으로 예측했다'는 것을 발견했다.
① 위기 상황에서 협동을 하는 것의 필요성
② 위기를 헤쳐 나가는 데 있어서 선수를 치는 것의 중요성
③ 조직을 구하기 위해 거짓이야기를 만드는 것의 문제점
④ 신뢰성을 강화하는 데 있어서 침묵을 지키는 것의 중요성
⑤ 매체를 통해 기업의 이미지를 향상시키는 것의 장점

☞ 일등급 영어 비법 Note 4

6. 제목 파악

주식 중개인의 책상에서 번쩍이는 화면의 무더기를 본 적이 있다면 그들이 부딪히고 있는 정보 과부하를 알게 된다. 예컨대 어떤 회사에 투자해야 할지의 여부를 결정할 때, 그들은 다른 정보들 중에서도, 실권을 가진 사람들, 그 회사 시장의 현재 규모와 잠재적 규모, 순수익, 그 회사의 과거, 현재 및 미래의 주식 가격 등을 고려할지도 모른다. 이 요인들을 모두 저울질하는 것은 작동 기억의 아주 많은 부분을 차지할 수도 있으므로, 그 작동 기억은 압도당하게 된다. 수많은 더미의 서류, 접착용 쪽지 및 계산표가 책상 여기저기에 흩어져 있는 것을 생각하면, 두뇌 내부에서 무슨 일이 진행되고 있는지를 대략 이해하게 된다. 정보가 이런 식으로 작동 기억에 과부하를 걸리게 하면, 그 때문에 주식 중개인은 ―그리고 나머지 우리들은 ―그 모든 빈틈없는 계획과 분석을 버리고 감정적인, 즉 직감적인 결정을 택하게 된다.
① 정보 과부하가 어떻게 사람의 판단력을 흐리게 할 수 있는가?
② 다중 작업이 당신의 작동 기억을 증가시킨다!
③ 정보의 홍수를 막는 방법
④ 번쩍이는 화면이 정보 과부하를 줄이는가?
⑤ 감정적 판단: 성공한 주식 중개인의 비밀

☞ 일등급 영어 비법 Note 5

7. 도표 파악

가장 높은 비율을 보이는 OECD 5개국의 GDP에 대한 백분율로 나타낸 교육에 대한 교육 수준별 직접 지출액: 2011년 위 도표는 가장 높은 비율을 보이는 OECD 5개국의 GDP에 대한 백분율로 나타낸 교육에 대한 2011년의 교육 수준별 직접 지출액을 보여 준다. 5개국 전체는 모든 교육기관에 대하여 교육에 대한 직접 지출에 GDP의 7% 이상에 해당하는 돈을 들였다. 5개국 중에서 덴마크는 전체 교육 기관에 대하여 GDP의 최대 백분율에 해당하는 돈을 들였다. 초등 및 중등 교육에 대한 직접 지출액 면에서 뉴질랜드는 5개국 중에서 GDP의 최대 백분율에 해당하는 돈을 들였다. 중등 이후 교육에 대한 직접 지출액과 관련해서, 아이슬란드는 다른 4개국보다 GDP의 더 높은 비율에 해당하는 돈을 들였다. 대한민국과 비교할 때 이스라엘은 중등 이후 교육에 대하여 GDP의 더 낮은 비율에 해당하는 돈을 들였다.

8. 세부내용 파악

Albert C. Barnes는 1872년 노동자 계층의 가정에 태어나 필라델피아에서 성장하였다. 그는 고등학교에서 장차 화가가 될 William Glackens와 사귈 때 미술에 관심을 가지게 되었다. 그는 펜실베이니아 대학교에서 의학 학위를 받고, 1892년에 의사 자

격을 얻었다. Barnes는 의사로서 활동하지 않기로 결심하고, 공부를 더 한 후에 실업계로 뛰어들었다. 1901년, 그는 어느 독일 출신 화학자와 함께 소독제 Argyrol을 발명하여 재산을 모았다. 자신의 부를 이용하여 그는 수백 점의 그림을 구입하기 시작했다. 1922년, 그는 미술 교육을 장려하기 위하여 Barnes 재단을 설립하였다. 그는 거기에 구체적인 설명 없이 그의 많은 소장품을 전시하였다. 그는 1951년 자동차 사고로 타계하였다.

9. 세부내용 파악
산 정상에서의 요들 부르기 대회
아름다운 알프스를 배경으로 여러분의 요들 부르기 능력을 뽐내십시오.
• 장소: Mt. Billatus(2,545미터)에 설치된 특별 야외무대
• 일시: 2017년 6월 12일, 오후 2시
• 등록(온라인으로만): 6월 1일까지(www.yodel.net)
• 자격 요건
- 참가자 전원은 자신이 선택한 요들을 2분 동안 불러야 합니다.
- 요들은 전부 프랑스어나 영어 둘 중 하나로 불려야 합니다.
• 상품
- 1등: 런던 왕복 항공권
- 2등: 스위스 시계
*날씨가 좋지 않을 경우, 대회는 취소될 것입니다.

10. 세부내용 파악
Summerville Forest 숲길 여행
대도시에서 5마일만 벗어나도, 여러분은 Summerville Forest 에서 아주 다양한 식물과 야생동물을 접할 수 있습니다. 저희는 6월부터 9월까지 매주 토요일마다 숲길 여행을 제공합니다. 오셔서 함께 하십시오!
입장권
• 0달러(8세 이상의 경우)
달러 세 미만 어린이의 경우 5 (8)
간식과 물이 제공될 것입니다.
여행 계획
•오전 8시 30분~오전 9시. Summerville Forest에 대한 소개
•오전 9시~오전 11시. 숲길 도보 여행
예약은 방문하기 적어도 한 주 전에 온라인(www.summerville. net)으로 해야 합니다.

11. 어법(문법성 판단)
대부분의 벌은 꽃을 방문하고 꽃가루를 모으면서 하루를 보내지만, 몇몇 벌은 다른 벌의 힘든 노동을 이용한다. 도둑질하는 이런 벌은 이상한 낌새를 못 챈 (숙주라 알려진) '보통' 벌의 집으로 슬며

시 들어가서 숙주 벌이 자기 자신의 새끼를 위해 모으고 있는 꽃가루 덩어리 근처에 알을 낳고, 그리고 나서 슬그머니 도로 나온다. 그 도둑의 알이 부화하면, 그것은 숙주의 새끼를 죽이고, 그리고 나서 자기의 희생자를 위해 마련된 꽃가루를 먹는다. 가끔 탁란(托卵) 동물로 불리는 이 벌은 뻐꾸기 벌이라고 불리기도 하는데, 다른 새의 둥지에 알을 낳아 놓고 그 알을 그 새가 기르도록 두는 뻐꾸기와 유사하기 때문이다. 그들은 더 전문적으로는 cleptoparasite라 불린다. 'clepto'는 그리스어로 '도둑'을 의미하여 'cleptoparasite' 라는 용어는 구체적으로 먹이를 훔침으로써 다른 것에 기생하는 생물을 가리킨다. 이 경우 그 cleptoparasite는 숙주가 애써서 얻은 꽃가루 비축물을 먹고 산다.

③ 관계사 which의 선행사가 복수이므로 leaves를 leave로 바꿔야 한다.

☞ 일등급 영어 비법 Note 6

12. 어휘의미 추론
일부 코치들은, 정신 능력 훈련(MST)이 고도로 숙련된 선수들의 기량을 완벽하게 하는 데만 도움이 될 수 있다고 잘못 믿고 있다. 그 결과, 그들은 자신이 엘리트 선수를 지도하고 있지 않으므로 정신 능력 훈련이 덜 중요하다고 (A) 합리화하면서 정신 능력훈련을 피한다. 높은 경쟁 수준에서 정신 능력이 점점 더 중요해지고 있다는 것은 사실이다. 선수들이 경쟁의 사다리를 올라갈수록 신체 능력의 측면에서는 더 동질적이 된다. 사실상 높은 경쟁 수준에서는 모든 선수가 성공할 수 있는 신체 능력을 갖추고 있다. 결과적으로 (B) 정신적 요인에서의 어떠한 작은 차이라 하더라도 경기력의 결과를 결정하는 데 지대한 역할을 할 수 있다. 그러나 우리는 개인의 성장과 경기력이, 정신 능력 훈련을 받지 않는 선수에서보다는 정신 능력 훈련을 받는 어리고 성장 중인 선수에게서 더 빠르게 진보할 것이라고 예상할 수 있다. 사실상, 정신 능력 훈련을 도입하기 위한 최적의 시간은, 선수들이 처음 운동을 시작할 때일지도 모른다. 선수생활의 (C) 초기에 정신 능력 훈련을 도입하는 것은, 그들이 잠재 능력의 최고치까지 발달하도록 도울 기초를 놓을 수도 있다.

☞ 일등급 영어 비법 Note 7

13. 지칭대상 파악

의료는 미국에서 새로운 고비용 치료의 확대, 그리고 의료 공급자 수의 증가와 더불어 커다란 사업이 되었다. 더 많은 의료 공급자들이 시장에 들어옴에 따라, 그들 사이의 경쟁이 증가했다. 흥미롭게도 경쟁의 증가로 인해 의료 공급자들은 자신들이 서비스를 제공하는 사람들에게 더 많은 서비스를 권유하게 되었다. 이러한 현상은 의료산업의 고유한 특징인 공급자 유발 수요를 반영하는데, 그것은 의료 공급자들이 경쟁이 증가하더라도 자신들의 수입을 유지하게 해준다. 일반적인 의료 소비자들은 자신들의 의학적 상태를 진단하는 방법을 알지 못하며 서비스를 주문하거나 약물을 처방하는 면허를 가지고 있지 않다. 그래서 소비자들은 어떤 서비스가 필요한지를 결정하기 위해 의료 공급자들의 지식에 의존하는데, 그들이 더 많은 서비스를 주문함으로써 더 많은 돈을 벌 것 같아도 그렇다.

④는 일반적인 의료 소비자들(Average consumers of health care)을 가리키지만, 나머지는 의료 공급자들(health care providers)을 가리킨다.

☞ 일등급 영어 비법 Note 8

14. 빈칸추론

매우 긴 시간에 대한 관심은 지질학과 천문학을 다른 과학들과 구별시킨다. 지질학자들은 지구의 나이와 가장 오래된 암석들에 대해 국가 부채처럼 쉽게 이해되지 않는 숫자인 수십 억 년의 관점에서 생각한다. 그럼에도 불구하고 지질 활동의 시간의 척도는 자연계에 미친 인간의 영향을 측정하는 방법을 제공하기 때문에 환경 지질학자들에게 중요하다. 예를 들어 농업으로 인한 표토(表土)의 부식이 매우 심한지 어떤지를 밝히기 위해 우리는 단단한 암석으로부터의 자연 발생적인 토양 생성의 속도를 알고 싶어 한다. 마찬가지로 수백만 년에 걸쳐 기후가 어떻게 변해 왔는지를 이해하는 것은 현재의 지구 온난화 추세를 제대로 가늠하기 위해 매우 중요하다. 과거의 환경 변화에 대한 단서들은 서로 다른 많은 종류의 암석들에 잘 보존되어 있다.

① 지질 활동의 시간의 척도
② 종 다양성의 전반적인 형태
③ 시간 인식에 대한 지역적 차이
④ 기후 전망을 위한 통계적 방법
⑤ 지질 시대 분류에 대한 비판

☞ 일등급 영어 비법 Note 9

15. 빈칸추론

어떤 정책 과정이 사용되든, 그리고 그 정책 과정이 얼마나 민감하고 차이를 얼마나 존중하든, 정치적 견해는 억압될 수 없다. 다시 말해, 정치적 견해에는 끝이 없다(다양성이 있을 수밖에 없다). 적절한 제도, 지식, 협의 방법, 혹은 참여 장치가 의견 차이를 사라지게 할 수 있다고 생각하는 것은 잘못이다. 온갖 종류의 이론이 의견 차이가 없애기 위하여 그 것을 처리하거나 다룰 수 있는 방법들이 있다는 견해를 조장한다. 그런 이론들의 배경에 있는 전제는, 의견 차이는 잘못된 것이고 의견 일치가 바람직한 상황이라는 것이다. 사실, 몇몇 형태의 교묘한 강압이 없이 의견 일치가 이뤄지는 일은 드물며, 이견을 표현할 때에 두려움이 없는 것이 진정한 자유의 원천이다. 논쟁은 이견들을 자주 더 나은 쪽으로 전개시키지만, 긍정적으로 전개되는 논쟁이 반드시 의견 차이의 감소와 동일한 것은 아니다. 의견 차이의 억압이 결코 정치 숙의의 목표가 되어서는 안 된다. 정치적 의견 차이가 정상적인 상황이 아니라는 어떠한 의견에도 맞서는 방어가 필요하다.

① 정치적 발전은 언론의 자유에서 나온다는
② 정치적 의견 차이가 정상적인 상황이 아니라는
③ 정치는 어떤 형태의 차이도 제한해서는 안 된다는
④ 자유는 관용을 통해서만 성취될 수 있다는
⑤ 억압은 정치에서 절대 바람직한 도구가 될 수 없다는

☞ 일등급 영어 비법 Note 10

16. 빈칸추론

미래를 위해 계획을 세우려면, 뇌가 이전 경험의 특정 요소를 받아들여, 어떤 실제적인 과거 경험이나 현실을 있는 그대로 모방하지 않는 방식으로 재구성할 수 있는 능력을 지니고 있어야 한다. 그것을 달성하려면 유기체는 내적 표상, 즉 외부 세계의 모델을 만들어 내는 단순한 능력을 넘어서야 한다. 그것(유기체)은 이러한 모델을 조작하고 변형하는 능력을 습득해야 한다. 우리는 영장류의 인지력의 근본적인 독특한 특징 중의 하나인 도구 제작이 이 능력

에 의존한다고 주장할 수 있는데, 왜냐하면 도구는 자연 환경 속에 이미 만들어진 형태로 존재하지 않고, 만들어지려면 상상되어야 하기 때문이다. '미래의 이미지'를 만들어 내고 보유하는 신경 기제는 도구 제작을 위한, 따라서 인간 문명의 시작을 위한 필수적인 전제 조건이었다.

① 외부 세계의 정확한 이미지를 반영하는
② 이러한 모델을 조작하고 변형하는
③ 현실을 있는 그대로의 모습으로 시각화하는
④ 그 모델을 기억에서 되가져오는
⑤ 과거의 경험을 충실히 확인하고 재생산하는

☞ 일등급 영어 비법 Note 11

17. 빈칸추론
생명체는 바다에서 시작되었기 때문에, 담수 생명체를 포함한 대부분의 생명체는 담수보다 바다와 더 흡사한 화학 성분을 지니고 있다. 대부분의 담수 생명체는 담수에서 생겨난 것이 아니라, 바다에서 육지로 그런 다음 다시 담수로 가서 이차적으로 적응한 것처럼 보인다. 이것이 있을 법하지 않게 보일지는 모르지만, 수중 동물의 체액은 바다와의 강한 유사성을 보여주고 있으며, 실제로 담수 생리의 이온 균형에 관한 대부분의 연구는 어류, 양서류, 무척추동물이 주변의 담수에도 불구하고 내부의 바닷물 상태를 유지하려고 하는 복잡한 조절 기제를 상세히 기록하고 있다. 생태학을 매우 흥미롭게 해 주는 것이 바로 이런 종류의 예기치 못한 복잡성과 명백한 모순이다. 담수호에 있는 물고기가 바다를 흉내 내려고 자기 몸속에 염분을 축적하려고 애쓰고 있다는 생각은 우리에게 생물권의 또 다른 거대한 모순, 곧 식물은 대략 3/4에 이르는 질소로 구성된 환경 속에 감싸여 있지만, 그들의 성장은 질소 부족에 의해 제한되는 경우가 빈번하다는 것을 상기시킨다.

① 주변의 담수에도 불구하고 내부의 바닷물 상태를 유지하려고
② 자신의 몸 내부에서 염분을 제거함으로써 이온 균형을 획득하려고
③ 자신의 천적을 피하기 위해 바다로 되돌아가려고
④ 자원을 확보하기 위해 자신의 외부 환경을 재건하려고
⑤ 자신의 환경에 맞춰 자신의 생리 상태를 바꾸려고

☞ 일등급 영어 비법 Note 12

18. 문장제거
봉제 장난감 곰이라는 개념은 유전학적으로 물려받은 특성이 아닌 것이 아주 명백하므로 우리는 문화적 특성을 보고 있는 것이라고 자신할 수 있다. 하지만 그것은 다른, 정말로 생물학적인 특성, 즉 우리를 아기(높은 이마와 작은 얼굴)에게 이끄는 신호에 의해 유도되고 있는 것처럼 보이는 문화적 특성이다. 귀엽고 아기 같은 생김새는 선천적으로 사람의 마음을 끌어, 대부분의 인간 속에 있는 보살피려는 반응을 불러일으킨다. 처음에는 아무리 사소했을지는 모르지만, 더 아기 같은 모습을 지닌 봉제장난감 곰들은 그렇기 때문에 소비자들에게 더욱 인기 있었다. 봉제 장난감 곰 제조사들은 어느 곰이 최고로 잘 팔리고 있는지를 분명히 알아챘으며 그래서 자기들의 이익을 최대화하기 위해서 이런 것들을 더 많이 그리고 인기가 덜한 모델을 더 적게 만들었다. (그 결과 상업적 목적으로 동물 이미지를 사용하는 것은 동물 권리 운동가로부터의 심한 비판에 직면했다.) 이렇게 해서 소비자에 의해 고조된 선택 압력으로 제조사들은 더 아기 같은 곰을 점진적으로 발전시키게 되었다.

☞ 일등급 영어 비법 Note 13

19. 순서 배열
제품을 개발하고 출시하는 것은 시간이 걸린다. 결과적으로, 많은 회사들은 자신들이 신제품을 출시할 것을 6~12개월 먼저 안다. (C) 그 제품에 대한 관심을 창출하기 위해 회사들은 흔히 출시 전 광고 캠페인에 착수하곤 한다. 영양제 업계에서는 연구 중인 새로운 영양분에 대해 논의하는 기사가 흔히 작성된다. (B) 일련의 간행물에 걸쳐 이 새로운 영양분과 훈련 그리고/또는 경기력을 향상시킬 수 있는 잠재력에 대해 논의하는 더 많은 기사를 보기 시작한다. 그런 다음 4~6개월 후에, 이전의 간행물에서 논의되었던 성분을 함유한 신제품이 우연의 일치처럼 출시된다. 책과 보충제 논평 기사도 건강 및 영양 제품의 판매를 촉진하기 위한 도구로 이용되어 왔다. (A) 이런 마케팅 기술을 수요 창출이라고 부른다. 그것은 독자의 관심을 자극하는 기사 그리고/또는 책의 출간을 통해, 어쩌면 혁명적일 수도 있는 새로운 영양분이나 훈련 기법에 관한 소

문을 만들어내는 것을 포함한다. 일단 이것이 이루어지고 나면 신제품이 출시된다.

☞ 일등급 영어 비법 Note 14

20. 순서 배열

더 일반적으로는 '예술가곡'이라 불리는 고전 성악에는 대중음악에 직접 상응하는 음악이 있는데, 그것은 멜로디 내용의 전개에 초점을 맞추지 않는다. (B) 대중음악과 예술가곡 둘 다 유효성이 입증된 구조적 패턴을 따르는 경향이 있다. 그리고 둘 다 같은 방식으로, 즉 노래 파트와 그 아래쪽에 기본적인 피아노 파트가 세세하게 적힌 상태로 출판되기 마련이다. (A) 그러나 대중음악이 작곡된 대로 정확히 노래가 불리거나 연주되는 경우는 드물 것이다. 반주자가 피아노 파트를 채워 넣어 그것을 더 흥미롭고 개인적인 특성을 갖게 하는 것과 마찬가지로, 가수도 노래 파트를 꾸며서 그것에 '모양내기'를 제공하는 경향이 있다. 공연자가 본래의 박자와 분위기를 완전히 바꿀 수도 있을 것이다. (C) Franz Schubert나 Richard Strauss가 작곡한 노래의 연주자에게서는 그러한 극단적인 접근법을 찾지 못할 것이다. 이런 곡은 음표 하나하나가 정확히 연주되기 마련인데, 그 이유는 작곡가가 노래 파트와 피아노 파트가 각자 서로에게 어떻게 관련을 맺는지를 이해하는 귀를 가지고 작곡가가 두 파트를 고심하여 작곡했기 때문이다.

☞ 일등급 영어 비법 Note 15

21. 문장 삽입

충분히 발달한 시장에서는, 경쟁적 지위들에서의 중요한 변화와 시장의 성장을 가져오는 획기적인 발전이 드물다. 이 때문에, 경쟁은 한 조직이 다른 조직들을 희생해서만 승리할 수 있는 제로섬 게임이 된다. 하지만, 경쟁의 정도가 특히 극심해지는 경우, 제로섬 게임은 시장 내의 모두가 추가적인 비용에 직면하므로, 급속하게 네거티브 섬 게임이 될 수도 있다. 이것의 한 가지 예로, 영국의 주요 대형 소매 은행 중 한곳이 토요일 오전에 영업함으로써 경쟁 우위를 점하려고 했을 때, 그 은행은 전통적인 월요일부터 금요일까지의 은행 영업 시간을 제약이라고 여기던 많은 새로운 고객을 끌어

모았다. 하지만 고객의 감소에 직면하자, 경쟁 상대도 역시 토요일에 영업함으로써 대응했다. 이것의 최종 결과는, 비록 고객들은 이득을 보았지만, 은행들은, 비용은 증가했으나 고객의 총수는 그대로였기 때문에 손해를 보았다는 것이었다. 본질적으로, 이것은 네거티브 섬 게임으로 판명되었다.

☞ 일등급 영어 비법 Note 16

22. 문장 삽입

섬유 가공에 있어서 'spinning(방적)'은 두 가지 아주 다른 것을 의미한다. 한 가지 의미는 방사 노즐이라고 불리는 노즐의 하나 혹은 그 이상의 작은 구멍들을 통해 액체를 짜내어 그것을 굳어지게 함으로써 개개의 섬유를 형성하는 것이다. 거미와 누에가 수백만 년 동안 이런 방식으로 섬유를 뽑아내 왔으나 화학자들과 엔지니어들은 겨우 백 년 전쯤에 이런 방법을 그들로부터 배웠다. 다른 종류의 spinning(방적)에서는 — 첫째 종류와의 혼동을 막기 위하여 가끔 throwing(꼬기)이라고 불리는데 — 두 개 혹은 그 이상의 섬유들이 함께 꼬여서 섬유 하나를 형성한다. 인류는 수천 년 전에 이 기술을 발견했으며 그들은 그것을 더 쉽고 더 빠르게 하기 위해 몇 가지 장치들을 발명했다. 고대의 실을 감는 막대와 추가 중세에 물레로 대치된 예이다. 그 후에 다축 방적기, 수력 방적기, Crompton의 뮬 정방기(精紡機)가 출현했는데, 이것들은 산업혁명 시대의 상징이 된 방적기들이었다.

☞ 일등급 영어 비법 Note 17

23. 요약문 빈칸

진화적 성공의 관점에서 고려해 볼 때, 사람들이 하는 비이성적인 것처럼 보이는 선택들 중 많은 것들이 결국에는 그다지 어리석어 보이지 않는다. 우리의 조상과 현재의 꼬리감는원숭이를 포함하여 대부분의 동물들은 생존하는 것이 매우 힘든 상황에서 살았다. 초기 인류 문명에 대해 연구하는 고생물학자들은 우리의 조상들이 빈번한 가뭄과 혹한의 시기에 직면했다는 증거를 찾아냈다. 아사 직전의 위기에서 살고 있을 때에는 양식 저장량이 조금 감소했을 때가 조금 증가했을 때보다 훨씬 더 큰 변화를 가져온다. 아직

도 수렵·채집 사회에서 살고 있는 사람들을 연구하는 인류학자들은, 그들이 엄청나게 풍부한 양의 식량을 얻을 수 있는 최상의 기회가 아니라, 오히려 결국 부족한 식량 공급을 초래하게 되는 위험성을 최소화하기 위한 선택을 일관되게 한다는 것을 발견했다. 다시 말해서, 사람들은 어디서나 자신과 가족들에게 식량을 공급할 수 있는 수준 아래로 내려가는 것을 피하려는 강한 욕구를 갖고 있다. 우리의 조상들이 손실에 대해 고심하지 않고, 대신에 큰 이득을 얻으려고 너무 많은 모험을 했다면, 그들은 멸망하여 결코 어느 누구의 조상도 되지 못했을 가능성이 더 컸을 것이다.

→ 우리의 조상들은 최대한의 이득을 추구하는 것보다는 최소한의 자원을 확보하기에 우선순위를 두었는데, 그것은 진화적 관점에서 보았을 때 인류 생존을 위해 합리적인 선택이었다.

① 확보하기 - 자유
② 공유하기 - 상호 작용
③ 확인하기 - 탐험
④ 공유하기 - 번영
⑤ 확보하기 - 생존

☞ 일등급 영어 비법 Note 18

[24~25]
여러 사회학자들에 따르면, 매우 특정적이며 관념적인 의미로 가득한 '예술', '예술품', '예술가'라는 전문용어를 버리고, 이것들을 '문화적 형식', '문화적 산물', '문화생산자' 등의 더 중립적이고 역사적인 면에서 덜 구체적인 용어로 대체해야만, 우리사회에서 '예술'이라고 부르는 것에 대한 연구가 진정으로 발전할 수 있다. 이 문화적 산물들은 — 그것이 그림이든, 조각이든, 음악의 형태이든, 혹은 무엇이든 — 일정한 유형의 문화 생산자에 의해서 만들어지는 것으로, 그리고 특정한 집단의 사람들에 의해 특정한 방식으로 특정한 사회적 맥락에서 사용되는 것으로 간주되어야 한다. 특정한 사물들에 대해 '문화적 산물'이라는 더 중립적인 말을 사용하고, 그러한 사물들을 만들어내는 사람들에 대해 '문화 생산자'라는 말을 사용함으로써, 사회학자는 너무 오랫동안 문화 형태에 대한 연구를 지배해 왔다고 여기는 견해, 즉 모든 것을 '예술'의 범주에서 이해하려는 견해와 결별하려고 한다. 이것은 다양한 사회의 사람들이 만들어내고 사용하는 모든 다양한 문화적 산물을 포괄하기에는 너무 제한적이며 상황에 한정된 범주이다. 그것은 우리 자신의 사회를 연구할 때 액면 그대로 받아들여서 순진하게 사용하기에는

특정한 의미가 너무 많은 용어이기도 하다. 어떤 것들을 '예술'로 규정하고 다른 것들을 (예술이) 아닌 것으로 규정하는 것은 특정한 사회 집단에게 이익이 되므로, '예술'이라는 바로 그 용어 자체는, 그러한 이름을 붙이는 과정이 어떻게 그리고 왜 일어나는지 이해하려는 사회학자에 의해 무비판적으로 사용될 수 없다. 그렇다면 간단히 말해서, 문화적 문제를 연구하기 위해서는, 우리의 분석의 근거로서 사용되는 '예술', '예술품', '예술가'라는 말을 거부해야 한다고 많은 사회학자들은 믿는다. 대신에 이러한 말들은 그 자체가 중요한 분석의 대상이 된다.

24. 제목 파악
① 예술: 문화 격차를 극복하기 위한 수단
② 맥락 안에서 그리고 맥락 밖에서 문화를 이해하기
③ 문화계에 존재하는 예술의 다양한 형태
④ 문화적 다양성: 문명의 주춧돌
⑤ 예술이라는 개념을 이해하기 위한 토대로서의 문화

25. 빈칸추론
① 거부해야
② 빌려야
③ 도입해야
④ 강조해야
⑤ 되살려야

[26~28]
(A) Andrew는 두 눈을 감고 흰 정사각형들에 고정하였다. 그는 잠시 생각한 후에, 나이트를 상대방이 이길 수 없는 곳으로 밀었다. 이제 Andrew는 2016년 전국 체스 선수권 대회의 우승자인 Timothy Tandon에게 이겼다고 확신했다. 금년에 승자 진출전 이전에는 아무도 알아보지 못했던 Andrew가 결승전에 진출하게 되었다. 이 잊지 못할 승리를 즐기고 나서 Andrew는 자신의 아픈 할아버지가 있는 요양원으로 직행했다.

(D) Andrew가 요양원에 도착했을 때 할아버지는 침대에서 일어나 앉아 있었다. (e) 그는 희미한 미소를 지어 보이면서 "준결승전에서 이겼다고?"라고 물었다. Andrew는 머리를 끄덕였다. 사실 Andrew의 할아버지는 그의 체스 스승이었다. 어렸을 때 Andrew는 할아버지가 체스를 하는 것을 즐겨 봤고, 심지어 그가 말을 움직이기 시작하기도 전에 자주 그의 수(手)를 예측했다. 손자의 훌륭한 승리에 고무된 할아버지는 "Andrew, 이제 너는 내 꿈을 실현할 만반의 준비가 되어 있구나. 내일 너는 전국 체스 선수권 대회에서 분명히 이길 거야."라고 말했다.

(B) 결승전의 날이었다. 그날 아침에 Andrew는 요양원으로부터 할아버지의 상태가 위독해졌다고 알리는 전화를 받았었다. 그

소식은 그가 시합을 시작했을 때 그의 마음에 영향을 끼쳤다. 몇 차례의 격전 후에 Andrew의 집중력이 잠시 동안 흔들렸다. 그의 마음은 할아버지에게로 이동해 갔는데, 그는 자신의 목숨을 위해 또 하나의 싸움을 하고 있었다. Andrew가 큰 실수를 범한 것은 바로 그때였다! 그 실수는 치명적인 것이었고, 모든 게 끝났다. 그는 졌던 것이다.

(C) Andrew는 우울한 기분으로 요양원에 도착했지만, 축복 어린 희소식이 전해졌다. 할아버지가 회복하고 있었다. Andrew는 매우 기뻤지만, 그는 마음 한구석에서 실망하지 않을 수 없었다. Andrew는 실망한 채 "저는 할아버지의 꿈을 실현하기 위해 최선을 다했지만 해낼 수 없었어요."라고 말했다. "괜찮다." 하고 할아버지가 말했다. "체스의 진정한 교훈은 마음을 다스리는 법을 배우는 것이다. 보아라. 내 정신은 내 몸과의 싸움에서 이겼다. 나는 곧 회복할 것이고, 완전히 건강한 상태에서 언젠가 네가 챔피언이 되는 것을 보겠다." Andrew는 안도하고 기쁘게 웃었다.

26. 순서 배열

27. 지칭대상 파악
(e)는 Andrew의 할아버지를, 나머지는 Andrew를 가리킨다.

28. 세부내용 파악

30일 만에 끝내는 일등급 영어

© 남기선, 2019

1판 1쇄 인쇄 __ 2019년 02월 01일
1판 1쇄 발행 __ 2019년 02월 10일

지은이 __ 남기선
펴낸이 __ 홍정표

펴낸곳 __ 글로벌콘텐츠
　　　　등록 __ 제 25100-2008-000024호

공급처 __ (주)글로벌콘텐츠출판그룹
　　　　대표 __ 홍정표 디자인 __ 김미미 기획·마케팅 __ 노경민 이조은 이종훈
　　　　주소 __ 서울특별시 강동구 풍성로 87-6(성내동) 1, 2층 전화 __ 02-488-3280 팩스 __ 02-488-3281
　　　　홈페이지 __ www.gcbook.co.kr

값 15,000원
ISBN 979-11-5852-230-8 53740